中原名师出版工程
教育思想与实践系列

名师的加油站
——名师工作室案例透析

中原名师培育工程
项目办公室 编

中原出版传媒集团
中原传媒股份公司

大象出版社
·郑州·

图书在版编目(CIP)数据

名师的加油站：名师工作室案例透析／中原名师培育工程项目办公室编．— 郑州：大象出版社，2022.12
ISBN 978-7-5711-1581-4

Ⅰ.①名… Ⅱ.①中… Ⅲ.①师资培养–案例 Ⅳ.①G451.2

中国版本图书馆 CIP 数据核字(2022)第 157615 号

MINGSHI DE JIAYOUZHAN

名师的加油站
——名师工作室案例透析

中原名师培育工程项目办公室　编

出 版 人	汪林中
责任编辑	刘丹博　苏菲菲　赵　莉　谢　旭
责任校对	毛　路　张迎娟
特邀设计	刘　民
美术编辑	杜晓燕

出版发行	大象出版社(郑州市郑东新区祥盛街 27 号　邮政编码 450016)
	发行科　0371-63863551　总编室　0371-65597936
网　　址	www.daxiang.cn
印　　刷	辉县市伟业印务有限公司
经　　销	各地新华书店经销
开　　本	720 mm×1020 mm　1/16
印　　张	15.5
字　　数	246 千字
版　　次	2022 年 12 月第 1 版　2022 年 12 月第 1 次印刷
定　　价	49.00 元

若发现印、装质量问题，影响阅读，请与承印厂联系调换。
印厂地址　辉县市北环中段
邮政编码　453600　　　电话　13949630555

编委会

"中原名师出版工程"编委会

总策划　丁武营
主　编　戢　明
副主编　吴玉华　杨进伟

本书编委会

主　编　程　黎
编　委　宋　歆　宋学利　马　娜　宋爱芹
　　　　聂　智　弯丽君　竟　霞　侯继军

总　序

对于一个优秀教师来说，将自己对教育教学的思考在写作中表达出来，是非常自然的一件事。正如玛格丽特·杜拉斯在《写作》中说的："写作像风一样吹过来，赤裸裸的，它是墨水，是笔头的东西，它和生活中的其他东西不一样，仅此而已，除了生活以外。"杜拉斯把自己的写作区别于日常生活中具体的事物，将其看作生活本身。我十分认同这样的说法。从许多优秀教师的成长经历来看，教育写作就是教育生活本身。当我们学会了把教育生活中的各种场景纳入自己的视野，融入自己的思考，通过写作诚实地记录下来，我们就找到了一条属于自己的专业发展之路。

正是看到了教育写作在教师专业发展中的重要意义，河南省教育厅与中原名师培育工程项目办公室启动了"中原名师教育写作出版计划"。河南是我国的教育大省，有一大批非常优秀的教师逐渐崭露头角，而"中原名师"是其中的佼佼者，他们在各自的学校和不同的教育教学领域取得了一定的成绩，及时总结、提炼、展示、推广他们的研究成果非常必要。我和张文质老师被聘请为"中原名师教育写作出版计划"的首席写作导师，肩负指导"中原名师"写作、出版教育教学专著的重任。这可能也是目前国内唯一旨在帮助优秀教师实现教育教学专著出版的省级培训项目，开辟了教师培训内容与形式的崭新领域，具有开创性意义。经过近两年的艰苦努力，目前这项计划终于迎来了阶段性成果：一批"中原名师"的教育教学专著即将正式出版。从书稿情况来看，选题、内容可谓多样：既有学科教学方面的，也有班级管理方面的；既有比较严谨的学术论著，也有可读性较强的教育教学随笔；既有义务教育阶段的，也有幼儿、高中阶段的。

捧读这些沉甸甸的书稿，我心中充满感慨。

我想到了每一位作者的面庞，仿佛看到了那些闪亮的眼睛。大家都非常清楚，对于一个渴望成长、追求专业发展的教师来说，教育写作是自我提高的一条基本路径。教育写作能清晰地记录一个教师专业成长的轨迹。教师可以在写作的过程中不断审视、反思自我，不断积累、总结，无论是初尝成功的经验，还是尝试摸索中的所谓教训，都是十分宝贵的财富。苏霍姆林斯基曾鼓励教师每天都写教育日记（也就是我们常说的"教育叙事"），认为这样的写作具有重大价值："凡是引起你的注意的，甚至引起你一些模糊的猜想的每一个事实，你都把它记入记事簿里。积累事实，善于从具体事物中看出共性的东西——这是一种智力基础，有了这个基础，就必然会有那么一个时刻，你会顿然醒悟，那长久躲闪着你的真理的实质，会突然在你面前打开。"这些"中原名师"正是通过写作将自己日常教育教学的点点滴滴慢慢积累起来的，而实施"中原名师教育写作出版计划"就是为了帮助他们打开真理之门。

我还想到了每本书稿选题的艰难，想到了那些为了确立书稿选题所经历的热烈讨论，既有面对面的沟通，也有无数次邮件、短信与电话往来。由于每一位作者所在的区域不同，所教学段、学科不同，研究基础、研究方向也不一样，如何将那些最有价值的研究成果梳理、提炼出来，并形成相对集中的研究主题以专著的形式呈现，是我和张文质老师以及每一位作者需要面对的挑战。沟通、选择的过程非常重要，也非常辛苦。这主要是由各位作者在实践层面的经验、成果内容非常多样造成的：往往一个教师所提供的一本书稿，在内容上既有学科教学方面的，也有班级管理方面的，甚至还有其他学科领域的。这固然反映了一线教师工作繁杂多面的实际情况，但对于专著出版来说，主题不够突出无疑是大忌，也会遮蔽那些更有价值、更值得推广的内容。经过反复讨论，第一批"中原名师"首先确定了选题，开启了教育写作之路；而有些作者则更改了选题，另起炉灶，毅然开启了新的写作计划，这其中的勇气也让人深为佩服。

当然，我也想到了每一位作者所经历的艰苦的写作过程。由于绝大多数老师积累的文稿是基于实践经验，致使有些内容在学理上存在问题，论述、论据都不够充分，容易引起歧义；也有些内容所呈现的研究过程与研究成果不够完整，材料繁杂、枝蔓较多，如何去芜存菁留下最有价值的东西，如何修改、完善那些不够成熟的地方，也是摆在每一位作者面前的挑战。值得指出的是，对文稿不断修改、完善的过程虽然艰苦，但其实是非常宝贵的研究经历——看似是教育写作的过程，其实又是学术研究的过程，写作本身成为思维与学术的双重训练，成为提炼教育教学理念、凸显教育教学风格的基本路径。正是经历了这样的写作和研究过程，他们最终创作出很有价值的作品。如果说在专著出版之前，这些老师的教育教学风格还不够鲜明，尚未在更大的范围内得到认可，那么我相信，专著的公开出版，将有力地促进他们教育教学成果以及个人教育教学风格的传播与推广，塑造"中原名师"更加美好、专业的形象，使之成为河南教师乃至全国教师的偶像。而这，也是河南省教育厅与中原名师培育工程项目办公室决定实施该项"中原名师教育写作出版计划"的重要目的之一。

对于各位作者而言,他们没有辜负岁月,岁月也没有辜负他们。

对于导师而言,能够参与这个项目,帮助各位作者,是充满欣慰的,甚至超过了自己出书时的喜悦。

感谢各位读者,如果您翻开这些书,您会看到有那么一些人,是如何执拗地表达着对岁月和信仰的敬意。

闫　学

序

　　为推进河南省基础教育事业又好又快发展,河南省政府于2013年启动了中原名师培育工程,到2020年,在中原名师培育工作的基础上,分期分批认定108名中原名师,并以中原名师之名成立中原名师工作室,以打造教师培养的基地、名师展示的舞台、教学示范的窗口、科研兴教的引擎、教育改革的论坛为目标,组建区域性的教育教学团队,搭建促进中青年教师专业成长以及名师自我提升的发展平台。

　　为切实发挥名师的示范、引领、辐射和带动作用,2016年河南省教育厅印发了《依托中原名师工作室培育省级名师、骨干教师试行方案(2016—2020)》。每个中原名师工作室原则上每年培育5名省级名师培育对象和10名省级骨干教师培育对象,通过组织具备条件的骨干教师到中原名师工作室进行为期一年的分模块、分阶段、递进式、实践型跟岗研修,培育认定一批省级名师和省级骨干教师,进一步发挥中原名师工作室对教师专业发展的指导、支持、提升和优化等功能,探索"名师带徒"式的培训模式,优化省级名师、省级骨干教师的成就路径,助力全省教师队伍梯队攀升体系的建设。

中原名师培育工程历史之长、规模之大前所未有，跨省第三方培养、考核认定，在全国是首创；中原名师工作室承担培育省级名师和省级骨干教师的工作，也是河南省原创性的、本土化的培育名师模式。

作为中原名师，几年来，我们既接受了中原名师培育工程的培育，也借助中原名师工作室平台，开展了对省级名师和省级骨干教师的培育实践，收获了成长和进步，积累了一定的经验。2019年，我们开展了中原名师培育工程专项课题"中原名师工作室培养源道名师的实践案例研究"（JCJYC1825zy19），探索了名师工作室培养具有探索精神和创新意识的名师成长途径。在课题研究过程中，我们选择了优秀学员成长的经典案例，介绍了他们在理论学习、课堂教学、课题研究、试题命制和实践活动方面的成长历程，验证了中原名师工作室培育学员开展的各项工作和运用的方法的有效性，形成了《名师的加油站——名师工作室案例透析》一书。

本书结合丰富的案例从名师工作室的组建、名师工作室学员的培育、学员的评价与持续发展三方面剖析名师工作室建设及学员培育路径。书中案例均来自中原名师工作室主持人和学员们实践中的第一手材料，可为各级名师工作室建设和中小学优秀教师专业成长提供借鉴参考。

中原名师工作室，不是教师个人成长的后花园，而是教师共同成长的百花园！愿读到此书的老师们能够相互学习、取长补短、共同成长。

在此，感谢几年来引领、指导我们前行的中原名师培育工程项目办公室领导、河南省基础教育教学研究室的专家领导、浙江师范大学的专家导师！感谢课题组全体成员及工作室成员的帮助！感谢支持我们的家人和一路陪伴、共同成长的伙伴们！

编者

目录

第一章　名师工作室的组建
　　第一节　名师工作室成员的遴选与职责 …………………… 003
　　第二节　名师工作室的文化建设 …………………………… 017

第二章　名师工作室学员的培育
　　第一节　影响学员专业成长的因素分析 …………………… 051
　　第二节　学员培育的路径 …………………………………… 064

第三章　学员的评价与持续发展
　　第一节　学员的评价与考核 ………………………………… 113
　　第二节　团队的收获与发展 ………………………………… 122

参考文献 ……………………………………………………… 231

后记 …………………………………………………………… 234

第一章 名师工作室的组建

名师工作室是什么？

名师工作室是在一定区域内，由领衔名师和优秀教师组成的专业发展共同体，是优秀教师共同学习、互勉互助、集体成长的平台。

近年来，各地相继建设了许多不同层次、不同类型的名师工作室。这些名师工作室都被赋予了带动影响一批教师，提高一线教师教育教学水平和教育研究能力，提升本地区教育教学品质的职能和责任，成为名优教师持续发展的新引擎。

各类名师工作室为教师搭建了教学、研究、交流的平台，拓展了广大教师的成长空间，更好地发挥了教育教学名师的示范、引领作用，促进了中小学教师的专业成长。

如：河南省依托中原名师培育工程在2013—2020年间，经培育、考核认定了108名中原名师，并以中原名师的名字命名成立了108个中原名师工作室。2021年，河南省教育厅启动了第二轮中原名师培育工程，遴选了300名省级名师作为中原名师培育对象，各培育对象相继建立了名师工作室。9年来，通过多形式、全方位的专家讲座、名师论坛、实践研修、课题研究等系统研修，中原名师中成长为特级教师的有44人，成长为正高级教师的有57人，成长为国家"万人计划"教学名师的有5人，依托中原名师工作室培育的省级名师和省级骨干教师有4400余人，实现了全省师资队伍建设水平的跨越式发展。

由此可见，在上级教育行政部门统筹规划、顶层设计和专家引领下的名师工作室建设，是促进名优教师集群发展、快速成长的推动力。

本章，我们将结合中原名师工作室建设的实践探索，介绍和分析名师工作室组成人员的遴选与职责、名师工作室的功能与目标、名师工作室的管理制度等，希望总结出名师工作室建设的好做法，从而有效促进名师工作室的健康发展。

第一节　名师工作室成员的遴选与职责

名师工作室是以名师为引领，以学科为纽带，以研究为核心，由同一领域骨干教师共同组成的，集教学、教研、培训等职能于一体的教师合作共同体。可以说，名师工作室既是一个开放性的研修组织，又是一种功能整合的培训模式，旨在搭建中青年教师专业发展平台，加速名优教师成长，促进教师队伍整体素质的提高。

按照不同的依据，名师工作室大致可以分为三种类型，如表1-1所示。

表1-1　名师工作室类型

依据	类型		
	类型1	类型2	类型3
命名方式	名师姓名+学段+学科+名师工作室	名师姓名+职务+名师工作室	名师姓名+研究主题+名师工作室
创建级别	省（直辖）市级	地市级	校级
工作性质	学科教师工作室	校长工作室	班主任工作室
内部结构	主持人+核心成员+学员	主持人+核心成员+学员	主持人+核心成员+学员
建设周期	3年	5年	3年左右

续表

依据	类型		
	类型1	类型2	类型3
发展目标	以培养名师为主	以打造团队为主	以培养骨干教师为主
运行动力	任务驱动	目标驱动	内容驱动

当然，也有与表中三种类型不同的命名方式，如河南省教育厅为突出"中原名师"，就按照"中原名师＋名师姓名＋学段＋学科＋工作室"的方式命名中原名师工作室。

"名师"是一个约定俗成的称呼。广义地说，名师是对社会各界影响广泛并拥有追随者和知名度的杰出人才；狭义地说，名师特指教育人才的精英、教育工作者的杰出代表、教育理论的创立者和教育实践的带头人。于漪先生认为："'名师'的关键字是'师'，不能以'名'作为高悬的追求目标。"

名师工作室的命名：一般用"名师姓名＋学段＋学科＋名师工作室"命名，如"张红小学语文名师工作室"。为了突出名师工作室的层次，也可以在名师姓名前加上名师的层次，如"中原名师李丽初中数学河南省名师工作室"。

一、组成人员的遴选

1. 主持人

名师工作室的主持人由在一定区域范围内有较高知名度和影响力的名师担任。主持人是名师工作室的主要负责人，是这支专业团队的领军人物，是成员的业务顾问，也是成员信赖的伙伴。因此，主持人要有良好的师德修养、先进的教育教学理念、精湛的教学工作能力、专家型的教育研究眼光，对团队能起到"为人、为事、为学"的示范作用。

中原名师工作室主持人是由各地市推荐的省级名师经河南省教育厅遴

选、培育、考核合格的中原名师。河南省教育厅按照中原名师的姓名、学科、学段将其主持的名师工作室命名为中原名师工作室，如"中原名师宋歆初中数学工作室"。

2. 核心成员

核心成员是工作室主持人的得力助手，一般为8—12人。

（1）遴选条件

核心成员的遴选通常有很高的要求，包括对工作年限、职称、师德、教研能力等多个方面的要求。如：

①工作2—3年以上，在本学科已取得一定教育成绩，积累了一定教学经验。

②具备良好的师德，认真、踏实、勤勉，能够在教育教学领域潜心钻研，具有一定的集体荣誉感和团队合作精神。

③具有较强的教学研究能力，有在省、市级报刊上发表论文的经历，对课堂教学和理论研究有一定心得体会，且进取心强烈。

④掌握现代教育技术，能够进行网络研讨交流，能够主动承担相应的职责与任务。

（2）遴选程序

在选拔程序上，遵循"个人申请、双向选择、关注层次、择优录取"的原则，由教师个人申请，名师工作室主持人遴选，教育行政部门最终确定。

3. 学员

名师工作室的核心任务就是引领优秀教师实现专业成长，把名师工作室的教育教学理念和研究成果推广应用到更大的范围，为一线教师改善教育教学行为提供服务。因此，名师工作室的发展离不开一群志同道合、拼搏进取的优秀学员，名师工作室应定期吸收一定数量的学员进入工作室跟岗研修。名师工作室每个培育周期培育学员数量以5—15人为宜。

（1）学员的来源

名师工作室学员的选拔侧重于更有后劲的中青年骨干教师，应重点选择具有自我成长自觉意识，具备良好师德师风及较强团队合作精神，能够承担相应的职责任务，掌握现代教育技术，且与主持人任教学科相同的骨干教师或具有发展前景的优秀青年教师。学员的常见来源一般有以下五种：

①省教育厅推荐的省级名师和省级骨干教师培育对象。

②市教体局推荐的市级名师和市级骨干教师培育对象、乡村首席教师。

③讲授过省、市级优质课的青年教师。

④具有较强的教学和科研工作能力，有一定教科研成果的优秀中青年教师。

⑤在所属地区本学科领域具有一定知名度的县级及其以上中青年骨干教师。

（2）学员的遴选

学员既是名师工作室的学习者、研究者，亦是名师工作室建设与管理的参与者，因此名师工作室在遴选学员时，要有具体的方案和要求，以便落实工作室的目标任务。名师工作室可以通过教育行政部门发布《名师工作室遴选学员的通知》，对名师工作室学员遴选程序作出明确规定。

【经典案例】

商丘市中原名师工作室遴选学员的通知

各县（区）教育体育科（股），市直各学校：

根据《河南省教育厅关于深入推进中原名师培育工程的通知》（教师〔2015〕774号）精神和《河南省教育厅关于印发河南省新时代中小学教师梯队攀升体系建设方案的通知》（教师〔2020〕107号）要求，结合我市中小学教师梯级发展培养实施规划，为促进我市中小学教师专业成长，充分发挥我市中原名师工作室的示范、引领和辐射作用，现就中原名师工作室遴选第三批学员工作的相关事宜通知如下：

一、遴选对象

全市范围内中小学中青年骨干教师，学科包括：高中语文、高中地理、初中数学、初中语文、小学语文、小学数学。

二、遴选条件

（1）有较高的事业追求，政治强、情怀深、思维新、视野广、自律严、人格正，善于学习，勤于钻研，勇于创新，乐于奉献。

（2）愿意提升自己的专业素养，有强烈的自我发展需求，教学教研热情高，专业基本功扎实，具有较强的教学和科研能力，具有团队协作精神，口头表达和书面表达能力较强。

（3）40周岁以下，具有培养前途和发展前景的中青年骨干教师。（特级教师、正高级教师、市县级名师工作室主持人等特别突出者，可以不受年龄限制）

（4）掌握一定的现代教育技术，能够利用网络进行资源开发和交流研讨活动。

（5）履行培养协议承诺，遵守工作室的规章制度，主动参加各项任务活动，积极承担研究任务，积极发挥示范、辐射作用。

具备下列条件者，可被优先遴选：获得市级及以上教育行政部门授予的中小学教师教育专家、骨干教师、教学标兵、名师、学术技术带头人等荣誉称号者；近3年来在市级及以上教育部门组织的公开课、示范课或观摩课评比中获市级一等奖以上者；商丘市"领航工程"培育活动中的骨干学员、优秀学员。

三、工作室学员遴选程序

（1）自主报名。申报者根据遴选条件自愿申报，将"中原名师工作室学员申报表"电子稿和获奖证书等材料照片打包发送至工作室主持人邮箱（无须盖章）。申报截止日期为5月20日。

（2）集中遴选。申报工作截止后，先根据申报人提交的书面材料进行初选，再组织开展现场遴选活动，具体办法另行通知。

（3）审核批准。遴选出的学员名单报市教育体育局教师教育科备案，并由教师教育科最终公布。

（4）建立档案。学员接到正式通知后，签订工作室学员培养发展协议，再由所在学校签署意见并盖章后，交名师工作室主持人保存留档。

四、相关要求

（1）各县（区）教育行政部门和有关学校要充分认识中原名师工作室遴选学员的重要意义，高度重视学员遴选工作，做好宣传，择优推荐符合条件的教师报名。

（2）各县（区）教育行政部门和有关学校要为工作室学员成长搭建平台，鼓励工作室学员参与教育科研工作并承担任务，享有外出学习交流、比赛展示、评优表彰、评职晋级等方面优先权，使其在学习实践、任务驱动中更好更快地发展。

五、联系方式

邮箱：865491944@qq.com

附件：中原名师工作室学员申报表

商丘市教育体育局教师教育科
2021年5月1日

附件

中原名师工作室学员申报表

姓　名		性　别		民　族		照片（二寸、彩色）
出生年月		学历学位		任教学段及专业		
政治面貌		现任职务		职　称		
通信地址				联系方式		
工作单位				单位负责人姓名及电话		
主要学习工作经历						
学科教学有关荣誉						
个人专业特长						
所在单位意见	负责人（签字）（公章） 　　　年　　月　　日					
工作室意见	负责人（签字）（公章） 　　　年　　月　　日					
市教育体育局意见	负责人（签字）（公章） 　　　年　　月　　日					

说明：本表一式3份，所在单位、工作室、市教育体育局各存档一份。

【透视分析】

名师工作室遴选学员依据上级文件精神设立遴选条件，除师德师风、教育教学业务能力外，教师人格、教师职业认同和自觉成长意识也是遴选工作室学员应当考虑的重要因素。人格决定着一个人立身处世的方式与态度。教师人格会影响教师教学行为，从而影响学生健康人格的形成与发展，其也是影响教师专业发展的主要因素。教师职业认同是教师持续专业成长的核心动力。教师认可其职业时，就会将自己的目标与价值观与教师职业的目标与价值观保持一致，教师的职业认同水平越高，其专业发展意愿就会越强烈，专业发展行为也会越积极。

由此可见，学员只有具备健全的人格、较高的职业认同水平、强烈的自我发展意识，才能激活成长的内力，才能在名师的引领下产生"名师聚集效应"。因此，名师工作室主持人要用自身的人格魅力去浸润学员人格，以人格引领人格，使名师工作室不仅成为专业素养的修炼场，而且成为人格魅力的演绎场，促进学员素养的全面提升和发展，实现名师工作室的可持续发展。

二、组成人员的职责

名师工作室分工精细、职责明确，有利于高效率、高质量地开展工作。

1. 主持人职责

主持人是工作室学员的导师，是工作室组建和运行的基石，是工作室的第一责任人，负责计划、主持、组织、统筹工作室的日常管理、教学指导、课题研究和各项培训活动的开展，对工作室的运行起着统领作用。主持人应引领每一位学员主动融入名师工作室中去，坚持以共同愿景为引领，将个人愿景和工作室愿景有机结合起来，为每一位学员创造展示自我的机会，搭建广泛互动的平台。具体工作主要包括：

（1）做好管理

主持人全面主持工作室的各项工作，明确工作室的发展方向；负责制定工作室管理工作方案、发展规划、年度工作计划以及撰写工作室工作总结等；负责组织开展工作室的集中研修、网络研修和任务驱动下的自主研修等各项活动，并对学员进行管理和考核。

(2) 培育学员

负责制定工作室学员的培养方案，包括培训目标、培训内容、培训形式、研究专题、培训考核等；针对工作室学员的个性特长，指导和帮助学员制订跟岗研修计划，明确成长目标；结合学员自身成长目标，对学员进行特色培育，指导学员开展读书活动、教学赛课、课题研究和试题命制等，促进学员专业发展；建立工作室学员成长档案，在学员跟岗研修周期结束时客观公正地对学员进行考核，评价学员是否达成培养目标。

(3) 指导教学

课堂是教师教书育人的主阵地，讲好课是教师的立身之本。主持人要精心设计立足课堂教学的研修活动，通过工作室集体备课和同课异构，指导学员把"立德树人"作为教育的根本任务，认真研读课程标准，聚焦核心素养，把课备对、备精，把课上实、上好。同时，还要指导学员凝练自己的教学主张，用教学主张引领专业成长，并引领学员做好校本课程资源的开发建设。

(4) 指导科研

课题研究是教师专业成长的助推器。工作室主持人要以自己的研究专长为基础，以工作室学员的集体智慧为依托，针对教育教学实践中的重点、热点、难点问题提炼出课题开展研究，并将自己研究的主课题分解为不同的子课题供学员选择研究，争取形成较为突出的教育教学改革成果，以论文、专著、讲座、公开课、研讨会、名师论坛、专题纪录片等形式在一定范围内推广应用。

(5) 资源辐射

主持人要负责建立工作室公众号、特色网站或专题网页，使之成为工作动态发布、成果辐射推广、资源生成整合的中心和教师交流的平台，通过互动交流，实现优质教育教学资源的共享。

(6) 教育帮扶

主持人要通过送教下乡或建立名师工作室分站等多种形式，定期组织工作室学员面向农村地区、薄弱学校开展支教助学、送教送培等活动，促进教育整体水平的提升。

(7) 其他工作

名师工作室主持人要承担区域教育教学管理的调研工作，对发现的教育教学中存在的问题，及时向教育部门建言献策。

2. 核心成员职责

工作室核心成员有建议权、参与权和监督权，在完成自身的任务外还要协助主持人完成岗位职责。具体任务有以下几个方面：

(1) 制订个人发展目标和阶段性的工作计划，努力向名师学习，实现自己的发展目标。

(2) 在完成教育教学任务的基础上，主动参与工作室的常规工作，为工作室的建设献策、出力。

(3) 以学年为单位，完成一定量的优秀教学案例设计、公开课、听课和评课任务，完成一定数量和质量的教育教学论文。

(4) 发挥专业指导和示范带头作用。为进入工作室跟岗研修的学员提供专业支持，协助名师搞好集中研修和网络研修，传承名师的专业精神和教学技艺，引领更多同行一起进步和成长。

(5) 建立名师工作室业务档案。如填好工作室教研活动（示范课、观摩课、专题讲座）记录表等，指导青年教师进行经验总结、课题立项等。

(6) 更新微信公众号和网站平台，展示宣传成员研修成果。要不定期上传优质教育教学资源，展示最新研修成果；不定期在平台发起主题讨论；撰写读书笔记和读书心得体会，在线交流时与大家分享并上传至平台。

3. 学员任务

进入工作室的学员，大多是优秀教师和名师培养对象，自身也有一定的潜质和追求，但在专业发展道路上还不够成熟，教学技能也未做到得心应手，因此，在自我发展和工作室培养的道路上，要完成一定量的教学任务和研究任务。

(1) 培养优秀的团队协作精神

学员要有主人翁精神，尽快融入工作室的运作和教研活动中，充分发挥个人才能；学员之间要和谐共处、互帮互助、共同发展，使团队的优势得到充分发挥。

(2) 制定个人发展规划

根据个人实际情况，学员要制定出本人三年发展规划（专业发展基础、个人情况分析），确定好目标、方向与特色、学习内容与任务，明确树立"六力"修炼目标。"六力"即理想力、学习力、精进力、表达力、发展力、创新力。理想力是成长的原动力，学习力是成长的内驱力，精进力是成长的向上力，表达力是成长的扩大力，发展力是成长的持续力，创新力是成长的助推力。

(3) 加强理论学习与分享

学员要依据自己的情况制订相应的读书计划，及时更新教育教学理念和专业知识结构。定期参加网络教研活动，分享读书心得，探讨解决教育教学问题的方法。

(4) 形成鲜明的教学风格

立足课堂，围绕"富有激情是教学风格形成的基础，善于学习是教学风格形成的关键，提高修养是教学风格形成的重要因素"这三方面不断学习摸索，积极参与听课、评课、同课异构、磨课研讨等活动，加强教学反思，力争形成鲜明的教学风格。

(5) 培养良好的写作能力

学员要具备良好的写作能力，笔杆子要动起来。写作的过程其实是思考的过程，也是提高的过程。教学反思、教育叙事、教学随笔是学员要坚持写作的内容。在写作时，要做到说理清楚、论证有力、思维缜密，内容上必须言之有物，有明确的观点。

(6) 提炼丰硕的科研成果

课题研究是教师专业化发展的有效途径，学员要以开展课题研究为引领，提升寻找课题选题落脚点的能力、提升确立研究课题的能力、提升制定课题研究策略的能力，从而提炼出丰硕的科研成果，发挥辐射作用，研究教育教学中需要解决的问题。

【经典案例】

表1-2 中原名师程黎高中地理工作室核心成员简介与分工

姓名	简介	职务	具体分工
程黎	中原名师、中学正高级教师、特级教师，全国地理优质课一等奖获得者	主持人	全面负责工作室的各项工作：拟定工作室的工作方案，制订工作室培养计划；制订工作室日常管理制度；指导工作室成员整理、上传管理资源至工作室网络平台；负责学员业绩的考核、评估和评价工作，建立名师工作室和学员档案
陈志刚	高级教师，河南省地理优质课一等奖获得者	核心组长	协助主持人开展各项工作：负责具体落实工作室日常工作；指导、修改、组织汇编或推荐发表工作室学员撰写的教学文章
王秀梅	河南省名师、高级教师，河南省地理优质课一等奖获得者	课堂教学管理负责人	组织开展教育教学研究及实践活动，组织学员集中研修、交流；收集整理学员撰写的教学设计、课后反思、课件及教学随笔等；及时更新工作室网站"聚焦课堂"内容
杨伟	高级教师，河南省地理优质课一等奖获得者	试题命制负责人	研究高考评价政策；带领学员开展原创试题的命制；及时更新公众号"试题命制"内容
陈哲	河南省名师、高级教师，河南省地理优质课一等奖获得者	活动组织负责人	负责工作室各种活动的组织、通知、召集，工作室开展活动过程记录与签到等工作；及时更新公众号"学习交流"内容
胡世义	河南省骨干教师、高级教师，商丘市教研先进个人	论坛活动负责人	负责工作室微信群"专题论坛"，收集问题，确定、发布每月话题，并加以整理、总结形成材料；及时更新公众号"学员心得"内容

续表

姓名	简介	职务	具体分工
王丹丹	河南省骨干教师、一级教师，河南省地理优质课一等奖获得者	读书活动负责人	及时推荐专家学者的文章或收集先进的教学理念，组织理论学习；收集、整理读书笔记等相关材料；及时更新公众号"书香四溢"内容
蒋兴	一级教师，商丘市地理优质课一等奖获得者、商丘市优秀班主任	网络教研负责人	负责组织工作室的网络教研活动，包括前期海报制作、中期网络活动技术支撑、后期总结报道；及时更新公众号"网络教研"内容
庞明月	一级教师，河南省地理优质课一等奖获得者、商丘市优秀班主任	课题研究管理负责人	负责工作室课题研究的管理及资料的收集、整理；及时更新公众号"课题研究"内容
沈翠翠	河南省骨干教师、一级教师，商丘市地理优质课一等奖获得者	宣传负责人	主要负责工作室活动摄影、报道工作室活动动态、成果推广、成员先进事迹等宣传工作；及时更新公众号"工作动态"内容
陈伟伟	河南省骨干教师，商丘市优秀班主任		
韩文哲	优秀青年教师	公众号管理负责人	负责公众号管理，管理上传资源至工作室公众号；及时更新公众号"教师发展学校"内容
刘芳草	优秀青年教师	档案管理负责人	协助主持人建设工作室和教育管理资源库，负责工作室各种活动材料的收集、整理、分类、归档；及时更新公众号"团队风采"内容

【透视分析】

　　名师工作室是专业共同体成员成长的家园，主持人是家园的总负责、总协调、总指挥，不仅发挥着统筹、协调作用，在成员心目中还是"当家人"。当学员遇到瓶颈期或窗口期，针对自己的教育问题和教学困惑无法超越自我时，就需要主持人发挥"当家人"效应，对学员进行引领和指导，激活其自我成长意识，促使其进步和改变。学员们自觉以主持人为学习对象，不断提高自身专业素养，使工作室真正成为教师成长的摇篮。

　　主持人个人的力量是有限的，名师工作室的运作模式必须是团结合作。名师工作室要设定共同目标。主持人应在共同目标下进行职责分工，把各项研修工作责任落实到人，做到事事有人抓，件件有人管。主持人要建立协调机制，做到既分工又协作，形成责任明确、分工协作、执行高效的团队。特别是在网络研修活动中，只有分力与合力俱全，才能保证线上网络教研的有效开展，才能实现名师工作室的持续良性发展，才能提升名师工作室的影响力和发展力。

第二节　名师工作室的文化建设

名师工作室的文化建设是名师工作室实现特色发展、跨越发展、持续发展和扩大影响力的重要保障。一个优秀的团队一定具有优秀的团队文化。名师工作室的发展理念、团队文化要在制度建设基础上形成，并逐渐内化为每个成员发自内心的自觉行为。名师工作室要有一套较为完善的规章制度，包括学习制度、会议制度、考核评价制度等，这些制度和要求是工作室步入规范化、科学化建设轨道的基础。

一、名师工作室的功能定位

名师工作室是优秀教师的发源地，是未来名师的孵化器。现在的名师工作室，有学科名师的，有名班主任的，也有名校长的。一个名师工作室设立的目标任务是什么？功能定位何在？需要主持人思考。恰当的功能定位是名师工作室科学合理运行的前提，是名师工作室成立时必须明确的首要问题，影响着名师工作室未来的发展基调和高度。

名师工作室在建设起步阶段，就应尽快确定名师工作室的功能定位，以便促进各学校或地域之间名师工作室的交流，形成科学的运行机制及工作策略，建设有影响力的名师工作室。

名师工作室的功能定位因地区、学校不同而存在差异，我们应结合不同教育类型及其发展阶段、区域教育及具体学校的实际来把握。

关于名师工作室的功能定位一般存在三种观点：

一是侧重于教师成长。这种观点认为名师工作室的首要功能是聚焦教师成长和名师自我成长，使名师工作室成为教学名师的孵化基地和骨干教师的培训平台。教师通过协同研究，逐步由鲜明的教学特色发展为独特的教学风格，由零散的教学经验发展为个人的教学知识体系或教学思想。

二是侧重于教研活动。这种观点将名师工作室定位为组织并开展教学活动、科研活动的重要载体和研究平台。这种取向凸显的是名师工作室的学术性。此类名师工作室会定期组织高层次、高水平的教育教学研训活动，就教育教学重要问题、热点、难点进行开发，形成具有先进性、引领性的教学范式和较为突出的教育教学成果，在一定区域发挥示范作用。

三是侧重于教育整体效应。这种观点是一种综合取向，是从宏观层面审视名师工作室所具有的系统性功能，认为它具有多方面的效应。此类名师工作室会充分发挥名师的智慧与专长，调动学员的潜能和力量，营造宽松的学术氛围和浓厚的研究氛围，在名师梯队建设、教师培养模式、特色课程开发、优质资源共享、研究成果辐射、城乡教育均衡等方面综合发挥作用，促进区域内优质教育生态的形成。

中原名师工作室是省级名师工作室，因此大多数工作室的功能定位主要侧重于教育整体效应，但不同学科、不同学段的工作室在功能定位上也会有差异。

下面列举九个中原名师工作室建设的功能定位案例。

【经典案例】

案例1 中原名师弯丽君幼儿教育工作室

主持人弯丽君是2015年中原名师，中学正高级教师，河南省高层次人才中原领军人才——中原教学名师，河南省优秀教育管理人才，河南省教师教育专家，河南省文明教师，河南省"五一"巾帼标兵，漯河市专业技术拔尖人才。现任漯河市实验幼儿园书记。

弯丽君名师工作室2015年被河南省教育厅命名为"中原名师弯丽君幼儿教育工作室"。目前，工作室成员20多人，均为来自市、县（区）的一线教师。

工作室发展理念："走在前沿，行在路上"，以专业引领、同伴互助、立足实践、崇尚学术、专题探究、技能提升、共同成长为宗旨。

工作室功能定位：让名师工作室成为"研究的平台、成长的阶梯、辐射的中心、师生的益友"，真正成为名优教师的孵化基地。

案例2　中原名师马娜小学语文工作室

主持人马娜是2015年中原名师，中学正高级教师，河南省教师教育专家，河南省学术技术带头人，商丘市优秀教师，商丘市十大杰出青年，曾获全国小学语文教师素养大赛特等奖、全国说课一等奖、省级优质课一等奖。现任商丘市第一实验小学语文教师。

马娜名师工作室2015年被河南省教育厅命名为"中原名师马娜小学语文工作室"。工作室自2013年成立至今共发展有成员20人，其中国家级骨干教师1人，省市级学科带头人、骨干教师8人。

工作室发展理念：以"专业引领、互学共进、共同发展"为宗旨，为工作室人员的专业发展搭建平台，多渠道、全方位地引领教师专业成长，力争形成有较大影响的、具有引领和辐射作用的小学语文骨干教师群体。

工作室功能定位：建成小学语文教师研修的平台、成长的驿站、辐射的中心。通过对语文最本质的思考，享受教育、自觉成长。

案例3　中原名师宋学利小学语文工作室

主持人宋学利是2016年中原名师，中学高级教师，河南省优秀教师，河南省学术技术带头人，商丘市十大科技女杰。现任柘城县第二实验中学党支部书记、校长。

宋学利名师工作室2016年被河南省教育厅命名为"中原名师宋学利小学语文工作室"。

工作室发展理念：关注课堂向关注社会、关注乡村教育转变，培养"爱心加智慧"的教师。

工作室功能定位：谋求专业高位发展，享受教育幸福人生。

案例4 中原名师宋歆初中数学工作室

主持人宋歆是2016年中原名师，中学正高级教师，特级教师，河南省百优班主任，商丘市劳动模范，商丘市优秀教师。现任商丘市第一中学数学教师，学校全面健康教研室主任。

宋歆数学工作室2016年被河南省教育厅命名为"中原名师宋歆初中数学工作室"，现有成员86名。

工作室发展理念：以"数学文化"为特色，以发展学生的"数学核心素养"为目标，大胆创新，不断实践和提炼，生成各种具有创新性、前瞻性的教育特色活动。

工作室功能定位：将工作室建成区域初中数学教科研的基地、教学展示的舞台、引领辐射的窗口、科研助教的引擎、自我成长的平台、教学改革的论坛。

案例5 中原名师聂智初中语文工作室

主持人聂智是2015年中原名师，中学正高级教师，特级教师，河南省学术技术带头人，河南省中小学师德先进个人，商丘市劳动模范，曾三次获省优质课一等奖。现任商丘市第一中学语文教师。

聂智名师工作室2015年被河南省教育厅命名为"中原名师聂智初中语文工作室"。

工作室发展理念：本着科学求真与开拓创新的精神，在语文的"半亩薄田"上耕耘一片"研究"的土壤，创造一种自己的风格，打造课堂上独具特色的风格。

工作室功能定位：以研究为主线，以交流培训为途径，理论联系实际，构建一个融学习、教学、研究、培训、交流为一体的平台，让名师工作室真正成为人才成长和带领人才成长的前沿阵地，使中青年教师从胜任型向骨干型、名师型发展。

案例6 中原名师程黎高中地理工作室

主持人程黎是2015年中原名师，中学正高级教师，特级教师，河南省教育教学专家，河南省教育厅学术技术带头人，全国优秀中学地理教育工作者，商丘市优秀教师，商丘市专业技术拔尖人才，河南大学硕士研究生导师，曾获全国中学地理优质课一等奖。现任商丘市回民中学高中地理教师、校务委员。

程黎名师工作室2015年被河南省教育厅命名为"中原名师程黎高中地理工作室"，是河南省唯一的地理学科中原名师工作室，现有成员92名。

工作室发展理念：在"参与明理，情润致远"的理念下，引领地理教师积极参与地理深度教学研究，打造有情怀的地理课堂，实现德能同铸、致远发展。

工作室功能定位：为教师和学生成长服务，建成地理学科攻坚基地、教育思想的孵化器，打造一支师德高尚、业务精湛、充满活力的高素质地理名师队伍。

案例7 中原名师宋爱芹高中语文工作室

主持人宋爱芹是2016年中原名师，正高级教师，特级教师，河南省教育教学专家，河南省十佳杰出教育工作者，焦作市市管专家，曾获第六届全国高中语文教师教学基本功大赛国家级一等奖，河南省优质课一等奖。现任教于焦作市第一中学。

宋爱芹名师工作室2016年被河南省教育厅命名为"中原名师宋爱芹高中语文工作室"。工作室成员有86人，辐射全省30多所学校。

工作室发展理念：以培养青年骨干教师为核心目标，充分发挥名师的引领辐射作用，探索师资队伍建设的新路子，引领焦作区域乃至河南区域的青年教师成长，成为河南乃至全国教育的名片。

工作室功能定位：从语言、思维、审美、文化四个层面创设个性化语文教学，从而培养有创造力的青年教师，为未来名师的成长提供有效策略及范例，把工作室打造成培养区域性教师精品基地。

案例8　中原名师侯继军高中体育工作室

主持人侯继军是2018年中原名师，中学正高级教师，中原教学名师，河南省教师教育专家，河南省优秀教师，河南省教育厅学术技术带头人，曾获河南省体育优质课一等奖等。现任新乡市田家炳高级中学高中体育教师，兼任新乡市基础教育教学研究室体育与健康学科教研员、四所大学研究生指导教师。

侯继军牧野大体健工作室2018年被河南省教育厅命名为"中原名师侯继军高中体育工作室"，现有成员312人，是河南省唯一一个体育学科中原名师工作室。

工作室发展理念：在研究中学习，在学习中提高，引领成员不断提升教育教学能力和研究能力，"立德树人""健康第一"，在学科上形成鲜明的教育风格和教育艺术。

工作室功能定位：充分发挥省内外优秀教师资源的凝聚、辐射、指导作用，推动优秀教师队伍建设，培养青年、骨干教师有效成长，促进体育与健康教育教学改革与提升。

案例9　中原名师竟霞高中语文工作室

主持人竟霞是2019年中原名师，中学正高级教师，河南省优秀教师，河南省名师，河南省学术技术带头人等。曾获国家级教学录像课一等奖，省、市级优质课一等奖。

竟霞名师工作室2019年被河南省教育厅命名为"中原名师竟霞高中语文工作室"，现有成员80人。

工作室发展理念：在"本真"教育理念下，为语文教师的专业成长服务，将工作室建成语文学科攻坚基地。

工作室功能定位：探究语文教学之本，培养厚德载物之人。

【透视分析】

名师工作室的功能定位对未来名师的选拔、培养与管理成长评价提供了行动依据。以上九个中原名师工作室的功能定位各具特色，形成了一室一品的风格，但九个中原名师工作室的发展目标定位是相同的，都明确了是优秀教师专业成长的平台。

名师工作室确立工作理念既要仰望星空，又要脚踏实地；既要有先进的教育思想、创新精神，也要立足课堂，不能离开教学实践。名师工作室要从学术研究的高度开展教学科研活动，通过引领、传授、训练，实现工作室的功能目标定位。

为直观形象地表达名师工作室的发展理念、宣传名师工作室的功能定位，名师工作室可设计彰显自身个性特点和理念的工作室 logo（徽标），如中原名师程黎高中地理工作室 logo、中原名师宋歆初中数学工作室 logo、中原名师竟霞高中语文工作室 logo。

中原名师程黎高中地理工作室 logo

中原名师宋歆初中数学工作室 logo

中原名师竟霞高中语文工作室 logo

二、名师工作室的目标任务

名师工作室的发展要具有明确的目标任务。有了明确的目标任务，才能更利于发挥工作室的独特作用，更有效地开展活动。名师工作室的目标任务可以归纳为示范辐射、专业引领、成长探索和教育研究。

1. 示范辐射——名师工作室的基本任务

示范即表率，而辐射是指将已获得的某种成果推广至某个领域的特定对象。名师工作室的示范辐射就是要将先进的教育理念和教育科研成果、经验，通过工作室名师及其成员的自身示范活动向相关学科的教师推广。示范辐射是名师工作室的基本任务，也是其合理存在的基本价值体现。

名师工作室的示范辐射就是发挥名师的传、帮、带作用，通过名师工作室开展的活动影响一批教师，带动有专业发展追求的教师群体向上、向阳生长，以激活教师专业再成长的意识，培育教师积极的职业热情。

名师工作室的示范辐射形式是多样的，活动内容是丰富的，可以有传统的讲座、示范课、送教下乡和帮扶结对活动，也可以有论坛、沙龙、线上交流等。特别是送教下乡，能通过名师工作室的名师们给农村地区薄弱学校的教师做示范课，有效地提高薄弱学校教师的教育教学能力和教学水平，有效地推进教育的均衡发展。近年来，许多中原名师工作室通过网络平台建设、送教下乡、讲座培训等多种活动，在推动教育均衡发展上做出了有益的探索。

【经典案例】

中原名师侯继军高中体育工作室送教下乡纪实

2018年12月11日，中原名师侯继军高中体育工作室送教封丘县荆隆宫乡中学。

侯老师带来的是篮球课。他的教学引人入胜，一开始上课就吸引了学生们的注意力，让他们感受到了体育课的乐趣。

工作室成员王慧老师，上的是一节体操技巧课。工作室成员耿蕾老师，带来的是一节素质提升课。在这三位送教老师的课堂上，学生们都积极配合，全情投入，十分开心。

课堂教学结束后，三位教师及中心校的教师们齐聚会议室，就体育课育人价值、教学技巧和学生的体能训练进行了交流。同时，侯老师就中招体育中出现的各种情况给出合理的建议。

【透视分析】

名师工作室处于一定区域，就必须把优质教学资源和成果在区域内共享，带动区域内薄弱学校和教师，促进区域教育优质均衡发展。

名师工作室作为教育成果示范的窗口、资源辐射的策源地，可以通过专题讲座、示范课、公开课、送教下乡等活动，把先进的教育理念和科学的教学方法传递给更多的教师，发挥好名师的教学示范和辐射作用。名师工作室还可以团结一批本学科的精英和骨干，使之形成教学风格，创建教学模式，对本地区乃至全省、全国范围内的学科教育改革和教学实践起到引领和示范作用。

名师工作室作为教学示范的窗口，资源辐射的形式主要有四种：一是学术引领，通过召开区域学术会议，引领教育教学改革和发展。二是成果共享，把工作室研修成果撰写成论文发表或推送到公众号上，让更多的教师学习借鉴。三是活动开放，名师工作室的线下集中研修可以让区域内更多的教师参加，线上研修活动可以把研修活动海报或链接宣传到各学科教研群，向更多的教师传达活动和成果。四是建设基地学校或名师工作室流动站，彰显名师工作室主持人的教学主张，让教学主张成为生产力。

2. 专业引领——彰显名师工作室的先进性与学科品位

专业引领，是指由具备某方面先进专业理论知识、职业技能的专家，对某个领域的专业工作者开展理论指导、技能示范，从而达到全员提高的目的。名师工作室的专业引领，可以分为先进的理论指导和高水平的职业技能示范、帮扶。

名师工作室的核心工作就是引领教师专业发展。名师工作室通过读书分享、讲课、评课、课题研讨、专家报告、学术交流、支教帮扶、资源建设、讲座培训等系列研修活动，引领教师向更高层次发展，努力培养一批师德高尚、造诣深厚、业务精湛的名师。

名师工作室对学员的专业引领，主要包含以下内容：

一是学习先进教育教学理念、课程改革理论和教育学、心理学知识等，提高理论素养。

二是开展听评课、同课异构、微格教研等活动，提升教师的专业技能。

三是开展学术活动，有计划、有步骤地介绍本学科的最新研究成果和研究动态，引领教师关注学科的发展现状和未来。

【经典案例】

名师工作室：名优教师培养的基地
——中原名师程黎高中地理工作室 2020 年工作回顾摘要

程黎名师工作室成立于 2014 年，2015 年经河南省教育厅和第三方浙江师范大学考核合格，被河南省教育厅命名为"中原名师程黎高中地理工作室"。商丘市回民中学为中原名师程黎高中地理工作室建设了 60 多平方米的专有地理教学研讨室和 40 多平方米的网络研讨室，并配备相应的教学教研设备等，保障了各项研修活动的顺利开展。

八年来，工作室围绕"立足课堂、科研引领、专业发展"的工作目标，积极引领学员开展读书、练习教学基本功、课堂教学展示、课题研究等活动，提升了学员的综合素养，促进了学员的专业发展。

一、开展"四个一"活动

1. 共读一本书

工作室每月向学员推荐一本书，然后围绕当月推荐图书，召开读书分享会，分享内容可以是金句，也可以是心得。阅读解决了教师们的困惑，打开了他们的视野。2020 年，工作室共读《给教师的建议》，并录制视频参与"世界读书日"活动，反响良好。

2. 共讲一节课

课堂是教师的主阵地，优秀教师应站好课堂、站美课堂。为此，工作室每期都要进行同课异构活动。新学员分组备课、说课、讲微型课、录常态课，老学员评课，相互交流、相互促进，共同进步。表 1-3 是 2020 年工作室利用腾讯会议开展同课异构活动安排。

表1-3 2020年工作室开展同课异构活动安排

内容	日期	组别	讲课教师	点评教师
地理必修一 1.9	2020年11月中旬	第一组	李 响 王丹丹 庞明月	王静霞 朱 琳 杨刚玲
		第二组	史鹏鹏 李长岭 王向丽	程润霞 尹清选 张庆春
地理必修二 2.9	2020年12月中旬	第一组	张克銮 车翠蕊 沈翠翠	单丽霞 李 勇 张毓峰
		第二组	刘鹏云 郭松涛 王欣欣	张云枝 钟根梅 王秀梅
选择性必修二 2.9	2021年1月中旬	第一组	沈永民 张洪霞 韩文哲	梁娟娟 宋海学 杨晓蕾
		第二组	李慧峰 仇俊峰 刘 谊	郭金花 王金源 朱腾刚

3. 共研一课题

课题研究是教师专业腾飞的翅膀。工作室给每期学员提出一个主课题，学员们围绕主课题开展子课题研究，解决自己教育教学中的实际问题，提升创新发展力。2017—2020年，工作室学员人人有课题研究，并有两位教师获得了河南省基础教育教学成果一等奖。

4. 凝练一主张

教学主张是教师专业发展的内在需求，凝练教学主张就是引领教师从经验走向教学理论、从教学思考走向教学思想的过程。2017—2020年，学员们经过反思、实践，都凝练出了自己的教学主张。

二、研修收获

几年来，工作室坚持引领学员进行读书反思、课堂实践和课题研究等，促进了学员的专业成长。工作室先后有5名学员成为了正高级教师，2名学员成为了河南省特级教师，4名学员成为了河南省优秀教师，2名学员成为了中原名师培育对象，25名学员成为了河南省教学名师，48名学员成为了省级骨干教师，22名学员成为了市级名师和骨干教师；8名学员获得全国地理优质课一等奖，27名学员获得了河南省地理优质课一等奖等；15名教师成为了河南省地理教学中心组成员，有5名教师多次参与河南省学考和中考命题工作。名师工作室真正成为了学科优秀教师培养的基地和名优教师的孵化器。

【透视分析】

在主持人先进的教育教学理念引领下，学员们在名师工作室学习教育教学理论知识，提升教育教学专业技能，在"学习—实践—研究—再实践"中，解决教育教学中的重点和难点问题，提升教师素养，形成教师特色。名师工作室已真正成为教育改革发展的高地、学科领军人物培养的基地。

名师工作室对学员的引领和培育，是在一个较长周期内，通过群体协作，对名师培养对象进行教育和训练的过程，其目的就是造就一批专家型教师。名师工作室作为培养教师的基地，一般需要满足三个条件：一是有固定的场所，二是有常态的工作，三是有出人才、出名师的成果。

从案例中可以看出，中原名师工作室符合名师工作室作为教师培育基地的条件要求。在中原名师工作室的建设初期，关于硬件设施建设，河南省教育厅印发的《中原名师工作室指导意见（试行）》中提出了明确要求："名师工作室设在中原名师所在学校，依托所在学校的教育教学资源开展工作。学校为名师工作室提供独立的办公室，面积40—60平方米（一个教室），按8—10人规模配置必要办公设备，包括桌椅、书柜、专业书籍资料、计算机、打印机、宽带网络、投影仪、录音机、照相机、摄像机等。"中原名师在接受考核时，名师工作室的硬件建设都达到了要求。几年来，每个中原名师工作室在省教育厅的直接领导下，都有计划、有组织地开展了省级名师和骨干教师培育对象的"集中研修、网络研修和自主研修"培育工作，在学科资源建设、教科研课题研究上都取得了一定的成果，并通过各中原名师工作室公众号向外辐射，使一大批优秀教师成长为省级名师、特级教师和正高级教师。中原名师工作室真正成为了引领教师成长的基地，成为了名优教师的孵化器。

3. 成长探索——可持续发展的强大动力

探索名师的成长之道，是名师工作室的重要使命。探索的过程即名师获得不断提升的过程，也是工作室成员成长为名师的学习、实践过程。名师工作室的名师成长探索，不仅包括教师专业技能的探索，还应包括师德建设的探索。探索名师的成长是名师工作室获得可持续发展的强大动力。

名师工作室作为优秀教师和未来名师的集聚地，尊重每一位学员的个性发展，积极为学员搭建展示的舞台，把工作室先进的教育理念、教师的教育情怀、教研成果、教学资源建设成果展示出来，让工作室成为精神文化和教育教学资源的展示区。

为了扩大沟通交流的力度，更好地营造学习、研究、合作的氛围，名师工作室可以定期举办"学员论坛"，促进名师与学员、学员与学员之间的多维互动交流，并增强与其他工作室之间的联系与交流。

"学员论坛"是一种很好的信息交流和思想碰撞方式。学员们参与"学员论坛"，可以促使其自觉地练心、练脑、练笔、练口。练心，就是不断锤炼教育教学情感，凝练教育教学主张，保持对教育的热爱和责任心；练脑，就是锤炼教育教学智慧，提升教育教学机智；练笔，就是锤炼教育教学设计、反思总结、教学叙事等写作能力；练口，就是锤炼教育教学语言，提升口头表达能力。每次"学员论坛"都要有主题、有计划、有目标。学员们在论坛中，一是思维碰撞，解决疑惑，达成共识；二是相互启发，实现智慧分享；三是实现知识增值；四是探讨教育教学改革的热点问题，分享自身对教育教学的思考。

【经典案例】

中原名师宋学利小学语文工作室为学员搭建成长舞台

2018年，中原名师宋学利小学语文工作室承担了省级名师和省级骨干教师的培训任务。为在培训周期内迅速提升学员素养，使学员尽快成长为省级名师和省级骨干教师，工作室进行了积极的探索，为学员搭建成长舞台，全力促进学员的专业发展。

一、开设学员论坛

名师工作室为学员发展开设CCtalk平台、腾讯会议、微信交流群平台，引领学员积极撰写教育随笔，分享教育感悟。学员论坛采用微讲座的形式，为给更多的老师提供参与和发言的机会，时长一般为5—10分钟。名师工作室通过学员论坛共享研修成果，互帮互助，共同提升。

二、搭建赛课舞台

为促使学员快速成长，名师工作室通过微课程大赛、教学设计比赛、校本课程开发、同课异构大赛等形式，搭建舞台，以赛促练，倒逼学员快速成长。

三、搭建新老学员科研平台

名师工作室按照教师特点，将往届名师与新名师培育对象搭建为成长共同体，为新学员发展提供领路人。

四、开展读书交流活动

确定专业阅读书目，每学期指定教师必读书目，并要求他们写出读书心得，在工作室内部、工作室之间开展交流。

在宋老师的影响下，学员们相互交流，不断向下扎根、向上生长，一起学研，坚定前行。

【透视分析】

名师工作室为学员安排了读书分享、同课异构、学员论坛、网络交流等丰富多彩的活动，学员在工作室提供的舞台上展示所学、所思、所做，获得专业成长的自信心和成就感。学员论坛能够展现学员们"想、思、悟、写、说"的个人风采，促进学员之间教育教学思想的沟通交流与教学方法的相互学习，实现资源和信息共享，帮助他们解决在学习和生活中遇到的各种问题。名师工作室开展的多样活动一方面可以展现学员的教学风采，使学员在满怀自信中加快成长步伐，带动学生共同发展；另一方面也可以宣传工作室的团队文化，使名师工作室的社会影响力和社会认同度不断提升。

4. 教育研究——名师工作室生存的重要依托

名师工作室的存在是为教育朝着更好、更快方向发展而服务的，因此，教育研究必然是名师工作室的又一重要任务，也是名师工作室生存的重要依托。名师工作室应积极开展项目研究，争取形成较为突出的教育教学成果，并通过推广和应用来证明教育研究的价值，使研究成果转化为教育发展的推动力。

教学与研究是成就名师的"双翼"。教而不研则浅，研而不教则浮。教学是研究的源头活水，研究是教学富有生命活力的有力保障。新时期名师要具有较高的学术素养和研究能力，名师工作室主持人要有自己的研究课题，并把自己的研究课题细化为研究子课题，供学员进行相关研究和专项攻关，形成研究成果，打造名师工作室研究品牌，营造科研兴教的学术氛围，提升学员的教研素养和能力，从而解决更多的教育教学问题，推动教育改革的进程。

【经典案例】

中原名师程黎高中地理工作室打造"教科研型"名师成长基地

中原名师程黎高中地理工作室在培育省级名师和省级骨干教师工作中，以课题研究为抓手，指导学员人人开展课题研究，帮助学员解决教育教学中的实际问题，提升学员的教科研能力。学员多人获得河南省教育科研成果一等奖，1人获得河南省基础教育教学成果特等奖。

2017年以来，该工作室都会对进入工作室的新学员进行如何开展课题研究的培训，给学员提供课题指南，指导学员进行课题申请；并在集中研修时，对学员进行开题答辩和中期答辩。在任务驱动下，学员经过实践探究，形成成果，发表论文。2017年中原名师程黎高中地理工作室省级名师、骨干教师立项课题见表1—4。

课题中期汇报

表 1-4　2017 年中原名师程黎高中地理工作室省级名师、骨干教师立项课题

学员	课题名称	单位
单莉霞	初中地理慕课+翻转课堂教学实践研究	开封市第十四中学
郭向党	新课程高考地理选择题命题特点及教学策略研究	汝州市第一高级中学
唐红让	高中地理小实验设计研究	灵宝市第一高级中学
王利娜	基于核心素养下的高中地理作业设计的研究	南乐县第一高级中学
王秀梅	基于高中地理实践力的课堂小实验研究	商丘市回民中学
徐黎姗	初中学段优秀班主任工作个案和工作规律的探索研究	郑州市郑州中学
杨刚玲	基于区域认知的高中地理核心素养培养途径的研究	郑州市郑州中学
杨桂芳	基于高中地理课程中实践力素养培养的研究	安阳县第二高级中学
杨晓蕾	"师生共研"学习型地理课堂的构建研究	平顶山市第三高级中学
翟彦龙	高中学生地理学习能力培养的研究	商丘市第二高级中学
张艺峰	学困生的成因分析与改进策略研究	郏县第二高级中学
张忠臣	构建自主互助学习型地理课堂的实践研究	漯河市高级中学
赵　凯	高中生地理实践能力培养的教学研究	许昌高级中学

续表

学员	课题名称	单位
朱腾刚	高中地理课堂教学中有效提问的策略与方法研究	濮阳市第二高级中学
徐争光	提高学生课堂学习参与度的策略与方法研究	周口市第一高级中学

课题研究促进了教师教科研能力的提升。2021年，单莉霞老师获得河南省基础教育教学成果特等奖。2021年，徐黎姗等4名学员被评为正高级教师。

【透视分析】

教科研是教学的第一生产力。名师工作室应以课题研究为抓手，帮助学员加强理论学习，指导学员学会收集、整理相关研究材料，营造研究气氛，促使学员更新教育观念，树立新的教育理念，提升学科整合和校本课程开发的能力，并形成成果加以推广。

名师工作室的教育研究在课题的选取上，应坚持前瞻性和真实性的原则。前瞻性是指课题具有教育研究的宏观视野，体现出课程改革的新理念，代表着教育改革的新方向；实用性是指课题的选择来源于教育教学实践中产生的、具有普遍性的、待解决的真实问题，研究成果有助于帮助解决教学中存在的难题或困惑，有助于提高课堂教学的效率。

名师工作室的成员来自不同区域、不同学校，因此名师工作室的课题研究应以校本教研为基本形式。主持人将工作室总课题分解为若干子课题，由学员各自认领。平常学员分散在各校独立开展研究，定期集中研修时再对新思考、新方法、新手段、新成果进行交流研讨。最后，名师工作室通过示范辐射将研究成果付诸教学实践，进行推广和应用，从而验证其教育研究的价值。

综上所述，名师工作室的主要目标任务中，示范辐射是基础，专业引领是关键，成长探索是核心，教育研究是内涵。名师工作室应引领教师"扬长发展"，把工作的着力点放在"拓宽、挖深、拔高"上，把名师工作室打造成教师培养的基地、名师展示的舞台、教学示范的窗口、科研兴教的引擎、教育改革的论坛，引领教师向更高层次发展、走精英化发展的道路，努力打造一批师德高尚、造诣深厚、业务精湛的名师。

三、名师工作室工作方案与管理制度

名师工作室要健康持续地发展，发挥好主持人的有效引领和带动作用，制定工作方案和加强制度建设至关重要。名师工作室团队成立后，主持人应和团队成员一起共同探讨、制定出工作室的工作方案和各项管理制度，明确工作室的职能和任务，引领成员向着目标前行。

1. 名师工作室工作方案

名师工作室工作方案是主持人对名师工作室工作的一种设想与工作思路，是名师工作室有序开展各项工作的重要手段和基本保证。名师工作室是学员学习、研讨和发展的场所，名师工作室工作方案直接影响着学员的研修效果和发展水平。

名师工作室工作方案的制定要遵循以下原则：①目的性原则。名师工作室工作方案首先要明确工作室目标定位，有了总目标，工作室工作就有了方向性和目的性。②群从性原则。名师工作室工作方案关系到全体成员的发展，工作方案的设想、目标和措施都必须考虑和兼顾所有成员的成长需求，集思广益，群策群力。③前瞻性和现实性相结合原则。名师工作室工作方案既要有前瞻性，设计出美好的理想的发展前景，又要有现实性，从名师工作室的实际情况出发，具备实用性和可行性。

【经典案例】

中原名师宋歆初中数学工作室工作方案

一、工作室的功能定位

将工作室建成区域中学数学教科研的基地、教学展示的舞台、引领辐射的窗口、科研助教的引擎、自我成长的平台、教学改革的论坛。

二、工作室成员的基本要求及专业发展目标

1. 工作室成员的基本要求

（1）具有良好的思想政治素质和师德，具有较扎实的教学基本功和专业知识，具有良好的教学策略和一定广度的相关学科知识，有奉献精神、协作精神。

（2）理念先进，能够主动进行教育教学改革，具有较强的教育教学能力及独立研究能力，具有独特的教学风格和教学艺术，教学质量高，在县域或学校具有较高知名度。

（3）善于学习新知识，积极参与教研活动，勇于承担教学公开课，并有一定的组织、管理和指导能力及强烈的自我完善、自我突破、自我发展的愿望。

（4）热心青年教师培养工作，有培训、指导青年教师的能力。

（5）具备熟练的信息技术操作能力。

2. 工作室成员的专业发展目标

工作室成员工作期限为三年，三年后接受考核验收，工作室成员的专业发展目标如下：

（1）按照专家型、科研型教师所必备的综合素质结构要求，积极组织开展学习、研讨活动，在研究中学习，在学习中提高，不断提升自己的教育教学能力及研究能力，在学科上形成自己鲜明的教学风格和教学艺术。

（2）发扬敬业爱岗、无私奉献、勇于创新的精神，在教育教学实践中不断更新观念、丰富经验，把先进的教育理念与我市教育教学实践紧密结合起来，研究教育改革和发展的热点、难点问题，为提高我市的教育教学质量献计献策。

3. 工作室成员专业成长的主要措施

（1）理论学习，分享交流

做好教育理论的学习和教育前沿信息的收集和处理工作，时刻关注教育改革与发展的动态和趋向，提高工作室成员实施新课程的能力。

坚持每月两次集中活动交流例会制度，每名成员准备好交流材料，每学期至少撰写两篇教育教学总结或论文，把工作室建成学科教师研究教学、

切磋教艺的专业成长家园,并建立文档材料。

(2) 立足课堂,研课磨课

深入开展听评课活动,工作室成员一起研读课标、教材,研究学情;组织开展师徒展示课活动,在同课异构中相互学习,共同提高。

(3) 举办沙龙,开展研讨

举办以"有效课堂教学"为主题的课改沙龙。工作室成员进行全校性校本研修专题讲座,并形成图像与文档材料。

(4) 专题研讨,科研兴教

深入开展"数学有效课堂教学的探索与研究"课题研究。认真进行教学个案反思和总结,并形成阶段成果。结合新课程实施以及区域教育主题,进行相关领域的课程资源开发与建设工作。

三、教育教学研究

1. 教育教学研究的主要方向

(1) 抓好"数学有效课堂教学的探索与研究"课题研究,以课题研究为抓手,打造精品课堂,促进学校教育教学的提升。

(2) 开发课程资源,建立相关学科教学资源库,促进课堂教学质量的提高。

(3) 深入开展课堂教学问题研究,提高教师专业素质和执行课程的能力。

2. 教育教学研究的主要内容

(1) 以课堂为根本,有效整合课程资源、地区自然资源,开发一套有地区特色、有推广价值、操作性强、实用性强的数学教学校本教材。

(2) 建立新课程数学资源库。

(3) 通过采用现代信息技术发掘、重组、优化教学资源,拓宽教学渠道,丰富教学内容、形式和手段,最大限度地提高教学针对性、有效性。

3. 教育教学研究的主要方法

(1) 调查研究法:在教育理论的指导下,通过运用问卷、列表、访谈和测验等科学方式,有目的、有计划地收集有关资料,为工作室成员研究提供经验原型和基础。

(2) 行动研究法：在重视理论指导的基础上，强调实践和探索，边学习，边实践，边总结。

(3) 文献研究法：多学科、多角度开展对资料的比较研究，把握国内外教育教学的研究动态，借鉴已有的研究成果和经验教训，为研究提供框架和方法论。

(4) 个案分析法：以个别案例为研究对象进行全面而深入的研究，揭示研究对象形成、变化的特点和规律，以及影响个案发展变化的各种因素，并提出相应的对策。

4. 教育教学研究的预期成果及呈现方式

预期成果及呈现方式为教学设计、论文、调查报告、教学资源库、个案、课例。

四、工作室成员主要分工

为促进工作室各项工作顺利开展，使工作室成员快速成长，更好地发挥名师工作室的示范、带头和辐射作用，工作室根据成员的优势、特点，对每位成员的日常工作进行分工，见表1-5。

表 1-5　工作室成员主要分工

负责人	分工	具体工作
宋歆	总体规划	全面主持工作室工作，拟订工作室工作方案、计划，确定工作室成员培养目标，组织开展教育教学研究及教研活动，组织学员外出学习、交流，组建工作室公众号，组建微信群、QQ群、CCtalk网络教研群，定期召开工作室成员会议，负责年终考核评价
李渊文 黄立艳 孟书宇	执行落实	李渊文任工作室助理，协助工作室主持人落实相关具体事宜，做好工作室任务安排的上传下达。黄立艳和孟书宇分别任老、新校区工作室执行组长，做好两个校区工作室各种活动的落实、材料收集、整理与督促工作
李渊文	宣传报道	及时发布工作室动态，协助主持人撰写相关年度活动计划、总结等
刘菲	学习安排	协助主持人规划阶段性学习内容，推荐学习资料，组织成员交流学习体会，反馈成员学习情况

续表

负责人	分工	具体工作
李 靖	课题研究	负责课题日常运行，筹备和组织课题研究活动，负责做好课题研究阶段总结，整理课题研究纪实材料等，填写活动记录并提醒工作室成员提交有关材料，反馈课题研究情况
韩淑华	教研	负责教研活动的筹备和组织，妥善安排教学资源的上传，为形成网络教学资源库做准备
李 杰	网络维护	负责工作室公众号的发布与管理工作，负责活动考勤，统计工作室成员上传共享资料数据和上交文字资料数据
李 青	读书分享	组织工作室成员开展读书活动，建立读书小组进行每日分享，定期或不定期开展线上和线下的读书分享活动
黄梦晨	名师培训	协助主持人完成省厅组织的河南省名师的培育工作，并做好相关材料的收集、整理、上传工作

五、需要的保障、支持条件

1. 经费保障

市局、学校每年拨付实施名师工程的专项经费，用于工作室成员开展教学研究、教学实验，参加继续教育，参加高层次学术交流、培训活动等。

2. 资源保障

积极开发网络平台、图书资料等在名师工作室中的作用。学校为名师工作室提供单独的办公场所及办公器材。

3. 制度保障

建立健全实行名师工程的相应保障制度，确保计划的顺利、有效实施。坚持自我提高为主，校本培训为辅，进一步建立"送出去、请进来"的培训机制，每年选送部分工作室成员参加高层次培训。

六、名师和名师培养对象的考核评估

第一，经过三年培养，个人考核（包括工作室考核）合格后才能纳入名师管理范围。对纳入名师管理范围的名师及工作室也将实行定期考核。

第二，名师工作室以三年为一个工作周期。在一个工作周期内，按有关评估标准，通过查阅资料、调查访谈、成果检验、影响检测等考核方式，对名师工作室进行每年一次的过程性评价和工作周期结束时的终结性评价。

第三，考核内容主要包括工作室自身建设发展的情况，工作室在培训和指导教师方面发挥的重要作用，工作室在教育教学、科研中取得的主要成绩三个方面。

第四，每周期考核结果分为优秀、合格和不合格三个等级。考核"不合格"者将撤销工作室成员资格；考核"合格"者将自动进入下一周期的研修；考核达到"优秀"者，将予以表彰和奖励。

第五，对成员的考核主要由工作室主持人负责。

中原名师宋歆初中数学工作室

【透视分析】

综上分析，工作方案是名师工作室前行的指南针，健全有效的工作方案是名师工作室有效管理的方法之一。名师工作室工作方案有助于名师工作室设立各种具体目标，可以使学员的行动更加精准地对准既定目标，有条不紊地开展学习研修活动，有利于提高工作室各项工作的效率，减少失误。

2. 名师工作室管理制度

名师工作室要保证各项研修活动的正常进行，实现可持续发展，就必须制定基本规章制度。全体成员按照规章制度开展学习、研修等各项活动，才能学有实效、研有收获，名师工作室的管理目标和发展目标才能得到实现。

名师工作室管理制度一般包括工作制度、学习制度、会议制度、考核评价制度、档案管理制度等。

（1）工作制度：应包含促进培养对象专业能力提升的培养计划，对课题加强管理的具体措施以及工作室各项活动的开展方案、记录总结等。

（2）学习制度：包括对每位学员学习的要求，如，要求每位学员每学期系统学习一本教育理论书籍，广泛阅读教育及学科教学参考文献，做好读书笔记，撰写读书体会等。

（3）会议制度：名师工作室应制定明确的会议制度，以确保通过高质量的会议推动学员的有效培养。如，主持人每学期应召开工作室核心成员会议，确定本年度的重点工作任务、培训情况、专题讲座等；同时，在不同的活动阶段召开不同的工作计划会议，明确阶段性工作内容与分工等。

（4）考核评价制度：名师工作室应建立考核评价方案，记录学员参与集体研修的状况和表现，确定每位学员应当履行的责任和义务，注重过程评价与量化评价的结合，对学员给予全面和科学的评价。

（5）档案管理制度：名师工作室的档案种类很多，如，工作室年度发展规划、专题讲座、示范课、评课记录、学员论文及参与"论坛"、送教下乡活动记录等。档案记录着名师工作室的各项成果，负责档案管理的成员应确保各项材料及时收集、汇总、归档、存档。

【经典案例】

案例1 中原名师程黎高中地理工作室管理制度

为加强中原名师程黎高中地理工作室的规范管理，更好地发挥中原名师工作室的示范、引领、指导和辐射作用，特制定本制度。

一、工作目标

以先进的教育教学理论为指导，认真探索、解决教育教学中实际存在的问题，学习、实践先进的教育思想、课程理念、教学方法，发挥中原名师程黎高中地理工作室在河南省地理教育教学活动中的示范、引领、辐射和带动作用，打造一支师德高尚、业务精湛的优秀教师队伍。

二、会议制度

1. 教学研讨会制度

中原名师程黎高中地理工作室将根据需求不定期组织各类教学研讨活动，及时研究和解决教学中出现的问题，所有成员需要积极参加并提出合理的意见。

2. 工作例会制度

每学期召开成员会议，制订学期计划和总结上学期工作；除此之外，每月召开例会，讨论不同阶段的工作目标、中原名师程黎高中地理工作室的教育科研课题及专题讲座内容。

三、责任管理制度

（1）中原名师程黎高中地理工作室核心组负责统筹安排、全盘规划学科基地的各项工作。

（2）课堂教学研究组负责研究课堂教学模式、教学计划进度、开展各项听课评课活动、考试分析与统计等。

（3）课题研究组负责教育研究、课题研究和研究性学习研究。

（4）试题研究组负责理论与实践研究、试题研究等。

（5）实践活动组负责策划开展实践活动，带领学员实地考察、行动研究等。

（6）宣传组负责教科研活动的策划、宣传和总结，并及时在公众号上更新发布。

四、研修管理制度

1. 研修活动制度

（1）集中研修制度

开展扎实有效的教研活动，是促进教师专业成长的重要途径之一。为此，加大教研工作力度，使教研活动制度化、课题化，抓好集体备课，搞好教研活动，规范课堂教学制度和说课制度。

教研活动，坚持集中研修活动与自主研修活动相结合。集中研修活动包括线下集中研修和线上网络研修。做到定时间、定内容、定主持人（或中心发言人）。每次集中活动研讨一个主题，工作室主持人助理提前两周按照计划拿出方案，布置好任务，学员准备材料，按时组织教研活动。

(2) 网络研修制度

①助理班主任点名考勤，安排学员撰写研修心得。

②助理班主任协助主持人对集体研修活动做整体安排。

③网络组长在集中研修前做好设备调试和发言学员的技术指导。

④宣传组长在集中研修前做好海报制作和宣传。

⑤网络论坛主持人做好发言学员个人资料准备。

⑥助理班主任安排好研修总结的撰写。

2. 研修目标制度

各研究小组每位成员应当结合自我发展计划，制定专业成长和专业发展的规划。

(1) 做到"五个一"，相关内容发表在基地的网页上。"五个一"具体要求如下：

①每月至少撰写一篇教学设计或教学叙事。

②每学期至少发表一篇教学论文。

③每学期至少参与一个课题研究。

④每学期至少读一本教育教学专著。

⑤每学期至少上一节校级及以上公开课。

(2) 教研课题化

立足解决教师面临的教与学的共性问题，走课题化道路，体现研究的持续性、递进性。

3. 说课要求

说课是教师在规定的时间内从教育理论高度，对已备好的课进行概述，以表明对教材的理解情况，以及教学目的的确定、教学总体设计、教学方法选择等的依据。

(1) 说课的目的在于对学员进行全面了解，并进行综合评价。

(2) 说课要求讲究科学性和系统性，要清晰地反映出教学系统的内在联系，反映出反馈与控制的过程。

(3) 说课要将说课的材料系统化，形成教案，包括教材分析、教材处理、教学方法、教学手段、教学程序等。

(4) 教师说课的教态要自然、亲切、大方，有感染力。

(5) 说课语言要精练、严谨、准确,有示范性。

(6) 说课要说板书设计的基本框架,以及板书设计的依据或理由。

(7) 说课以结对小组为基本单位,每月一次。

4. 加强管理调控,健全考评体系

(1) 强化活动管理调控。加强对工作室成员各位组长的管理。随时召开核心成员组长会,交流情况,推广经验,查找不足,促使教研组长认真履行职责,落实活动计划,扎实组织好教研活动。

(2) 建立健全有效的评价考核体系。

五、档案管理制度

(1) 所有与中原名师程黎高中地理工作室相关的内容应当留有痕迹,形成经验沉淀,建立基地档案,由中原名师程黎高中地理工作室档案员管理。

(2) 工作室开展工作的电子文档、文本文档、音像资料以及工作室成员的计划、总结、听课评课记录、公开课教案等材料应及时收集、归档、存档,由地理教研组负责。

六、财物管理制度

中原名师程黎高中地理工作室财产是保证省级名师和骨干教师培育学员进行教学研究必需的物质条件,中原名师程黎高中地理工作室所有公用物品由主持人签字并负责保管,坚持管用结合、物尽其用的原则,树立人人爱护工作室财物的好风气。齐抓共管、严防损失、共同治理,搞好基地财产管理工作。

中原名师程黎高中地理工作室

案例2 中原名师竞霞高中语文工作室管理制度

为确保工作室各项工作有效、有序地开展,特制定以下制度,望各位工作室成员认真学习,严格遵守。

一、成员职责

1. 主持人职责

（1）全面主持本工作室的工作，确定本工作室研究发展方向，拟订本工作室的工作目标、工作规划。

（2）制定本工作室日常管理制度，开展教育教学研讨交流，分享工作成果，使工作室成为资源共享基地和成果辐射源头。

（3）主持核心课题研究，积极将科研成果推广辐射，带动本区域本学科的教育发展。

（4）负责指导本工作室学员制订自我发展计划，组织、培训工作室成员进行课题研究、教学研究和撰写论文等；同时负责工作室成员的评价和考核。

（5）组织工作室成员外出学习、交流、调研等活动，邀请专家、学者指导工作，并加强名师工作室之间的交流协作。

（6）通过传、帮、带、辅的方式，引领工作室成员加强师德修养，增强职业认同感和荣誉感，传授教育教学专业技能，提高综合素质。

（7）积极参与本区域教师培训工作，接受主管部门的指导、检查、评估和考核，向各级主管部门汇报工作情况。

（8）负责本工作室的经费和管理，并接受学校和上级部门的监督审计。

2. 工作室成员职责

（1）树立良好的师德形象，以无私奉献精神，积极主动参加工作室的各项活动，在主持人的引导下与工作室其他成员合作交流，共同成长。

（2）制订个人三年发展规划。个人发展规划要求从个人发展目标、发展路径和具体措施等方面进行规划，并做好规划落实记录。

（3）努力提高教育教学实践水平，能够按照教育规律和学生的心理规律，科学有效地开展教育教学工作。每学年在校内至少开展一次教学展示活动。

（4）努力提升教育科学素养，不断提高教育科学理论水平。每学年至少研读一本教育教学专著，撰写教学、教研札记，每学期完成一篇教学论文。

(5) 帮助维护工作室网站。积极参与在线互动式研讨，为工作室网站提供教育教学信息、教育教学资源；帮助主持人及时整理工作室活动记录、成果业绩档案材料。

二、会议制度

(1) 建立每月例会制度，每月 11 日下午 3:00 召开全体成员会议，总结月工作情况，解决实施过程中的主要问题，商讨、安排下月工作。

(2) 每个学期的期初召开一次工作室计划会议，讨论本学期工作室计划，确定工作室阶段工作目标和校本研修、科研课题、教学观摩及专题讲座内容等。

(3) 每学期至少安排一次阶段性工作情况汇报会议，督促检查各项工作的实施情况，解决实施过程中的难点和突出问题。

(4) 每学期的期终召开一次工作室总结会议，展示、总结学期工作成果及形成的经验，梳理存在的问题，研究解决的办法。

三、研修制度

(1) 制订个人年度发展规划（含发展目标、发展进度、发展措施）。

(2) 根据个人自我发展目标和研究课题及教学特长，有选择性地学习教育教学理论。每学期至少阅读 1—2 本理论专著，撰写不少于 5000 字的学习心得，参加工作室组织的集体交流研讨。

(3) 每月提交一份 1000 字左右的教学随笔或学习心得，提交一篇有价值的课题教学课例（案例）。

(4) 每学期承担一节以上的公开课，提前报工作室备案，并提供有关教学设计、课堂实录、教学反思和评研记录。

(5) 每学年提交一篇获奖的或正式发表的教学论文，撰写一篇课题研究的阶段性研究成果报告。

(6) 每学年认真总结个人研修情况，撰写一篇反映自己成长发展的年度报告，诊断自己的发展状况。

四、课题管理制度

（1）各成员必须以严谨的态度、务实的精神和科学的方法从事课题研究工作，争取多出有助于教育教学水平提高的科研成果。

（2）各成员要在课题主持人的领导下，根据课题研究方案，制订阶段性的具体研究和实施计划，及时作出阶段总结。

（3）课题研究必须做到有方案、有措施、有活动记录、有阶段小结、有结果分析、有实验报告和实验鉴定。

五、档案管理制度

（1）工作室为每位成员建立研修业务档案，工作室资料管理人员做好档案的管理工作。

（2）工作室成员的研修计划、研修总结、听课记录、教学设计定期收集、归档，为个人的专业成长和工作室的发展提供依据。

六、成员考核制度

（1）严格遵守教师职业道德规范。

（2）对成员参加常态研修活动的出勤情况、态度和表现等实施过程性评价。

（3）主持人通过成员的展示课或教学比赛表现，对成员教学能力进行评价。

（4）依据教务部门教学业绩的考核办法，对成员进行教学业绩评定。

（5）依据教研部门对教师科研成果的考核办法，对成员进行科研成果评定。

（6）每学年对成员研修和工作情况进行综合评定，对优秀成员予以表彰，在评先、外出研修等方面优先推荐。

七、奖惩制度

（1）设立"工作室优秀成员"等奖项，每学期评选一次，给予获奖者一定的精神和物质奖励。

(2) 制定名师工作室成员考核标准，考核结果作为教师评优依据。

(3) 对于不求进取，不能按时完成工作室工作布置的成员进行劝退。

中原名师竟霞高中语文工作室

【透视分析】

　　名师工作室要发挥好名师的示范、引领作用，做好名师工作室制度建设至关重要。名师工作室要在工作室主持人的指导下，完善各项管理制度，每月形成工作简报在工作室群内传阅，进一步提升学员参与研修活动的成就感和幸福感。

　　在制定名师工作室工作方案和管理制度时，应秉承与时俱进的发展理念，坚持科学性、实践性和可操作性原则。方案起草时，要广泛收集其他名师工作室建设的资料和政策理论依据，进行分析学习，做好可行性的研究；然后在多种方案的基础上，集思广益，以人为本，形成一个最佳的工作方案和管理制度，真正地为教师的专业成长服务，为名师工作室的持续发展保驾护航。

第二章
名师工作室学员的培育

名师工作室如何培育学员？

名师工作室的核心任务是引领教师的专业发展，提高教师队伍的整体素质。

名师工作室学员的培育是一项系统工程。培育学员需要多方协同联动，发挥多主体作用，对培养对象进行理论指导和实践研修。

河南省2016年启动了依托中原名师工作室培育省级名师和省级骨干教师的工作。被遴选的省级名师和省级骨干教师培育对象由被河南省教育厅认定的中原名师工作室与河南师范大学协同采取"集中+跟岗"的混合培训模式进行培育。培育通过理论研修、实践浸润、学术提升、思想凝练、成果展示、示范辐射等方式，开展理论与实践、课堂内与课堂外相结合的系统且全面的培训。九年来，中原名师培育工程共培育了6000余名省级名师和省级骨干教师，其中一些优秀教师成长为正高级教师、特级教师和中原名师培育对象、河南省优质课教师，他们在自己的岗位上为党的教育事业发光发热。

"独行快，众行远"，中原名师工作室主持人带领着具有共同愿景的一群人，相互学习、相互激励，实现了共同成长与进步。依托中原名师工作室培育省级名师和省级骨干教师的做法，不仅促进了中原名师的自我成长，而且通过示范、引领产生了名师效应——引领、培育出一大批省级名师、省级骨干教师和市级优秀教师。

本章，我们将结合中原名师工作室培育学员的实践经验，分析影响名师工作室学员成长的因素，探究名师工作室学员培育的有效路径。

第一节　影响学员专业成长的因素分析

学员的专业成长是一个复杂的系统工程。影响学员专业成长的因素有很多，既有自身的内在因素，也有社会、学校、家庭等客观的外部因素，其中前者是关键性因素。学员的专业成长是内在因素和外部因素共同作用的结果，学员只有正确处理好内因、外因各要素的关系，才能促使自己在专业上健康快速地成长。

一、内在因素

内在因素是学员专业成长的核心因素、内在力量和根本动力。内在因素一般包含以下几个方面：

1. 清晰的成长发展目标

成长发展目标可分为短期目标（1年）、中期目标（3—5年）和长期目标（10年）。制定清晰的成长发展目标可让学员的专业成长具有目的性、可行性、阶段性、持续性和挑战性，所以目标引领是学员专业成长的动力。

斯坦福大学教育系教授威廉·戴蒙在其著作《目标感》中谈到：目标对我们的人生至关重要，它让我们专注当下，也引导着我们走向更有意义的美好人生。哈佛大学也曾做过一个实验，在一群智力和年龄都相近的青年中进行了一次关于人生目标的调查，结果发现：3%的人有十分清晰的长远目标；10%的人有清晰但比较短期的目标；60%的人只有一些模糊的目标；27%的人根本没有目标。25年后，哈佛大学再次对他们做了跟踪调查，结果十分令人吃惊！3%的那些人成了社会各界的精英、行业领袖；10%的那些人都是各专业各领域的成功人士，事业有成；60%的那些人大部分胸无大志，事业平平；27%的那些人过得很不如意，工作不稳定，入不敷出，常常抱怨社会，怨天尤人。

由此可见，目标对成长和人生的重要性，目标坚定成长方向，规划促进专业成长。名师工作室学员的成长目标是指他们自踏上教师岗位之日起，就设定自己在这条道路上将何去何从的宏大目标。当然，不排除学员们会对自己的成长目标进行不断优化的情况。学员的专业发展是自我成长、自我实现、自我超越、自我创造的过程。有了清晰的成长目标才有成长的动力，才会在专业发展的道路上行之弥远。学员的成长目标来源于自身的需要、兴趣与动机，这些都是发自内心的追求，需要学员自觉地来制定和执行。

"君子生非异也"，同样的道理，名师也是由普通教师一步步成长起来的。名师之所以能够成长为名师，就是因为他们在教学上有清晰的成长目标，有清晰的自我规划和阶段性目标，能找到"最近发展区"，能"跳一跳，摘到果子"。阶段性目标的实现更有利于长期目标的坚持和实施，形成自我成长自觉意识，不断学习、不断反思、提升能力、获得发展。

社会发展日新月异，学员应当因时而变，顺应时代发展和要求，确立自己清晰的成长发展目标。当前，社会对于教师的要求提高了，所以教师要树立强烈的改革创新意识。教师要有改革创新的自主性，能够积极吸纳科学的教育理念和前沿的科研成果，丰富教育教学内容和资源；要有改革创新的先进性，能够采用科学高效的教学方法，引导学生在实践操作中提升探究能力，使其成长为知识丰富、视野宽广、德才兼备、全面发展的国家栋梁之材。

2. 坚定不移的职业信念

职业信念是对职业所持的一种坚定态度。这种态度应该是持久而稳定的，甚至终生不渝的。教师的职业信念是教师对教师职业所持有的深信不疑的精神状态。职业信念是教师成功的精神力量和精神支柱。例如，人民教育家于漪长期躬耕于中学语文教学事业，坚持教文育人，终成教育界一代名家。

树立坚定不移的职业信念要以德为先。"国无德不兴，人无德不立"，优秀教师都有一个共同特点，那就是师德高尚，既为"经师"，又为"人师"。作为"人师"，就是要以自己高尚的品德修养涵养学生的"精神骨骼"。

树立坚定不移的职业信念要以人为本。以人为本是当下时代发展的主旋律，更是教育发展的主旋律。以人为本在教育语境中就是"以学生为本"，尊重儿童立场。在教学中存在"三种眼光"：成人眼光、专家眼光和儿童眼光。有了成人眼光，教学可以"入格"，有了专家眼光，教学可以"升格"，但更为重要的是，每一位教师都要具备儿童眼光，只有具备了儿童眼光，教学才算得上"够格"。

"甘坐板凳十年冷"，学员只有拥有坚定不移的职业信念才能在教学生涯中遇到困难时发挥主观能动性，克服困难，才能在专业发展过程中通过努力自主突破专业发展的"瓶颈"。

3. 持之以恒的学习意识

持之以恒的学习过程就是教师不断充电的过程。未来自主学习意识将是最核心的竞争力，现代社会知识创造与更新的速度日益加快，个人竞争力的高低不仅仅取决于你现在掌握了多少知识，更大程度上取决于你学习、掌握新知识的速度和能力的大小。于漪老师曾说："我做了一辈子教师，但一辈子还在学做教师。"我们要树立终身学习的意识，我们面对的学生一代有一代的特点，要想成为学生喜爱的老师，工作室学员就要在知识和教学理念上与时俱进，保持持之以恒的学习意识。

学习的内容既包括本人任教学科的具体相关知识，也包括国家教育改革与发展的最新政策和要求，还包括先进的教育理念和方法。学习的方式是灵活多样的，教师应积极参与各种高层次论坛与研修培训等，学习同行好的经验，不断提高自身的专业水平。教师要充分利用课余时间学习教育教学理论，不断提高自己的理论水平。教师应通过报纸、杂志、网络等途径收集有关教育教学资料，不断充实自己，努力提升自己的专业素养，提高自己的业务能力。只有不断学习，才能顺应时代的教育教学需求，才能满足学生越来越广泛的知识需要。

保持自觉学习的意识，知识才会日渐丰厚，思想才会变得深邃，见识才能更为独到，才能在不同的事物间找到相似点或者联结处。坚持学习可丰富工作室学员的生活，提升工作室学员的魅力、品位、气质，催生工作室学员的教育智慧。

4. 研磨精品课例的钻研意识

著名的语文教师程翔曾说过：一线教师要注意积累自己的课堂作品。所以工作室成员要一起研磨精品课，以精品课为案例，潜心教学研究。

学员可采取"个人研究（备课）—集体讨论（"会诊"问题）—形成通案（集体智慧）—个性化修改（突出个人特色）—教学实践（观摩）—集体反思（再交流研讨）"的方式，在主持人引领下进行集体备课，以此实现教学资源、教改信息、教法、学法共享，从而达到相互借鉴、取长补短、提高教学能力的目的。学员应把课堂当作实验室，把每节课都当作实验研究课，创设激发生命活力的课堂，争取把每节课都打磨成精品课例。

一节好课要做到"五实"：有意义，扎实；有效率，充实；有生成，丰实；常态化，平实；待完善，真实。同时，还要具备"五度"：精度、梯度、深度、效度和温度。真正优质有效的课堂能够让教学从封闭走向开放，从预设走向生成，从关注问题的答案走向关注学生的学习需要，从关注知识的教学走向关注能力的培养。工作室学员要立足学生发展，潜心研磨精品课例，时刻反思自己的课堂教学。

5. 立足课堂的反思意识

反思即"思考、审视与改进"，德国哲学家叔本华告诫大家，莫让自己的头脑成为别人思想的运动场。这句话同样适合教师的成长。著名的教育家叶澜也曾说过：一个教师写一辈子教案不一定成为名师，但是如果写三年反思就有可能成为名师。教师的专业成长是一个渐进的过程，这个过程更需要自我反思、自我提高。在反思中，教师需对原有经验进行深入的、持续的、批判性的审视，超越原有经验可能存在的狭隘、浮浅和错误，完成经验的改造，获得相对更合理、更有效的经验。

反思过程包括：总结具体经验—观察分析—重新进行自我概括—积极验证。反思的方式有课后备课、教后总结和课堂观察等形式。工作室学员要经常反思每一堂课、每一个教学环节，不断总结和提炼经验，不断反思所学新知识、新理念或新方法背后所蕴藏的价值和意义，不仅要重视知识的记忆、理念的传承或方法的移植，还要在自己思考和追问的基础上付诸实践。

每一个教学设计、每一次课堂教学，都可能存在不完善的地方，这更要求我们不断地反思、实践和创新。同时，教学反思还能够促进教师加强理论学习，并运用理论指导自己的平时教学，正确分析和认识各种各样的教学现象，解决教学中遇到的具体问题，缩短理论与实践之间的差距，跨越观念与行为之间的鸿沟，使理论与实践相互支撑。通过反思，教师能够不断超越经验，创造性地解决教学实际问题，促进自身业务能力的提高，促进自身专业不断发展。

工作室学员要实现专业成长，离不开一个"思"字。只有做到"课前广思、课中慎思、课后反思"，对教学工作细节进行审视、推敲、质疑、判定，才能更快提高专业能力。

6. 服务教学的科研意识

工作室学员要实现专业成长，一定要牢固树立服务教学的科研意识。教育科研"源于教学、基于教学、服务教学"，工作室主持人要结合工作室学员的教育教学实际，带领学员研究教育教学中存在的突出问题。

课题研究能够促进学员从教书型教师向科研型教师转变，从骨干型教师向专家型教师提升。研究即"发现、探究与解决"，任何研究都始于"问题"，以及由问题而发生的"惊异"。当教师意识到自己的教学中出现了某种"问题"，并想方设法在行动中去解决，且不断回头反思解决问题的效果时，就不知不觉地走上了一条由"发现问题—探究问题—解决问题"

的探究之路。教师要进行科学研究，主要有三个方面内容。一是课题研究。课题即问题，课题研究即围绕课堂教学中存在的问题深入研究，寻找问题的答案。课题研究能训练教师的逻辑思维能力，教师能从课题研究中学到更多的教育教学理论和方法，为自己的具体教学行为找到更多理论依据。二是教材研究。教材研究是正常开展课堂教学的基础。只有读懂教材，才有可能实现教学内容、教学方法与教学手段的统一，才能最大限度地满足学生的学习需求，提高教学效率。三是实践研究。课前要精心进行教学方案预设、静心进行课前悟课；课中要合理组织学生开展活动，灵活选择教学方法，随机应变驾驭课堂，巧妙引导与激励学生等；课后要及时进行反思与总结。

工作室学员要善于在研究中发现问题，在问题中研究，在研究中成长，通过深度研究，充实自我，提升自我。

7. 笔耕不辍的写作意识

教育写作可提升教师的阅读品质、深化思想认识、提高教学能力、积淀专业智慧。教育写作的内容包括教学反思、教育叙事、教材研究、教学方法、课堂观察、解题探讨、考试研究、学法指导、教育热点和研究成果等。学员要正确对待课堂、学生和教材，关注教育的每一个细节，注意自己思想的发挥与创造，拥有一颗勤奋执着的心和一双善于发现生活的眼睛，走上一条属于自己的教育写作之路，实现教师专业化发展之路。

教育写作不同于单纯的写作，它必然伴随着实践、阅读、思考与提升。它与实践相随，与阅读同行，与思考为伴，与提升共存。写作的过程，就是反思、审视、总结、提炼、升华自己的过程。许多名师的成长经历也都证明了写作对于教师专业成长的重要作用，在网络时代，表现得尤为突出。时下，许多教师都是通过在自己的博客及各类论坛上写作脱颖而出的。学员要勤于动笔，将头脑里的一些想法写下来，不限文体，不限篇幅，不限字数，可以写自己的教学心得，可以写自己的心路历程，也可以写自己的教学机智或失败的案例。可以写在笔记本上，也可以写在教学日记中，还可以写在书页上。每天写一点，积少成多，聚沙成塔，教育思想便会日渐丰盈。

二、外部因素

良好的外部环境和条件是学员成长的必要保证。学员只有获得社会、学校和家庭的支持，才能学有激情、学得安心、学得专心，才能进步更快，以其较高的专业能力回报国家、社会、学校和学生。

1. 健康发展的社会环境

健康发展的社会环境包括国家教育方针政策的支持和学员所在学校的激励。

（1）国家教育方针政策的支持

教师是教育的第一资源，承载着为党育人、为国育才的历史使命，肩负着培养社会主义建设者和接班人的时代重任。新中国成立70多年来，党和国家高度重视教师队伍建设，做出了一系列重大战略决策部署。2018年，中共中央、国务院印发了第一个专门面向教师队伍建设的里程碑式政策文件《关于全面深化新时代教师队伍建设改革的意见》。文件指出，全面提高中小学教师质量，建设一支高素质专业化的教师队伍。到2035年，教师综合素质、专业化水平和创新能力大幅提升，培养造就数以百万计的骨干教师、数以十万计的卓越教师、数以万计的教育家型教师。

近年来，各级教育主管部门对于教师的管理、培训越来越多、越来越规范，培训形式也越来越多样。例如，开展中小学教师全员培训，促进教师终身学习和专业发展；推动信息技术与教师培训的有机融合，实行线上线下相结合的混合式研修；等等。

国家教育方针政策的支持和各级教育主管部门的高度重视，为学员的专业发展提供了良好的社会环境。

（2）学校切实有效的激励

学员所在的学校，对于学员参加培训、专业成长的支持主要体现在激励机制的设置上。任何一个学员获得快速有效的专业成长都离不开学校的支持。

学校制定的导向性政策、搭建的学习共同体平台和学习助力平台、建立的科学考核机制、形成的量化奖励机制等都有利于学员的专业成长。

2. 教学专家的理论引领

在学员的成长过程中，专家的理论引领和指导非常重要。优秀教师的传、帮、带，名师的指点是学员成长的重要途径。学员在自我成长的过程中，需要选择名师名家作为自己的榜样示范，在短时间内将榜样们的教育教学经验转化为自己的经验，以引领自己更好地发展。

"实践—理论—实践"的过程也是学员们成长的一个必经之路。学员个体的教学实践如果一直得不到理论的引领和指导，可能永远也不会进步，仅仅是日复一日的知识传授而已。只有向教学专家进行深入学习，学员的实践才会得到进步和升华，才可能逐步形成自己的教学特点、教学风格甚至自己的教学理论。比如，选择教育家窦桂梅作为自己的榜样，就要深入了解她的教育思想、教育理论，甚至梳理出她的成长阶段，以引领自己的发展。

3. 合作融洽的教师团队

"一个人可以走得很快，但一群人才能走得更远。"在专业成长的过程中，大多数学员都会或多或少地产生职业倦怠和成长惰性，而基于共同愿景组成的教师团队，则可以营造一个良好的相互学习、共同发展的生态环境，唤醒每个人学习的自觉性，激发个人发展的欲望，使教师思维相互碰撞、得到启示，促进创新意识发展和应变能力提升，生成教育智慧。

4. 温暖坚实的家庭后盾

教师职业不同于社会上的其他行业，教师对学生时时处处都要关注和付出，也需要不断学习和成长。正因如此，教师只有得到了家人的理解支持、关怀照顾，才会拥有更大的勇气和力量，才会在专业成长的路上走得更顺畅。

因此，内部因素是其专业发展的必要条件，是其专业发展的主动力和内动力；外部因素是教师专业发展的助动力和次动力；价值实现是教师专业发展的最高境界。

作为教师，希望自己成为好老师，作为名师工作室主持人，更加渴望进入自己名师工作室的学员能够通过培养早日成为名师。名师工作室主持人只有了解影响学员专业发展的因素，才能帮助学员选择正确的专业成长路径，引领学员实现专业发展。那么，影响教师专业成长的具体因素主要有哪些呢？名师工作室主持人可以设计问卷，对培育学员开展问卷调查。

【经典案例】

中原名师工作室学员专业成长问卷调查

尊敬的老师：

　　为了解您在专业成长过程中的影响因素及发展需求，我们特做以下问卷进行调查，谢谢配合！

1. 您所在学校属于

　　A. 省重点学校　　　　　　B. 市重点学校

　　C. 区普通学校　　　　　　D. 乡村学校

2. 您所教学段是

　　A. 高中　　　B. 初中　　　C. 小学　　　D. 幼儿园

3. 您的教师专业技术职称是

　　A. 高级　　　B. 中级　　　C. 初级　　　D. 未评

4. 您现在属于下列哪种培育对象

　　A. 省级名师　　　　　　　B. 省级骨干教师

　　C. 市级名师或市级骨干教师　D. 原成员（普通教师）

5. 您现在所处的年龄段为

　　A. 40岁以上　　　　　　　B. 35—40岁

　　C. 30—34岁　　　　　　　D. 30岁以下

6. 您参加过的最高级别教师培训形式是

　　A. "国培计划"　　　　　　B. 省级名师和省级骨干教师培训

　　C. 市级名师和市级骨干教师培训　D. 校本培训

7. 您每学期主动阅读教育类书籍大概有

　　A. 5本以上　　　　　　　 B. 3—4本

　　C. 2本　　　　　　　　　 D. 几乎没有

8. 您最主要的阅读动因是

A. 备课必需　　　　　　　　　B. 丰富生活

C. 任务驱动　　　　　　　　　D. 养成习惯

9. 您近三年发表的教育教学论文有

A. 6篇及以上　　　　　　　　B. 3—5篇

C. 1—2篇　　　　　　　　　 D. 无

10. 近三年,您开设校级以上公开课(研究课、示范课)的情况是

A. 5次以上　　　　　　　　　B. 3—4次

C. 1—2次　　　　　　　　　 D. 无

11. 近三年,您主持或参与的课题是

A. 省级以上　　　B. 市级　　　C. 县级　　　D. 校级

12. 下列选项对您专业成长影响最大或最有促进的方式是

A. 课题研究　　　　　　　　　B. 公开课教学

C. 试题命制　　　　　　　　　D. 指导实践活动

13. 您目前专业成长最大的障碍和困难是

A. 自身懒惰　　　　　　　　　B. 缺乏团队合作与引领

C. 忙于日常工作　　　　　　　D. 忙于家庭事务

14. 您认为教师持续发展最为关键的因素是

A. 职业信念　　　　　　　　　B. 绩效考核

C. 学习反思　　　　　　　　　D. 教育实践

15. 您的家庭对您外出进修或教研的态度是

A. 非常支持　　　　　　　　　B. 支持

C. 一般　　　　　　　　　　　D. 不太支持

本次问卷调查共收取了552位学员的有效问卷。调查结果见表2-1:

表2-1　2020年中原名师工作室学员问卷调查结果分析

题号	选项			
	A	B	C	D
第1题	37.27%	32.73%	16.36%	13.64%
第2题	44.09%	22.05%	22.06%	11.80%

续表

题号	选项 A	B	C	D
第3题	26.36%	47.27%	19.09%	7.28%
第4题	32.05%	38.46%	12.82%	16.67%
第5题	36.36%	30%	18.19%	15.45%
第6题	35.45%	22.73%	15.45%	26.37%
第7题	20.91%	26.36%	50%	2.73%
第8题	10.91%	30.09%	45.36%	13.64%
第9题	3.64%	10%	42.73%	43.63%
第10题	12.73%	23.64%	56.36%	7.27%
第11题	20.27%	31.82%	36.09%	11.82%
第12题	23.64%	52.27%	11.27%	12.82%
第13题	13.91%	36.73%	33.91%	15.45%
第14题	38.64%	23.63%	15.91%	21.82%
第15题	38.2%	49.1%	10.9%	1.8%

问卷情况分析：第1题，从被调查的学员看，来自区普通学校和乡村学校的学员所占比重较低，两者合占30%，说明外部环境——学校在区域的地位、学校的教师发展理念和促进教师发展的措施对教师的成长和发展影响很大。第2题，被调查学员任教高中的占44.09%、任教初中的占22.05%、任教小学的占22.06%、任教幼儿园的占11.80%，因为被调查的对象9个中原名师工作室中有4所高中、2所初中、2所小学、1所幼儿园。第3题，在学员专业技术职称方面，高级教师占26.36%、中级教师占47.27%，说明中、高级职称比例较大。第4题，在学员培育类别方面，省级名师和省级骨干教师所占比重大，说明名师工作室培育省级名师和省级骨干教师比重大。第5题，在学员年龄分布方面，40岁以上的学员占36.36%、35—40岁的占30%、30—34岁的占18.19%、30岁以下的

占15.45%，说明应加强青年教师的培养。第6题，在参与的培训形式中，"国培计划"所占比例最大，为35.45%，说明"国培计划"在教师专业发展上发挥着重要的作用。第7题，从阅读数量来看，学员每学期主动阅读教育类书籍2本的占50%，5本以上的占20.91%，几乎没有阅读的占2.73%，说明还应加强对学员阅读的指导并提出任务要求。第8题，学员在任务驱动下的阅读比例较高，占45.36%，把阅读养成习惯的较少，仅占13.64%，说明学员阅读的自觉性有待提升。第9题，在三年来发表的论文数量方面，42.73%的学员发表了1—2篇，10%的学员发表了3—5篇，43.63%的学员未发表论文，说明学员们存在重实践轻思考和总结的现象。第10题，近三年讲过1—2次和没有讲过公开课学员比重合占63.63%，说明学员们参与教学交流和展示的机会较少。第11题，近三年学员主持或参与县、市级课题较多，比重合占67.91%，学员们对高水平的省级课题研究有待提高。第12题，对学员专业成长最有促进的方式，公开课教学占52.27%，可见，课堂教学是促进教师持续发展的有效方式。第13题，学员目前专业成长最大的障碍和困难是缺乏团队合作与引领及忙于日常工作，两项合占70.64%。第14题，教师持续发展最为关键的因素中职业信念占38.64%，说明教师拥有职业信念是走向优秀和成功的内在因素。教师只有拥有了对教育事业强有力的职业信念，才会拥有百折不挠的心理根基，才能克服成长途中的各种困难与障碍。绩效考核占23.63%，说明科学有效的绩效考核，可以激励学员努力进取向上。第15题，家庭对学员专业发展所持的态度，非常支持占38.2%、支持占49.1%，两者合占87.3%，说明教师成长离不开家庭的支持，外因对学员的成长与发展也起着重要影响作用。

【透视分析】

内在因素是影响学员专业成长的决定因素。教师没有自我专业发展意识，就很难有职业理想的追求，也就难以有自我潜能的挖掘。学员的成就动机是使其追求卓越、力求成功的一种内驱力，学员如果有很强的成就动机，就会主动要求发展。因此，学员的自我专业发展意识、成就动机是学员专业成长的基石。职业信念在很大程度上决定着教师的教学方式、成长方式和对待教育的态度，从而影响着教师的专业成长。

外部环境在教师专业成长过程中也起着非常重要的作用。教师专业成长离不开学校，学校良好的文化环境、管理制度、工作氛围等方面会给学员营造一种敬业、乐业、进取有为的成长氛围。同时，科学有效的激励机制也可以激发学员的工作热情。另外，同伴互助和家庭成员的支持也是影响学员专业成长的重要因素，团结和谐的教研团队是促进学员教育理念和教学技能提升的平台，幸福温暖的学员家庭是学员专业成长的坚实后盾。

第二节 学员培育的路径

现实中,很多教师都在探求名师成长的捷径。其实,名师成长并没有什么捷径,要说有,那就是像苏霍姆林斯基提倡并践行的:阅读、反思和实践。

阅读可以使人思想更丰盈,生活更充实,并使人构建起自己的知识体系。反思是一种必备的思维品质和思维技能,反思可以使人进步。学员能做到"吾日三省吾身",经常对自己的行为、言语和意识不断地审视、鉴别和修正,就会不断地提升自己。实践是人类自我觉察、自我觉悟的一切行为,教育实践是教育理论产生和发展的基础,是检验教育理论正确与否的标准,但又需以教育理论为指导。具有强烈专业成长内驱力的教师都会养成"把阅读当生活,让思考成习惯,坚持在实践中"的职业素养。当然,有的教师虽有专业成长的愿望,但由于工作、家庭等诸多因素影响,存在驱动力大于执行力的现象。一个人如果没有外在加内在的驱动力,是很难高效地实现自己的专业发展愿望的。

名师工作室就是引领和驱动教师专业成长的平台。名师主持人只有科学合理地设计学员培养方案,指导学员制订个人成长规划,为学员专业成长指明方向,并采取任务驱动的方式,引领学员开展"读书分享、教学展示、课题研究、外出交流"等研修活动,为他们创造学习、提升、展示、成就的机会,才能引领学员从优秀走向更加优秀。

经过几年的实践探索,中原名师工作室以"多元化培育方式和多维度培育内容"为依托,有效地促进了学员学习力、反思力、实践力、精进力、发展力的提升，培育了大批的优秀教师，并使他们实现了专业发展目标，成长为省、市级教育教学名师。

一、多元化的培育方式

1. 培训导师多元联动

中原名师工作室对学员的培育采取了名师工作室主持人与高校和教研机构的专家、研究者有机结合的方式。多元化的培训者，带来了多元的思维碰撞，既有理论也有实践，给学员带来思想和方法方面多元化的冲击与体验。

2. 培训方式多元化

中原名师工作室培育的学员来自全省各地市，考虑到时空距离、工学矛盾、家庭生活等因素，中原名师工作室培育学员采取了多元化集中研修、跨时空网络研修、任务驱动自主研修等多种方式。

（1）多元化集中研修

集中研修指在一定的时间内，将学员集中在一定的地点进行理论学习、技能训练和问题研讨等活动。

集中研修可以采取工作室跟岗实践、联合高校理论培训、区域联盟综合培育、学科联盟专业提能等方式，也可以根据研修内容和学员实际情况，

多元化集中研修模式图

将多种方式进行灵活组合，一般一年组织1—2次学员集中研修。集中研修的内容包括理论学习、课堂展示、课题研讨、技能训练和问题答疑等。

①高校理论培训

高校师资理论水平比较高，名师工作室主持人经常带领学员进入高校聆听专家讲座，虚心听取专家、教授的指导，有利于教育教学理论和教学技术的提升。但集中时间不宜过长，避免产生工学矛盾。

②工作室实践研修

外地、外校学员在一定的时间内到名师工作室主持人所在学校集中跟岗研修，深入课堂参与听课评课和校本教研活动，可以近距离地学习名师的教育思想、教学方法，目睹名师主持人的课堂教学技巧、课堂应变能力和与学生相处的方式。这种培育方式内容针对性强，能使学员的专业能力得以快速提升。

③区域联盟综合培育

本地不同学段、不同学科的多个名师工作室采取联动方式培育学员。区域联盟集中研修方式比较适合对学员进行通识性内容的培育，如师德师风、班主任管理、课题研究等。本区域多个名师工作室一起开展活动，影响力大，容易获得上级领导和区域政策的支持，实现区域名师资源共享，节省人力财力。更多的优秀教师聚在一起研讨、交流，产生思维碰撞，可以激发学员更大的专业成长动力。

④学科联盟专业培育

同学段、同学科的名师工作室采取联动方式培育学员，更加贴近学科教学实际，培育内容针对性强。同学科多名名师联动指导，不同名师工作室学员间开展"同课异构"，有利于解决学员在教育教学中遇到的实际问题。大家相互切磋、相互学习，取长补短，会把课讲得更好。

【经典案例】

案例1 商丘市中原名师工作室联盟2021年集中研修活动

2021年6月18日上午，集结了商丘市中原名师工作室与2021年河南省省级名师培育对象的集中研修活动拉开了帷幕。本次研修由程黎、马娜、宋学利、竟霞、张凤仙和石永红六位中原名师带领的工作室联合举办,开幕式在商丘市睢阳区胜利小学进行。河南省基础教育教学研究室、中原名师培育工程项目办公室主任丁武营,商丘市教体局教师教育科科长李明慧,商丘市基础教育教学研究室主任王桂书,睢阳区教体局党委书记、局长刘伟,睢阳区教体局副局长陈传峰等领导、专家出席了会议。参加会议的还有上述六位中原名师及工作室核心成员、2021年河南省名师培育对象、新中原名师培育对象及商丘市骨干教师代表等五百多人。

商丘市教体局教师教育科科长李明慧主持了会议。睢阳区教体局党委书记、局长刘伟致辞,他讲道:本次活动为大家提供了一个难得的学习机会,也是一个加深友谊的平台,希望教师们珍惜这次机会,热情融入、学以致用,提高自身的教学科研水平,为教育教学质量的提升贡献自己的力量!

中原名师程黎高中地理工作室2017年学员代表王秀梅老师代表老学员发言。她说道:作为工作室培育的河南省首届省级名师,自己的成长离不开专家的引领、同伴的互助和个人的努力奋斗,希望各位新学员树立起专业成长自觉意识,认真研修,取得"真经",早日成才。虽然自己的研修周期已经结束,但决不会懈怠,将会继续努力学习,坚持实践,不断提升自己的教育教学能力和水平。

中原名师石永红小学数学工作室的洪芳老师代表2021年新学员发言。她说:看到工作室为学员们安排的研修内容,感觉每一个专题都是为自己量身定做,有理论和实践的结合,也有思维和智慧的碰撞,自己一定会珍惜这次汲取知识、共同进步的机会,享受这次精神的盛宴!

中原名师、睢阳区胜利小学校长张凤仙代表工作室发言。张校长说:中原名师追求的风景不是一枝独秀,而是春色满园,他们一定会充分发挥自身的辐射、引领、带动作用,尽最大努力创造教育事业的精彩。

河南省基础教育教学研究室、中原名师培育工程项目办公室丁武营主任用了合力、合作和融合三个词总结了商丘中原名师联盟培育省级名师和省级骨干教师的成功经验。他指出:区域联盟这种研修方式体现了合作精神,实现了学科和学段之间的融合,希望商丘市将这三条经验坚持下去,发展下去,在此基础上进一步创新!

下午,中原名师宋学利、竟霞、马娜老师分别为学员做了《校本研修的有效途径与策略》《怎样撰写课题结题报告》《让名师工作室成为教师专业成长的绿洲》的专题讲座，唤醒了学员们对校本研修、教育科研、成长愿景的激情。

6月19日，研修活动分工作室开展。2020级河南省名师培育对象学员畅谈了个人成长规划，展示了教学风采，交流了教育改革思考。集中研修使学员们明确了再成长的目标，增添了再成长的动力。

案例2 中原名师幼儿教育学科联盟活动纪实

中原名师弯丽君、刘梅、符丽所带领的三个名师工作室于2018年10月13—17日在漯河市亚细亚大酒店举行第二次河南省省级名师、省级骨干教师培养对象集中研修活动。

14日上午8点，开班仪式在漯河市亚细亚大酒店二楼会议室隆重举行。出席本次活动的有漯河市教育局党组成员、调研员吕登峰，漯河市基础教育教学研究室主任杨东华，漯河市市直幼儿园园长袁玉萍，三个名师工作室主持人及全体成员，名师工作室培育对象，全市各县（区）幼儿园园长和骨干教师等。

本次研修活动以"专业引领、交流探讨、共同提升"为宗旨，为期五天，逐步进行专家讲座、同课异构、课题开题、组织观摩、推广应用交流等活动，力争实现"名师引领、资源共享、优势互补"的教师专业发展和学校教育的全面发展。

在专家讲座活动中，全国著名语文特级教师、杭州市未来科技城海曙小学校长、杭州师范大学硕士研究生兼职导师、浙江省名师名校长工作站导师、核心阅读工程首席导师闫学老师做了《教师专业成长的向上天梯》专题讲座；教育学博士，美国印第安纳大学访问学者，宁夏师范学院客座教授，浙江师范大学杭州幼儿师范学院副教授、硕士生导师，浙江省"新世纪151人才工程"第三层次人才入选者周小虎做了《PCK视野下的教师学习》专题讲座；河南省基础教育教学研究室科研管理办公室主任、中学政治教研员、全国中学政治教学研究会理事、河南教育厅学术技术带头人、河南省基础教育课程改革专家指导组成员、中原名师培育工程导师杨伟东做了《指向核心素养培育的教师发展》专题讲座。

专家精彩的讲座为学员带来了一场场视听盛宴，给大家带来了新思路、新认知。讲座中既有高度概括的理论，又有鲜活生动的事例，并从不同方面提到教师专业化成长的重要性、读书的重要性，倡导阅读应该成为一种生活方式，应该贯穿于每一位教师的生命。讲座中提到，要想成为专家型的教师，一定要做一个善于更新知识的学习者，只有终身学习才能在教育这条路上走得更远更精彩。

同课异构活动中，由中原名师刘梅幼儿教育工作室安乐执教大班美术课"秋天的树叶"，中原名师弯丽君幼儿教育工作室张嫒嫒执教大班音乐游戏课"树精灵的舞会"，中原名师符丽幼儿教育工作室郭君娜就绘本《阿嚏，大熊，阿嚏！》执教大班绘本课，三位老师以不同的教育构思、不同的教学方法，呈现出不同教学风格的课堂。

在区域观摩活动中，幼儿能根据自我意愿进行自主选择，变被动学习为主动学习。孩子们在玩的过程中发现问题、探讨问题、解决问题的能力令人惊讶，学员们对孩子的发展现状和老师们的创造力给予了很高的评价。

随后进行的是两个重点课题"基于中原名师培育工程有效引领名师成长的实践研究""幼儿园日常安全隐患与管理策略"的开题活动，评议专家杨伟东、贺斌、胡新颖在现场听取了汇报。

在河南省省级课题"幼儿园安全教育园本课程研究"成果推广应用交流会上，弯丽君对课题的研究内容及价值进行了详细的介绍，使在场的学员受益匪浅。

通过此次研修，每个学员收获很多，增强了教师的使命感和责任感。作为培育对象的学员们纷纷表示，一定会拿好接力棒，传承责任、使命与担当，关注、思考当下的教育现状，做教育的实践者、改革者。

案例3 中原名师初中数学学科联盟2019年活动纪实

2019年5月11—12日，在商丘市第一中学，中原名师中学数学四家工作室共同拉开"中原名师初中数学工作室联盟"成立暨2018年省级名师、省级骨干教师集中研修研讨活动的序幕，开启了中原名师初中数学工作室联盟活动新征程。

一、众名师筹建共同体，工作室联盟开启新征程——揭牌仪式

5月11日上午8点，中原名师中学数学工作室联盟揭牌仪式在商丘市第一中学综合楼七楼南报告厅举行，活动由中原名师宋歆工作室主持人宋歆主持。

首先，商丘市第一中学牛超校长代表商丘市第一中学向远道而来的嘉宾致欢迎词。针对参训的名师、骨干教师，牛校长要求大家从容面对多元文化对学生的浸染，轻松应对信息时代对学生的冲击，鼓励大家要以人的全面发展为立足点，解放思想，更新观念，以高尚的情操感染学生，以广博的爱心滋养学生，博学善思，率先垂范，真正让学生自觉"亲其师"，主动"信其道"。河南省基础教育教学研究室副主任、中原名师培育工程项目办公室丁武营主任先对工作室联盟的成立表示祝贺，又对远道而来的闫学校长表示了欢迎和感谢，并站在学科的角度从宏观到微观、从课堂的组织到课程的设计、从智育的开展到美育的落实、从问题的意识培养到教学目标的设计，给予了大家更多的思考，对工作室联盟今后的发展方向和工作重点提出了宝贵的建议，并寄予厚望。

接着，商丘市基础教育教学研究室主任王桂书也向参会学员表示亲切的问候和美好的祝愿，并指出工作室联盟以后要认真实施名师培养方案，加强和完善制度考核评价体系，指导学员制订个人发展规划，将名师工作室打造成为教育教学研究的平台、名师骨干教师培养的基地、教师成长共同体凝聚力的核心、教育改革发展成果辐射的窗口。随之，宋歆老师宣布中原名师初中数学工作室联盟成立，河南省基础教育教学研究室丁武营副主任和牛超校长为"中原名师初中数学工作室联盟"进行揭牌，台下响起了热烈的掌声。

二、阅读是远方的光亮，写作是向上的天梯——闫学报告篇

揭牌仪式结束，国内知名教育学者、著名语文特级教师、浙江省名师名校长工作站导师、擦星儿童绘本阅读课程创始人和主持人闫学校长给大家做了一场专题报告——《阅读与写作：教师专业成长的向上天梯》。

闫校长从"不断突破自我，拓展新的发展疆域""耐得住寂寞，打造自己的专属教育品牌""拥有自觉意识，主动出击，努力给自己创造机会""拥有博大的视野、胸怀和格局""把读书、教书甚至写书当成一种生活方式"等五个方面，借助自己的成长经历告诉大家要有自己的专业发展目标，要有自己的人生规划，当你对生活有希望之时，你的人生才能活得精致。

三、核心素养怎提升，概念教学来先行——鲍聪晓报告篇

5月11日下午，河南省基础教育教学研究室中学数学教研员鲍聪晓从为什么谈概念教学、什么是数学核心素养、概念教学与数学核心素养培养三个方面给大家做了精彩的报告《基于数学核心素养的概念课教学》。

鲍老师先以华罗庚和李邦河院士的观点引入话题，再结合"概念教学走过场，以解题教学代替概念教学"的现状，立足课堂，结合教学现状进行分析，并从概念的背景引入上，从给学生提供充分的概括本质特征的机会上，为与会教师提出了切实可行意见和建议。

四、实数函数，名师展示；桃红冬青，专家点评——名师课例篇

5月12日上午的活动共分学员代表授课、学员讨论、专家点评三个模块。

首先，由中原名师宋歆初中数学工作室成员付帅执教人教版数学教材七年级下册第六章"实数"复习课。付老师引用论语"温故而知新，可以为师矣"来开课，在传承经典的同时把本节课的学习重点轻松定了下来；通过复习算术平方根的概念水到渠成地引入了平方根和立方根的相关知识，知识架构一目了然；通过引导学生大胆表述自己的观点自然展开讨论。从分类讨论到数形结合，从数学思想的渗透到数学方法的指导，从重难点的突破到易错点的化解，都体现出了付老师本人及这节课的"格局"。

接着，由中原名师梁宗京初中数学工作室学员黄文敏执教人教版数学教材八年级下册第十九章"一次函数的图象和性质"。黄老师通过类比正比例函数的学习来探究一次函数的相关知识，采用设计情境加问题串的形

式，层层递进，环环相扣，一步步地把学生引入到数学知识的殿堂。自始至终，黄老师都致力于让每一个孩子参与到学习的探究中来，给予了每一个孩子均等的表现机会。

随后，丁桃红老师针对"实数"复习课，孔冬青老师针对"一次函数的图象和性质"做了精彩点评。

【透视分析】

以上案例展现了名师工作室联盟开展集中研修活动的两种不同形式。案例1采用的是名师工作室区域联盟形式，案例2和案例3采用的是名师工作室学科联盟形式。从活动总结中看出，两种方式的集中研修都得到了省、市、区、校各级领导的重视与支持，培训内容都包括了师德师风、教育理论、教学新技术、课堂教学、课题研究、专业成长等，引领学员转变了教育理念，帮助学员解决了某教育教学的突出问题，提升了教育教学能力。总之，采取名师工作室联盟方式开展集中研修，可以得到各级领导的支持，可以集中多位名师的智慧，形成合力，把各项研修任务落实到位，节约人力、财力，又可以使影响力尽可能地得以扩大。

（2）跨时空网络研修

网络研修是解决工作室学员异地研讨交流困难的有效方式，利用腾讯会议、QQ群、CCtalk或微信群等网络平台，组织学员开展听课评课、课题研究、论坛讲座和解惑答疑等教育教学研讨活动，能及时、高效地解决老师们工作中的困惑和难题。

网络教研操作流程如下：

①活动前期准备

a. 确立主题：根据工作室学员的研修内容及当前教学中存在的困惑，确立网络论坛研讨主题，提前通知学员准备发言稿。

b. 确定发言人：学员在规定的时间里提交发言稿，主持人及核心学员审阅发言稿，确定发言人。

c. 分工：在讲座开始前，要制作海报，做好宣传工作；有专门负责网络技术的工作室成员提前对发言人怎样上传课件、怎样利用设备发言等操作流程进行培训，以确保活动的顺利进行。主持人分工、发言人确定、海报制作、宣传、技术培训、录屏截屏、文本总结等相关工作均需落实到位。

如表2-2：

表2-2　中原名师程黎高中地理工作室2018年11月份网络研修分工安排

时间	论坛主题	发言人	海报制作	宣传	主持人	技术培训	文本总结	协调	审稿
11月6日	个人规划促进发展	2018学员	陈伟伟	陈哲	王欣欣	蒋兴	张葶葶	王秀梅	陈志刚
11月16日	阅读启智书香致远	2018学员	韩文哲	王丹丹	庞明月	陈伟伟	庞明月	陈志刚	杨伟
11月26日	凝练主张追求卓越	2018学员	胡世义	庞雪娜	刘亚博	马列	刘芳草	陈哲	程黎

d. 为保证每期听讲、参与的人数，在讲座开始前，应协调好教师的晚自习等活动安排。

e. 设备调试：主讲人的电脑摄像头、音响、耳麦、话筒等设备在讲座开始前要调试好；讲座开始前，网络技术负责人要邀请主讲人加入群管理员CCtalk群，指导他们如何上传课件、演示PPT、上台、点评等，并进行模拟试讲，以确保讲座顺利进行。

②活动中密切配合

a. 网络主持人、网络技术负责人要与主讲人时刻保持联系，适时调整节奏和出场顺序。

b. 负责视频录制的成员要保证同步录屏，及时分享。

c. 活动后总结发文。

负责文本撰写的成员要对听讲中的截屏、研讨记录进行整理、总结、提升，撰写报道，发布到微信公众号与更多教师分享。

【经典案例】

中原名师宋歆初中数学工作室网络教研活动

2018年12月28日，中原名师宋歆初中数学工作室的各位成员一起参与了本次网络教研活动。

教研伊始,许昌市第十二中学数学教师、许昌市文明教师、许昌市骨干教师李娜老师分享了专题讲座:让数学课有"数学味儿"。李娜老师认为,"数学味儿"的课堂实质就是要体现数学的学科性,让学生感受到数学的本质。教师要让数学课有"数学味儿",要努力关注每节课的课前、课中与课后,要剔除不必要的热闹,减少不必要的包装,凸显数学的本质,更多地关注数学的特性,展示数学的魅力,引导学生思考,还数学教学的"庐山真面目"。

李娜老师发言结束后,河南省教育信息化专家、河南省省级名师、河南省教育厅学术技术带头人、驻马店市优秀教师、国家级优质课特等奖获得者邱亮老师分享了专题讲座《互联网时代下的数学课走向》。

最后,内黄县实验中学教师、年级主任、内黄县优秀教师、安阳市优秀班主任苏瑞杰老师带来了《做有温度的教师》专题讲座。苏老师认为,教师的温度,不仅影响着自身的教育教学品质,也影响着学生的生命温度。做有温度的教师,是每一位教师的追求与责任。

【透视分析】

网络教研是工作室培育学员的有效方法,它"适时、高效"的特点扫除了学员隔空交流的障碍,及时解决了老师们教育教学中存在的困惑,促进了组织者和学员的共同成长。

工作室的网络主题论坛活动可采取组长负责制。学期初制订好计划,一般每两周开展一期,每期活动有主题、有主讲、有互动、有点评。活动前,主持人安排、海报制作、网络技术操作及活动文本总结等要明确分工、落实到人。在网络教研活动结束后,可以通过微课、微讲座等展示过程及针对性的群讨论,解决老师们教育教学中遇到的问题,梳理经验、反思问题、明确前进方向。

(3)任务驱动自主研修

自主研修是名师工作室为提高学员教育教学水平而开展的自我修炼的学习和研究活动。名师工作室主持人可采取任务驱动方式,指导学员在日常坚持读书学习、自我反思、课堂实践、课题研究、试题命制、基本功练习等，以提升学员的学习力、思想力、精进力、创新力和发展力。

【经典案例】

中原名师程黎高中地理工作室基本功自主研修活动

自修内容：地理"三板"（板书、板图、板画）基本功。

目标要求：能快速准确地画出中国、世界、河南省轮廓图，能根据教学需要画出板图板画，设计实用且有创意的板书。

自修时间：2个月。

评价方式：9月份集中研修或网络研修时，展示评比。

展示交流：集中研修时，学员进行"三板"艺术展示，相互学习。

三板基本功部分作品

【透视分析】

专业引领工作室学员的自主研修在学员专业成长过程中的作用特别重要。任务驱动下的自主研修可以促使学员充分利用工作闲暇碎片时间去读书、思考，使其提高语言表达力。教师将板图、板画教学基本功运用于课堂，边讲边画，可以使学生对过程性知识理解得更深刻，有利于调动学生学习的积极性，也可进一步增强学员教师教好课的自信心，提高学员的课堂驾驭能力，使学员的教学方法更加灵活多样，取得较好的教学效果，促进学员教师快速成长。

从以上案例看，名师工作室采取联动机制，与高校联动，利用高校资源，邀请专家、教授做思想引领，使工作室学员在研修活动中加深了对教育本质的认识，提升了教育理论水平；与基础教育教学研究室专家联动，以课题引领入手，指导工作室学员展开课题研究，达到了方向明确、路径清晰、突破难点的目标；与同学科工作室联动，以课程引领入手，针对工作室学员在课程建设中的诸多困惑，加强资源利用、课程开发、课程评价等指导，提升了教师课程建设能力和实施能力；与同区域不同学科名师工作室联动，通过举办讲座或主题研讨等活动，实现扩展视野、学习借鉴、积淀经验、共同提升的目的。

二、多维度的培育内容

在客观条件的制约下，名师工作室对学员的培育内容可以是多维度的，可以有读书、有写作、有教学、有反思；可以有课内的，也可以有课外的；可以有教学主张的凝练，也可以有教学思想的实践。对学员进行多维度的内容培训，可以应对多样的社会需求，满足广大师生的成长需求。名师工作室学员培育内容主要包括成长规划、读书学习、教学反思、课堂教学、课题研究、主张凝练、个性发展等。

1. 制订规划，明确发展方向

工作室的核心工作就是教师的发展，指导学员制订个人发展规划，给自己树立一个进步的标杆，是主持人一项极为重要的工作。首先，主持人要帮助学员认清自己所处的专业阶段，知道自己的起点，认清自己发展的优势和劣势。其次，帮助学员确立自己的预期发展目标。

进入名师工作室的学员都是优秀教师，但他们是有差别的，每个人的起点不同，个性禀赋也不相同，因此，主持人要帮助学员分析自己当前专业发展的优势与瓶颈，根据每位学员的个人发展需要、能力和愿望，有针对性地给予差别化的指导和建议，指导其制订个人三年发展规划与年度自修计划。其中包括三年目标、年度目标、读书学习规划、师德提升规划、学科发展规划、教育科研规划以及实施计划等。帮助学员明确在教育理论提升、课堂教学、课题研究等方面的发展方向，促使学员根据自身特长和潜力在原有基础上获得专业上的进步，实现自己的目标，或成为市学科带头人，或成为特级教师，或成为正高级教师，促使学员实现扬长发展。

【经典案例】

成长源于规划，目标引领发展

焦作市第一中学　史鹏鹏（中原名师程黎高中地理工作室2019级学员）

"凡事预则立，不预则废"——有思路才会有出路，有规划才会有动力。本人任教高中地理十三年，自己一直不断地学习和反思，积累了一定的教育、教学工作经验，但在教学中也遇到了一些问题，尤其在进入第二个工作十年，个人对学习发展缺乏规划，使自己成长进入停滞期。为了加强自身的业务素质，提高自身的整体水平，在借鉴中实现自我成长，在探索中得以自我提高，在发展中求得自我完善，特制订了个人的三年成长计划，并在实施中不断修正自己、完善自己，不断提高个人业务素质，成为一名合格的骨干教师。在这一次骨干教师培育的周期中，中原名师程黎高中地理工作室给我提供了一个规划自己、发展自己的机会，也给了我一个学习的平台，我要利用这个平台进一步提升自己。

一、个人基本情况

本人已经进行了四轮循环教学，对学科知识进行了数次整合，对学科知识的教授、高考试题研究和试题命制有一定的经验，但缺乏系统的理论指导。我在实践中养成了爱思考的习惯，有一定的反思能力，我也始终在思考什么样的教学是最有效的，什么样的教育是最有意义的。要想做好计划，首先要对自己的优势和不足进行全面分析。

1. 个人优势

（1）工作态度认真踏实，积累了一定的教学经验，课堂教学能力有了进一步的提高；具有强烈的事业心和责任心，甘当人梯，挚爱教育事业；善于用良好的师德去影响教育学生，对同事坦诚热情，对学生真诚爱护，能与同伴团结协作，能主动关心他人，先人后己；能与时俱进，有积极向上的人生追求。

（2）具备一定的专业心理学知识和教育理论知识，在长期担任班主任和年级主任期间，提升了对课堂的管理能力和组织能力。

(3) 经过多轮教学，积累了一定的教学技巧；在不同轮次教学中，对知识进行了多轮重组，对学科知识掌握得比较扎实。

(4) 熟知学生情况，与学生、家长沟通经验丰富。

2. 个人不足

(1) 担任教研组和备课组组长时间较短，组织和建设备课组经验不足。

(2) 多次重构知识结构和重组教材，但一直属于低层次重复，对契合新课改培养学生能力和素养的教学流程缺少探索和研究。

(3) 对课程理论、学科教学理论、新课标理论等研究不足，教学中缺失较高层面的理论指导。

(4) 对新课标研究不够，授课的课堂模式过于传统，需要更新课堂理念。

(5) 对校本课程开发研究不足，对于开展课外地理实践等活动缺少经验；在课题研究中理论研究和撰写报告等能力需要进一步提升。

二、个人发展目标

1. 三年总体目标

(1) 重构教学流程，形成个人教学特色，形成以培养学生素养为核心的高效课堂。

(2) 学习地理教学相关理论，以具备一定理论基础，努力成长为既能参与理论研究又有教学实际经验的省级骨干教师。

(3) 针对教学中的问题开展一项省市课题研究，提高科研能力，逐步向科研型和反思型教师发展。起到发挥带动的辐射作用，使停滞不前的教师能反思自己，培养教学经验尚浅的教师，弘扬教师教书育人的职业精神。

(4) 育人和教学是分不开的。以关爱后进生为出发点，以爱为主线贯穿班级管理工作，成为一名优秀的班主任。

2. 分段目标

2019—2020年：积极钻研业务，多读与教育有关的理论书籍；积极参加各类培训，在活动中积累经验，在参与中不断提升自己；积极探索地理课堂流程，探索高效地理课堂模式。

2020—2021年：阅读学科相关的理论专著，提高自身的科研能力，参与或主持一项课题，争取在地理期刊上发表相关研究论文；构建新授课、复习课、习题课等课堂流程；在校内开设校本课程和课外地理实践课程。

2021—2022年：继续提高自己的教学能力和技巧，争取形成自己鲜明的教学风格，形成相对优化的课堂模式；对前两年的工作进行总结，形成有价值的教育教学论文或课题研究成果；能做地理教学上的专题报告。

三、专业成长发展途径

1. 在培训中成长

在推进课程改革的过程中，学校为教师提供了良好的成长环境与优质的培训资源。我要利用培训、听课的机会，不断吸收别人的经验，以丰富自己，使自己的教学方式、方法以及手段有更大的突破。我还要多学习他人经验，经常反思自己的不足，一步一个脚印，踏踏实实地实现目标。

2. 在学习中成长

读书是实现教师自我"充电"的最佳途径。读书不仅为创新提供原材料，而且能够启发创新的灵感。多读书，读好书，用先进的教育思想、教育理念武装自己的头脑。我要不断积累知识，保持与时俱进的思想，使自己的素养得以不断提高。

3. 在反思中成长

没有反思就不会有成长。我会坚持写教学后记，在一节课后，及时记下自己教学实践的心得体会及反思，不断调整改进自己的教学行为，提高教学水平，结合自己的教学实际，形成自己独特的教学风格。

4. 在实践中成长

我要积极参与课堂教学，探索更高效的课堂活动设计，尝试更高效的课堂模式，积极申报校本课，积极开展地理实践课活动，积极开展校内主题讲座，为教学研究提供载体。此外，争取每学期在校内上好1节公开课，主持1次省市级课题研究，完成1—2篇高质量的论文。

5. 在总结中成长

总结是由感性认识提高到理性认识的必经之路，通过它可以全面、系统地了解以往工作中的得失。每学期要对自己的工作进行全面总结，才可以明确下一步的工作方向，少走弯路、少犯错误。

四、预期成果

能够积极主动地学习，并把学习到的关于教育教学的经验有机地运用到教学实践当中，探索出高效的课堂模式；提高创新能力，提高科研能力，提高有效运用信息技术的能力；能够起到引领示范的作用，帮助更多的老师走向专业化发展的道路。

【透视分析】

教师的职业激情是教师专业化发展的动力之一。学员进入工作室后，主持人应通过指导学员制订个人三年成长计划来点燃学员专业再成长的自觉意识和专业发展愿望，促使其全力投入到工作室的学习和研修中，并走出一条个性化的成长发展之路。

学员有了个人发展规划，就有了前进的方向，就会在名师工作室这个平台上努力去实现自己的发展目标，并会在名师的影响和学员的互助下产生新的发展动力，向更高层次发展。

学员制定了个人发展目标后，名师工作室主持人就应当对每位学员的师德水平、课堂教学能力、教学评价能力、教育科研能力、课程资源开发与利用能力、校本研修能力、学术交流能力和管理能力等做深入的分析，根据学员的特点和发展需求，制订出工作室培育学员的整体方案和个性化指导意见，帮助学员落实发展规划，促进学员的专业成长与发展。

2. 坚持读书，提升学习力

读书是名师工作室学员最主要的"修炼"方式。要成为能影响学生、能培养学生的人文底蕴的教师，就必须加强阅读。名师工作室主持人不但要指导学员去阅读学科专业书籍，还要指导学员广泛阅读一些经典名著，涉猎更多的知识领域，让学员不断更新教育理念、更新知识储备。

常用的阅读方式推荐：

（1）根基性阅读：指导学员阅读学科教学专业书籍，如读课程标准，使课堂教学有方向，有方法，有效果。

（2）主题性阅读：主持人围绕学员感兴趣的领域收集一些图书、论文、网文并指导学员阅读，如有关家庭教育的书籍。

（3）研究性阅读：学员在教师的指导下，以研究探索的方式自主地获取和运用阅读内容的阅读模式，如开展课题研究，查阅相关文献进行阅读学习。

（4）提高性阅读：读有影响的教育家专著或其他教育教学理论书籍，读教育类中文核心期刊，拓宽视野，提升素养。

学员读书后应写出心得，工作室则要为学员提供分享的平台。学员要把读的书与现实工作、生活联系起来，把阅读的东西融入自己的思想里和行动中。

【经典案例】

案例1　中原名师宋爱芹高中语文工作室读书活动方案

遍览群书，是最朴素的高贵，也是巨划算的投资。为了培养终身阅读、终身学习的好习惯，拓宽工作室成员的认识视野，积淀学员教育教学的理论素养，提升学员教育教学的专业水平，工作室特制定学员读书活动方案，如下：

1.参照工作室年度推荐书单，自选文学、史学、哲学、教育学、心理学等书籍，实现个人鲸吞式、个性化阅读，建议每天的阅读时间不少于半个小时。

2.认真完成工作室深度共读、研读啃读专业书籍的任务，每学期两本，全年四本，力争在和经典的交流、对话中，发现不足，悬置偏见，反思自我，从而实现站在大师的肩膀上前行。

3.读完书要写读书笔记。每位成员每学年完成个性化阅读读书笔记不少于5000字，每学年完成专业相关共读、啃读读书笔记不少于5000字。

4.每学年研读课例著作一本。学习研读名家课例，进行借鉴、模仿，在名家名师的指导下审视课堂，磨砺课堂，改变课堂，在实战中提升授课水平，实现专业成长。

5.每月举行一次读书交流分享活动，全员参与，轮流主持，每期评选出不少于三分之一的优秀分享者；年终评选出工作室十位年度最佳读书人物。力求通过交流分享活动碰撞智慧，重塑思维，构建最佳学习共同体。

案例2　读书感悟：书香袅袅追梦路

济源市第四中学　赵永娥（中原名师宋爱芹高中语文工作室2017级学员）

没有阅读就没有精神的发育，一个人的精神发育史就是他的阅读史。

一、借来的书润泽了我的童年，给我打开了一扇扇神奇瑰丽的窗户

物质匮乏的时代，家境贫寒的我家中并无藏书，我读的书都是借来的。小学一位同学家里有很多的小人书：《小商河》《女状元》《辕门斩子》《三打白骨精》《呼延庆打擂》《穆桂英挂帅》《铁道游击队》等。那时在我的眼里，她真富有啊，她的书柜里有杨家将的忠肝义胆、潘仁美的诡计多端，有孙悟空的七十二变，有游击队的英勇果敢……那一个个曲折动人的故事、一段段引人入胜的文字，犹如洞开的一扇扇神奇瑰丽的窗户，让我看到了白云流水、草长莺飞之外的另一种美丽。

我的邻居伯伯是一位中学教师，他和蔼可亲、平易近人。他家有一个大大的书架，上面摆满了大大小小厚薄不一的书：《百花园》《海的女儿》《中华上下五千年》《十万个为什么》等。夏日里多少个寂静无聊的午后，我沉浸其中，与善良的人鱼公主同悲同喜；冬季里多少个漫长漆黑的寒夜，我徜徉其间，与美丽多情的狐仙共幸福齐哭泣。那里真的是我的乐园，橘黄橙绿、云淡风轻、嬉笑哀怨，我沉迷其中，不能自拔。

在那个物质奇缺的年代里，书籍如面包，丰盈了我一贫如洗的童年；如甘泉，汨汨润泽了我贫瘠荒芜的心灵。

二、学生时代的阅读塑造了我的人格，给我播下追梦的种子

上初中了，我碰上了一位博学多识的班主任兼语文老师。在他的引导下，我走进了浩瀚的图书馆，开始了大部头的阅读：《青春之歌》《欧阳海之歌》《高山下的花环》《山中，那第十九座坟茔》……林道静为革命毅然背叛家庭，欧阳海舍身推奔马挽救旅客生命；靳开来崇高伟大的心灵让人肃然起敬，郭金泰人格的巍巍丰碑千古永存。

再后来，我上了高中、读了大学，接触的书越来越多，我的视野也因书而越来越开阔。

读庄子，读到的是空灵与澄静，心如澄澈秋水，行若不系之舟。读李白，读到的是潇洒与不羁。读李清照，读到的是凄婉与哀伤。读苏轼，读出的是忠诚，悟出的是伟岸。读谭嗣同，读出的是正气，悟出的是坚韧。读鲁迅，会读出一种锥心刺骨的震撼，更会读出发自心底的崇仰！

一次次的阅读像一具具思想的犁铧，在我生命的田野里开掘翻耕，让一粒粒追梦的种子发芽、开花，激扬着我的青春，温暖着我的灵魂。

三、在工作室的阅读厚重了我的积淀，成就了我的蜕变

2018年，我进入了中原名师宋爱芹高中语文工作室。宋爱芹老师指导我们开展读书活动，共读一本书：《理想国》《守望教育》《诗意与玫瑰》《给教师的100条建议》《课堂教育风暴》《我的新教育之梦》《为了自由呼吸的教育》《赵谦翔谈语文》《余映潮课堂实录》《大语文教学的读与思》《班主任兵法》《班主任工作漫谈》《第56教室的奇迹》……多少个旭日东升的清晨，清风习习，阳光静好，在天光云影中翻开书页，任心灵在温暖的空气中感悟、升华。伴随着书香，我的论文《作文教学之我见》获济源市中小学教师论文评比二等奖，论文《雪融化了是春天》获河南省高中组教师优秀论文二等奖，此外，《高中生良好行为习惯的养成指导侧记》获河南省优秀成果一等奖，《我用论语治班级》一文获济源市第一届职工读书节一等奖，《因生施教，千人千方》被刊登在《班主任之友》上，《因为跋涉，所以成长》发表在《教育时报》上，2017年至今在微信公众号中发表文章14篇……从教20余年来，10次被学校评为优秀教师，8次受到济源市教育局表彰，"济源市优秀班主任""济源市高中语文学科带头人""河南省骨干教师""河南省名师培养对象"，一项项荣誉也接踵而来。

曾有人这样形容读书："阅读不能改变人生的长度，但可以改变人生的宽度。阅读不能改变人生的起点，但可以改变人生的终点。"回望来路，感激满怀。我不能不说，是阅读培育了我的生命情怀，滋润了我的生命质地，提升了我的生命境界，助我完成了追梦过程中的一次次蜕变。

【透视分析】

阅读可以帮助我们奠定人生底色，可以使我们学会独立思考，成为一个有思想的人。作为名师工作室主持人，应引领学员和更多教师走上读书之路，在读书中获得教学的能量和自信，在读书中成为一名思想者。但学员们大多日常工作多、家事忙，很少有时间读书，再加上自身惰性和拖延的习惯的影响，读书计划常常落空。怎么办？名师工作室应指导学员制订读书计划，给学员推荐一些有关教育教学、成长型思维的好书，采取"任务驱动""抱团分享"等方式读书，使学员们养成读书的习惯。

名师工作室可以带领学员共读一本书，并从不同的角度分享交流。下面几本书可以推荐给学员们。

推荐图书：《教育魅力》（于漪主编，华东师范大学出版社出版）

推荐理由：本书的主编于漪是特级教师，该书直面当下的教育问题，呼唤每位教师都要"修炼"自己的教育魅力，不能只满足于完成日常教学工作。教师是伟大的创造者，勇于去蔽，才能成就真性情；勇于去惰，才能成就真学问；勇于去庸，才能练就真本事。有真性情、真学问、真本事的教师，才是富有教育魅力的教师。

推荐图书：《留一块黑板》（郭华主编，教育科学出版社出版）

推荐理由：本书记录了顾明远先生和十几位校长对于教育的做法及其中蕴含理念的思考。顾明远先生和十几位校长一起，用直白的语言、直率的态度和直接的方式，谈论学校教育中的常见问题。

推荐图书：《给教师的建议》（苏霍姆林斯基著，杜殿坤编译，教育科学出版社出版）

推荐理由：苏霍姆林斯基长期在教学一线进行教育实践，他对教育的观察和理解更贴近实际。书中的建议对刚刚登上讲台的年轻教师很有启发性。

推荐图书：《给生命涂上爱的底色》（李烈著，高等教育出版社出版）

推荐理由：读了这本书，你就会发现，当爱成为生命的底色，美德就是智慧。李烈校长身体力行"以爱育爱"的故事令人感动，她让我们懂得了教育最本质的内核就是爱。当我们把人做好了，课也就会上了。

阅读教育大师们的著作，走进他们的人生，能让我们的眼睛更明亮、头脑更清醒，从而让自己成为一个有思想、会思考的优秀教育工作者。

3. 在反思中提升思想力

阅读可以影响人，而坚持阅读、不断思考也是改变人的关键所在。阅读反思是名师成长发展的必由之路。学员坚持每日反思，就会在工作中快速地精进，就能在反思中提炼出自己的教学主张，提升自己的思想力。人的思想力是思想对客观世界的作用力，是经过历练、顿悟和升华后获得的一种思维活动能力。名师的思想力一旦形成，就会对施教对象学生产生巨大影响。

在日常教育生活中，我们许多教师教书十几年甚至几十年，踏踏实实，但一直在重复同样的课堂教学。比如，对上过的一堂课感觉很好，但对于好在什么地方，是导入好还是师生交流互动好，并没有反思与总结；有些学生经帮助有了进步，但对于用什么方法帮其进步，没有总结。不反思的教师很难成长为名师。美国心理学家波斯纳曾归纳出教师成长的公式："成长 = 经验 + 反思"，这说明，要成为名师，除了有大量的实践经验，还要在经验中不断反思，提炼出自己的教育思想，形成自己的教学风格。

【经典案例】

成长反思：回首成长路，学不可以已

郑州中学　徐黎姗（中原名师程黎高中地理工作室2020级学员）

栉风沐雨从教路，二十年风霜终不悔。我的教学有着自己独特的风格，比如，课堂上我几乎不允许孩子们一齐回答问题，而是根据他们的各自状态或者表现，有选择地单独"点将"；我从不拖堂，哪怕孩子们兴致盎然，一旦下课铃响，我的课也会戛然而止；我经常会把身边大家熟悉的情境搬到课堂上，和孩子们一起探讨它背后的地理故事；我常常会和孩子们分享我的旅行故事、我的照片，甚至我的一顿早餐，这都会成为我们在课堂上讨论的话题……

每每把自己当成学生中的一员，想象着他们喜欢什么样的老师、向往什么样的课堂，我就朝着这样的方向努力前行。但是，我却从未想过把这些风格进行总结和升华。跟着程黎老师学习的这一两年，她经常鼓励我们把教学实践上升到理论高度，并提炼出自己的教学主张。

细细思量程老师的谆谆教诲，回首我这二十年的教学成长之路，一幅幅课堂画面在我眼前浮现。

一、眼中有学生，站在学生的角度做老师

在我的课堂上，我的学生对我的称呼永远是"姗姐"，这样，我们的距离就没那么远了。在我的课堂上，"答错了是正常的，答对了是超常的""孩子们，姗姐说清楚了吗"……这些话是我的口头禅，因为我知道孩子们可能碍于面子不愿意举手作答，我知道经常给孩子们一点点鼓励，他们会信心倍增地去探索求知。

在我的课堂上，我不允许大家齐声回答问题，都是单独"点将"，因为我知道每一次"点将"都会引发孩子们积极的思考，而齐声回答会出现很多滥竽充数的"南郭先生"。

在我的课堂上，我很少对一些捣乱的孩子进行批评，而是改批评为约定，鼓励他们改掉坏习惯。我不会拖堂，因为我知道孩子们的课间十分钟弥足珍贵，让他们放松一下远比听老师多讲几个知识点重要许多。

在我的课堂上，我会给足孩子们候答时间，因为我知道当遇到一个问题，不经过严谨的思考和组织，成人都很难回答得流畅缜密，况且是这些孩子呢……

常常把自己当成是学生，站在他们的角度思考和组织课堂，你会惊喜地发现你已经和孩子们心意相通，大家想不喜欢你都难呢！

我想，我之所以会如此组织课堂，是因为我始终在做一名眼中有学生的老师，能够站在学生的角度做老师。我把我的姿态放低再放低，想学生所想，教学生所需，那么，孩子们爱上我定是水到渠成的事。

二、眼中有学生，发自内心地相信他们

在我的课堂上，我的地理课代表会被我称为"学科助理"，每个班的学科助理少则三人，多则六人，而且分工明确、各司其职。学科助理不仅

帮我承担了收发、检查作业的职责，我还赋予他们绝对的信任和"权力"，他们可以称得上是小老师了。很多时候，教师会因为参加各种培训影响上课，但是我的课却几乎没有被耽搁过。每当我返回时，"助理们"已经充当老师给大家上过课了，甚至还会进行章节考试，对考试试卷进行批改、登分，把一切整理完备，这让别的老师不禁大为羡慕。

我不仅会把我的信任给予我的学科助理，而且也会毫无保留地给予每一位孩子。我常常把学生的答案视为标准答案，让大家记录下来，这无形之中是对回答问题的学生极大的肯定和鼓励；我也常常会和孩子们分享我的喜怒哀乐，因为我坚信当你把孩子当成你信赖的朋友和家人时，他们定能在举手投足间感受到你的关心和爱。

三、眼中有学生，尊重孩子，敬畏课堂

我的一位朋友对我说："你的每一节课，你都会盛装出席。"我在办公室里摆放着不同风格的鞋子，就是为了搭配每节课不同的穿衣风格。是的，眼中有学生，不仅要认真备课授课，还得让孩子们感觉到你的一言一行、一举一动是多么重视每一节课。对于我而言，尊重学生就是从每一节课精心装扮自己、微笑着走进课堂开始的。

在我的课堂上，我几乎不用话筒，哪怕我的嗓子已然十分沙哑，因为我知道，话筒中传出的电流声会令听者很不舒服，也不能和大家做很好的声音沟通。在我的课堂上，我能真切地感受到孩子们对我无限的信任和喜爱。

我的学生这样评价我："徐老师亦师亦友，是课堂上可轻松hold住全场的女王，亦是大气端庄、温柔细腻的姗姐。徜徉在姗姐的地理王国里，宛若清风拂面，漫游于华夏九州和大千世界。姗姐站在那里，无须多言，便自带光芒，她是我们公认的女神。"

我慢慢发现，让我的学生在短时间内爱上我很重要，当他们爱上我时，我整个人是自带光芒的。虽然已经有一个良好的开端，但人生是要不断进取的，将来才是更重要的。为人师者，除了要传道授业解惑，还必须不断全方位充实自己，坚持终身学习，让课堂教学更有趣、更有味道。

四、课堂展生活，用地理眼看世界

在2011年版的地理学科课程标准中有一条重要的基本理念，即学习对生活有用的地理知识。要引导学生在生活中发现地理问题，理解其形成的地理背景，提升学生的生活品位，提高学生的生存能力。那么，如何把生活现象恰如其分地搬进地理课堂呢？我主要做了以下几点：

1. 对身边的生活现象极其敏锐，时时捕捉地理信息

比如，在讲如何在有指向标的地图上判读方向时，我会在学校附近的道路岔口拍一张有指向标的指示牌；在讲我国冬季南北温差大这一问题时，我会把我在冬季出游的照片展示给孩子们……尤其在七年级上学期的地理课教学中，我把我的教学主题设计为地图训练营。每一节新课，我都会把孩子们熟悉的生活现象用各种景观图展示给大家，由具体的感知入手，由浅入深来讲解其背后的地理原理，同时把自己的所见所闻展现在课堂上。

2. 在我的世界之旅中，收集更多的地理素材

从2018年寒假起，我便规划了我的世界之旅线路。至今，我已经完成了清迈行、曼谷行、俄罗斯之行、澳洲深度游。我会特别用心地用笔和相机记录我的所见所闻，在讲世界区域地理的时候，适时地把它们展现在孩子们面前，既真实又生动。我就这样将这一切用我的眼睛记录下来，再传递给孩子们。

3. 整合教材，基于真实的情境做单元教学设计

对于有着二十多年教学实践的我来说，上课应该是一件很轻松的事，但是如果让孩子们喜欢甚至被吸引，还得下一番工夫。新的学年，我所在的备课组采取了一种全新的教学模式，即基于真实情境的单元教学设计。教学设计不再是以课时为单位，而是以单元为单位。这种教学改革对我们来说是一个极大的挑战，要求老师具备很强的解读课标、整合教材的能力，还要有丰富的生活体验，能设计真实的情境和适当的学习任务。一个月的教学实践中，我们先后设计了三个教学单元，即祖国边疆行、中国地形漫游和骑行祖国识气候。从学生的反馈来看，教学内容更为生动，授课效率得以大大提升，且整合后的教学内容更为流畅，条理也更为清晰。回顾一个多月的单元教学之路，不管是从单元目标的确立、任务单的设计，还是从评价标准的制定、情境的选择等多方面来看，都是艰难而充实的。

知人者智，知境者慧，知己者明。有了程黎老师高屋建瓴的引导，我在成长的过程中更加注重实践与理论提升兼修，终于找到了我源于初心的教学主张，即"眼中有学生，课堂展生活"。

只有一条路不能选择，那就是放弃的路；只有一条路不能拒绝，那就是成长的路。期望程黎名师工作室永远做我们成长的臂膀，相信我会把我在程黎名师工作室平台上的所学、所想、所思转化为实际行动，使其得以落实和传承。

【透视分析】

反思是进步的阶梯。我国著名教育家叶澜教授说："一个教师写一辈子教案不一定能成为名师，如果一个教师写三年教学反思则有可能成为名师。"在反思中才能发现问题，发现问题才会寻找解决方法，在发现问题、解决问题的过程中才能不断提升自己。在反思中提炼自己的教学主张和教育思想，才能在教育教学的道路上有方向。"课后思"对年轻教师非常重要，"周后思"利于发现问题并及时纠正，"阶段思"可以对一个学期或几年的教学工作，总结优势，查找不足，明确继续前行的目标。

新课程改革要求教师有全新的教育理念、全面的教育教学能力。教师要实现自我完善，促进自己的专业发展，及时进行教学反思是非常有效的，但教师的个人反思活动由于受到自身素质、观察视角、知识与经验、专业发展水平等因素的影响，其反思内容及程度均不理想。为此，名师工作室引入"集体反思"非常有必要。

集体反思可以帮助学员实现认识自我和改变自我的目的，改变自身原有的思想、行为和性格，让优秀变成一种习惯；集体反思可以培养学员良好的思维模式，让学员学会包容各种思想和思维；集体反思可以提升学员解决问题的能力。

4. 在课堂上磨炼，增加精进力

课堂是教师的主阵地，是教师施展才华、展示自我的舞台。名师的根基就在课堂，展课是名师工作室培养学员最重要的活动方式。每个学期，工作室都要组织一至两次集体展课活动。

苏霍姆林斯基在《给教师的建议》中举了这样一个例子：一位有三十年教龄的历史教师上了一节课题为"苏联青年的道德理想"的公开课，课上得非常出色，听课的老师都听得入了迷，竟连记录也忘了。课后，一位听课的老师问道："您课堂上的每一句话都具有极大的感染力，您是花了多长时间来准备这节课的？"那位讲课的教师说："这节课我准备了一辈子，对每节课我都是用终生的时间来备课的。不过这个课题的直接准备工作，我只用了大约15分钟。"

这位老师的回答让我们懂得：一节好课要用一辈子来准备，教师要在平时课堂上去锤炼、去积累，只有千锤百炼，才能上出一堂好课来。

【经典案例】

一节让我再出发的优质课

商丘市第一中学　尹清选（中原名师程黎高中地理工作室2018级学员）

2015年，我参加了河南省地理优质课的评比。参赛者须提前提交课堂实录视频和教学设计，比赛时再进行现场说课、讲课。

我选择的课题是"世界的地形"。这个课题的第2课时"等高线地形图"在之前的省级优质课评比中有人讲过，因为展示制作等高线模型比较容易出彩。但我选择了第1课时"陆地的地形"，这个课时在近几年的省级优质课评比中没有人讲过，如果我能讲得有新意就应该能够出彩，所谓剑走偏锋，我是愿意试一试的。确定课题之后，我就忙着收集网上的相关课件，然后对比分析这些课件的设计思路，取长补短，逐步形成自己的思路。

想上好一节优质课需要名师点拨。讲过几遍课以后，我就去找程黎老师指导。我怀着忐忑的心情说出了自己的教学设计，程老师很热情地给了我建议，并听了我的课。

程老师说，好的教学设计需要有先进的理念来引领，要依据地理课程标准来设计学习目标，明确好一堂课的方向，教学策略要紧扣学习目标，教学要让学生参与其中，引领他们思考、讨论，选用的情境要贴近学生的生活实际，对学生学习效果要有恰当的评价。

根据程老师的指导建议，我反思当时的教学设计，又花了较长时间学习了《义务教育地理课程标准（2011年版）》《教育学》和《教育心理学》。我又重新调整了教学设计，比如把导入环节换成了我剪辑的纪录片《地球脉动》的片段，看一条河流从源头流入海洋，有些河段水流急，有些河段水流缓，学生可以利用水往低处流的常识，感知地面存在高低起伏；活动设计加入了"谈谈家乡地形对生产生活的影响"和"欣赏青藏高原"两项内容，力求让学生学会关注家乡发展和感受祖国山河美景。经过几番调整，课程终于呈现出与当初截然不同的教学设计，整个教学设计符合"以学生为主体"的理念，以生活中的地理常识导入本节课的学习，以地理位置最近的发展区理论为指导，利用学生活动来帮助学生自主构建知识结构进而转化为自己的知识，符合学生的认知特点。

有一次，程老师给我指导课程时，我告诉她课堂上出现的一个状况：在让学生画地形简图时，有的学生画成了素描图。程老师说，学生是存在差异的个体，课堂上出现意料之外的状况很正常，就看你怎样处理了。你处理得好，就更能体现出教师的教学智慧，更能使课堂出彩。所以，不要害怕课堂上出状况。为避免再出现这个状况，我在指导学生画图时，就明确地说画地形剖面简图，并用斜线把陆地标示出来。这也提醒我们，为了在理解方面不出现偏差，我们要注意语言表达的准确性和科学性，要让学生听得清、听得懂。在平时教学过程中，不同的班级学生的情况不同，同一个班级的学生也存在差异，面对不同学生时很可能出现突发状况。我也从一开始的担心转变为后来的期待，因为处理突发状况也是教师成长的锻炼机会，所谓"教学相长"就是这个道理。

这节课在程老师的指导下，再经过不断地打磨，逐渐趋于成熟，最终获得了河南省地理优质课一等奖的好成绩。同年，我也因此获得参加"国培计划"的机会，这是我再出发的开始。

经历了这次省优质课评比，我深刻体会到苏霍姆林斯基的《给教师的建议》一书中一位历史教师说的话："这节课我准备了一辈子，对每节课我都是用终生的时间来备课的。"也许，用一辈子去备好每一节课应该成为每位教师的追求。

【透视分析】

用一辈子去备好每一节课是每一位优秀教师的追求，反映了优秀教师对课堂教学的热爱、认真和细致，表现出他们具有较强的精进力。我们对于每堂课的设计都要做到精益求精，从教育理念、课标要求、教材及学情分析、教学设计到 PPT 制作、信息技术应用、课堂生成预设，对于这些都要做到心中有数，要精心设计，认真钻研和打磨。

教师如何使课堂精彩且充满吸引力呢？很重要的一个因素，就是有"情"，就是充满激情和秉持情怀。教师要怀有对教育、对学生满腔的热爱，用强烈的、有爆发力的情感去感召、唤醒学生的学习热情，就可以激活课堂，调动学生的积极性，使学生对教师所教学科产生浓厚兴趣。学生产生了激情，才有认知的渴望，才有表达的欲望，才有智慧的灵动，才会被激发出深深的感悟和独特的体验，这种课堂就能真正提高教师教学和学生学习的效率。

名师工作室主持人一定要用自己对教学研究的热情去点燃学员讲好课的激情，用自己的教学智慧去启迪学员讲好课的智慧，让激情和智慧充盈课堂教学，帮助学员在面对不同的学生、不同的教材时灵活运用不同的教法，使课堂变得丰富多彩，让学生爱上课堂，盼着老师来上课。学生对教师的喜爱，会进一步促进教师把工作做得精益求精，不断进取，不断提升精进力，向着名师目标不断迈进。

5. 在课题研究中提升创新力

教师的创新力是在不断的探索和解决疑难问题的过程中提升的，主要包括创新意识、创新思维、创新技法三个方面。课题研究是教师提升创新力的重要途径。

那么，名师工作室如何指导学员开展课题研究呢？首先，工作室主持人要利用专题讲座、小组讨论、个别指导等多种形式，组织如何选题、怎样组建研究团队、怎样开展扎实的研究、怎样结题等方面的课题研究培训。其次，要结合工作室教育教学特点和现实问题，给学员提供选题指南；要让学员懂得选题要切合实际，课题研究要有价值、有意义，应注重从实践出发，还要关注身边问题和教育热点问题；选题切口要小，既便于实践和操作，也便于达成预期的研究目标；还要给课题起好名字，把要研究的问题表述清楚，扎扎实实地开展好研究过程，从而实现"在工作中研究、在研究中工作"的理想状态。

【经典案例】

案例1 中原名师程黎高中地理工作室课题研究指南

根据《河南省教育厅"关于深入推进中原名师培育工程的通知"》（教师[2015]774号）精神，为把中原名师工作室打造成"科研兴教的引擎""教育改革的论坛"，引领学员们积极参与课题研究，推动教师在研究和交流中拓宽理论视野，增强增进研究意识，培养合作精神，提升专业素养，特制定本课题指南。

一、课题性质：本课题指南中所涉课题是工作室承担的河南省重点课题"基于新高中地理课程标准教学设计的研究"子课题，各位学员应在总课题组指导下申报和研究。

二、申报对象：中原名师程黎高中地理工作室学员。

三、申报流程：学员根据课题指南选题→填写申请书→主持人核心成员对选题进行初审→课题立项→课题开题。

四、课题选题指南：

1. 基于课标如何设计学习目标。
2. 基于学习目标如何设计学习策略。
3. 如何设计教学情境。
4. 如何挖掘乡土地理学习内容。
5. 如何体现学生主体地位。
6. 如何评价课堂教学。

案例2 学员感悟：在实践中研究，在研究中成长

郑州中学　杨刚玲（中原名师程黎高中地理工作室2017级学员）

2017年，我有幸成为中原名师程黎高中地理工作室的一员，在这一年的学习研修中收获颇多。在此我主要谈谈课题研究对我专业成长的促进作用。

一、课题研究引领教师专业成长

1. 在课题研究过程中提升对教育的认识

课题研究不仅有利于广大一线教师的自我提升、专业发展，还有利于促进教学，有利于促进学生的发展。

"教而不研则浅"，课题研究是教师专业成长的重要方式之一。开展课题研究可以培养教师的问题意识，以具体明确的问题为导向去发现问题、研究问题、解决问题，促进教师的专业成长。

课题的研究离不开理论的支撑，反过来，教师也能通过开展课题研究提高理论水平。作为新课程的实施者，教师在课题研究中需要不断地查找资料，了解最新的教育教学理念，研究新课程标准要求，更新教育教学理念。

开展课题研究有利于教师梳理问题，将教育教学中存在的问题转化成课题，紧密结合实践中的问题和困惑，发现问题、提出问题、研究问题、解决问题，在课题研究过程中不断提升自我。

在课题研究过程中会遇到许多问题，要解决这些问题，单单依靠自身会感到困难重重，这时专家引领、同行互助显得尤为重要，教师们可以通过课题研究促进学习、交流与合作，取长补短，促进自身发展和共同进步。

在研究反思的过程中，教师们会不断地思考课标、教材与教学的切合点，整合、开发资源，努力改变教学方式，提高课堂效率，关注学生的发展，提高教学质量，这一切都有利于学生的健康成长。

2. 在研究过程中提升教学能力

课题研究是一个长期积累的过程，需要不断地学习、思考、研究、实践。常见的一项课题从立项到结项一般以一年为一个周期。但实际上，课题是在日常教学中不断思考、反复琢磨形成的，不可能一蹴而就。我选择"基

于区域认知的高中地理核心素养培养途径研究"这一课题是在多年教学经验积累的基础上，认真研读课标，参考学习大量的研究文献资料，经历比较长的思考过程，最终才确定选题的。

我对于自己选择的"基于区域认知的高中地理核心素养培养途径研究"这一课题，前期已有了一些探究、实践和反思。进入工作室后，在程黎老师的悉心指导下，我又对该课题进行了再认识、再思考，我将课题研究的成果形成多种形式的专题。比如：对不同区域、同一背景材料的高考地理试题进行比对分析（依托2015年上海卷和2016年全国卷Ⅱ中以罗纳河为背景的河流相关知识），归纳成高考试题赏析发布在公众号上；结合新课标和不同版本教材对同一个知识进行整合形成"土壤小专题"和"三角洲小专题"，在工作室的集中研修中展示；结合《普通高中课程方案（2017年版）》《普通高中地理课程标准（2017年版）》命制相关试题，结合新课程培养学生地理核心素养的要求，在原来研究的基础上完成了"基于区域认知的高中地理核心素养培养途径研究"。

二、收获及思考

在进入中原名师程黎高中地理工作室之前，我也曾经做过一些省级课题。之前的课题多停留在理论层面上，课题结项通常是以论文形式呈现，主要的成果也是论文，过程性材料不多，实践成果不足。

进入工作室以后，程老师要求每一位老师都要主持一项课题，对课题研究的过程要求得更加规范严格。我研究的课题"基于区域认知的高中地理核心素养培养途径研究"，是在原有课题"基于课标的高考地理试题命制对地理教学的启示研究"研究基础上结合新课程改革的再思考和延伸。力求基于对两个版本课标的学习，结合教学经验思考在教学实践中如何落实学生的地理核心素养，提高学生的地理成绩，将素质教育落到实处。开题报告经过反复思考、多次修改后才正式定稿，并且和工作室其他老师一块儿开题。工作室聘请河南省基础教育教学研究室地理教研员杨惠茹老师给每一位老师的开题报告进行了点评，指出了每一位老师的优点和缺点，我在杨老师点评的基础上再次进行了修改。

在课题研究过程中，我多次参与名师工作室活动，结合课题进行教学设计、课件制作、高考试题评析、专题制作、原创试题命制，成果在工作室公众号中进行了展示；我每次都参加工作室的网络教研，认真学习工作室其他老师的经验，汲取营养。在课题完成的过程中我注重材料收集、过程记录，完成的课题成果形式多样，对于形成的成果也注重在教学中反复实践，不断进行论证修改，坚持理论与实践相结合，使课题实践有可操作性。相比之前的课题，这一次内容更加丰富，形式也多样化，与实践的联系也更加紧密。

附表2-3：

表2-3 中原名师程黎高中地理工作室主要课题成果

年份	课题名称	课题成果	参与情况
2008	新课程理念下教师素质结构研究	由河南省教育厅颁发二等奖	主持
2011	高中地理新课程资源开发与整合	由河南省基础教育教学研究室颁发一等奖	主持
2012	高中地理新课程资源开发与利用的研究	由河南省教育厅颁发二等奖	主持
2012	高中地理新课程教学与课程标准一致性研究	由河南省教育厅颁发一等奖	参与
2013	普通高中地理新课程课堂教学质量评价研究	由河南省教育厅颁发一等奖	参与
2015	基于课标的高中地理新授课学案设计	由河南省基础教育教学研究室颁发一等奖	主持
2015	基于课标的高考地理试题命制对于地理教学启示的研究	由河南省教育厅颁发二等奖	主持
2016	基于标准的高中地理试题命题研究	河南省基础教育教学研究室准予	参与
2017	基于区域认知的高中地理核心素养培养途径研究	由河南省教育厅颁发一等奖	主持
2018	中华诗词与高中地理核心素养培育的整合研究	教育部基础教育课程教材发展中心准予结项	参与

【透视分析】

从案例中可以看出，名师工作室指导学员开展研究的课题与一般教师研究的课题不同，往往更注重工作室的专业发展方向，尤其是要结合主持人的教学主张进行设计，课题的成果往往显示着工作室的研究历程。

案例中，杨刚玲老师在工作室主持人指导下基于身边的教学问题扎实地开展研究，她的"基于区域认知的高中地理核心素养培养途径研究"等多项研究，取得了一定的成果，解决了教育教学问题，提升了自己的教科研能力，培养了自己教学的创新力。

名师教学创新力是名师实施创造性教学的基础，也是培养具有创新精神和创造力学生的前提。只有拥有创新力的教师才能不断地探寻到教学的新思路，让自己的课堂总是充满新意与创意，也只有具有创新力的教师才会不断地尝试新的教学方法，保持教学的活力，促进学生的发展。可以说，名师教学的创造力是课堂教学得以发展的动力源泉。

名师工作室要有自己的课题，学员也要有个人的教育教学研究专题，主持人应结合工作室学员实际情况，组织开展以教学实践为核心的课题研究，依托工作室总课题研究方向，组建子课题研究团队，结合解决教育教学中的实际问题，培育学员系统、专业地把握课题研究的标准和操作流程。这样才能提升学员的教育科研能力和创新能力，逐步形成自己的教育科研特色，获得丰硕的研究成果，促进学员的成长和工作室的"可持续发展"。

6. 在论坛中提升影响力

优秀教师的成长与发展离不开相互间的切磋和研讨。工作室要经常组织"学员论坛"主题活动，让学员们在论坛中倾听、交流、思辨、碰撞、吸纳、升华，相互影响，走向开阔处，有所建树。影响力是一个人影响和改变他人的心理和行为的能力。名师影响力是名师在一定区域产生的影响和被认同的能力，名师要扩大自己的影响力，举办论坛是一种很好的方式。

举办论坛能全面培养人的各方面素质，尤其是增强自信心和成就感。"好老师不仅会上课，还要会演讲。"闻一多教授上课就是在演讲，他也因此鼓舞了一颗颗年轻人的心。工作室要经常开展论坛演讲活动，可以分别以"我的教学主张""有规划,我远行""读书,我的最爱"等为主题来开展,在论坛中让学员进行思维碰撞,产生智慧火花,扩大教育教学思想的影响力。

【经典案例】

"论坛"谈主张,"思考"促发展

濮阳市油田第二高级中学 李勇(中原名师程黎高中地理工作室2018级学员)

我作为中原名师程黎高中地理工作室学员代表,在2018年春季中原名师商丘联盟集中研修学员论坛中,向各位名师同行阐述了我的教学主张和在教育教学中的成长感悟,倍感荣幸。

一、"论坛"——我的教育主张

我的教育主张——有效教育,这是我从教18年来从未改变的教育追求。后来发现"有效教育"的提法竟然越来越流行,越来越被我们教师所重视。自我感觉我所践行的有效教育要比当今流行的"EEPO (Effective Education in Participatory Organizations) 有效教育"提出时间更早,涵盖内容更广!查阅资料发现当今流行的"有效教育"是这样表述的:"EEPO有效教育是一种全新的教学模式,是通过组织和参与来实现的,简称有效教育。"可以看出,当今流行的"EEPO有效教育"仅是一种课堂教学模式,而本人认为的有效教育还应包括对学生做人、做事、道德、情商等众多育人方面的教育。

就课堂教学模式来说,本人始终认为:教无定法,贵在得法。但作为教师,学人所长,补己所短,掌握3—5种的教学方式,以变求效也是必需。本人认为"EEPO有效教育"所倡导的"基本上课方式——要素组合方式"就是一种不错的课堂模式,值得我们教师学习。该上课方式指的是把"听、看、讲、想、做、动与静转换"这几种方式组合起来上课。根据研究发现,让学生单纯去看,其学习效率是20%;教师讲,让学生听、看,其学习效率只有30%;教师讲,让学生讲、听、看相结合,其学习效率达50%;如果讲、听、看、想动静转换,学生学习效率可达70%;如果各要素有机地巧妙组合运用,学习效率高达90%。特别是"想、做"这两种方式,属于开放性的、动态的方式。还有研究表明，学生专注时间一般是7—8分钟，而传统课堂的状态大多是学生坐着听。回想起来，传统课堂真是浪费了学生的时间，效率低下。而"EEPO有效教育"的动静转换就是要求我们在教学时，到了学生的专注时间就应该让学生动起来，这也就是我们常说的"动中学"。而在动与静的转换过程中，我们可以用"约定"来节约时间，从而提高课堂效率。只要我们朝这样一个最佳教学模式努力，课堂教学效率便会提高。

二、"思考"——促进教师发展

中原名师程黎高中地理工作室给我提供了"学员论坛"发言学习的机会，为我搭建了展示自我、体现自身价值的舞台。论坛交流使我认识到作为一名骨干教师，自己要以扎实的作风潜心实践，坚持不懈；要以自觉的精神对待自我学习与提高，避免急功近利、心浮气躁；要以务实的心态思考问题，力求兼收并蓄，博采众长；要以独特的眼光大胆创新，做到不拘一格，匠心独运；要不断完善自己多元而合理的知识结构，保持积极而健康的心理品质，逐步形成巧借外力的综合素养，让自己的工作、生活与学习始终处于一种研究的状态，让自己的生命处于不断探索与追求的过程之中。

【透视分析】

"学员论坛"分享了名师和学员的教育理念、实践研究成果，将个人智慧转化为集体智慧，较好地解决了学员的发展问题，是最实用、最受用的培育方式之一。

"学员论坛"主题涉及教育理念、学科探讨、课堂教学、读书生活等方面，主持人和学员在论坛活动准备过程中，要查阅资料，要进行集体研究，要撰写发言稿，要制作PPT，要研究演讲技巧，其自身综合素质和学术研究能力都会得到同步提升。同时，也会使参与听讲的教师在教育理念和实践方法上受到个性、学术和文化等方面的影响，使名师工作室团队的影响力得以扩大，知名度得到提升。

7. 在团队互助中提升发展力

面对今天这个经济飞速发展、科技日新月异、文化异彩纷呈的时代，加入名师工作室抱团研修，主持人与学员间相互鼓励，互助合作解决问题，是促进名师及学员们快速进步和发展的很好的举措。每个工作室都要有自己远大而明确的发展目标，这个目标可以让工作室的每个学员在这里找到自己存在的价值，明白自己为党育人、为国育才、成长自己、为团队争光的目标。围绕发展目标，在主持人的引导下，工作室要有自己的团队精神，有自己阶段目标，有学员的具体分工与目标，让每位学员都明白自己在这个团队里很重要，为自己是这个团队的一员而感到骄傲。

【经典案例】

朝着目标前行，自有一路芬芳

漯河市实验幼儿园　赵丽敏（中原名师弯丽君幼儿教育工作室2016级学员）

时间飞逝，加入中原名师弯丽君幼儿教育工作室已两年有余了。回顾在名师工作室的学习生活，不仅感受到这个集体给我带来的欢乐与收获，也让我在这个团队中得到历练和成长。工作室的弯丽君老师及伙伴们好学上进、乐于创新、勇于开拓的精神给予我很大的鼓舞和动力，让我在教育教学实践的岗位迈着坚实的步伐，对教科研工作有了进一步的认识，对自己的专业化发展有了明确的方向。

一、科研引领，提升理论素养

心中有目标，是一个老师成长的前提。弯丽君老师就是一个孜孜不倦、精益求精、富有创新精神的榜样，她就像冬日里的暖阳一样给了我们方向和前进的力量。在弯老师的积极组织带动下，工作室邀请了杨伟东、贺斌教授等知名专家围绕我们教师成长最需要解决的课题研究问题"什么是课题""怎样做课题""如何做好课题"等开展了专题讲座，由此，我对课题研究有了初步的认识。课题研究要扎根在实际工作中，切不可"空、大、虚"，更要与时俱进，符合时代要求。

在模拟课题申报立项答辩现场，我聆听了老师们的案例和专家们的实时点评，对课题研究有了更深层次的认识。这些互动式教研让我们不仅听到了来自专家学者的声音，也解开了心中的疑惑。特别是闫学校长的讲座，给了我很大启发：做知识型教师、创新型教师必须自身加强业务和理论素养，其根本途径就是读书，要多读书、读好书，还要给自己制定目标读书。

站在巨人的肩膀上会看得更远，走得更快。在工作室的学习使我得以成长，本人参与的课题"创新多种多样的体育形式促进幼儿健康发展的研究"顺利结项，2018年该课题获市级教育教学成果二等奖。

二、观摩分享，增长教育智慧

中原名师弯丽君幼儿教育工作室经常组织学员进行一课多磨、同课异构的活动，为我们提供学员间相互交流、学习、教学相长的机会。我有幸多次聆听多位老师的观摩课，其中先进的教育理念和新颖的教育形式让我深受启发。我展示了自己组织的科学观摩活动"痕迹"，该活动不仅得到了与会专家和老师们的指导点评，还使我通过反思、历练得到了成长。

在教学观摩活动中，无论是教学手段的运用还是教学过程的组织，无不体现出教师的大胆创新和智慧，能通过快乐的游戏、丰富的材料和智慧的互动去调动幼儿参与活动的积极性。教师还应关注幼儿在学习过程中所表现出来的情感、兴趣、个性思维等各方面的互动，留给孩子广泛开放的思维空间，使幼儿的自主性、能动性和创造性得到不断发展。

教师在教学中要做到语言简练，普通话标准，表述清楚，教态自然大方、和蔼可亲。设计的教学环节清晰、步骤完整，准备的教具也很丰富，还彰显了其教育智慧与教学水平，让我切实地感受到了差距所在，这对我也是一种引领。

不断学习让我不断产生新的领悟，我要把听到的、看到的以及好的经验运用到自己的实际工作当中。"临渊羡鱼不如退而结网"，一名优秀教师的成长没有任何捷径可言，需要不断地学习、历练和提高。我会在以后的工作中刻苦钻研，不断汲取经验，提高自身业务素质。

三、反思成长，提升业务能力

作为教师，要时时反思自己的教学实践，不断总结经验教训，才能不断提高教育教学水平。我们要学会思考，学会反思，要让反思成为我们的习惯，做一个会思考、有思想的人。要想成为一名优秀的教师，爱思、勤思、会思是十分重要的。教师的反思不是头脑内部的"想一想"，而是一个不断实践、学习、研究的过程。教师只有葆有一双慧眼和一颗慧心，随时根据动态生成的教学情境做出智慧的反应，才能真正使课堂焕发生机。

成为中原名师弯丽君幼儿教育工作室一名学员是我的幸运。我来到这里才发现，这里是一个思想的殿堂，才发现自己学得太少、读得太少、写得太少、反思得太少，才发现有太多阅读的理由。我真正认识了"独学而无友，则孤陋而寡闻"的含义。在弯丽君名师工作室里，我认识了很多有理想、有干劲、有智慧的伙伴。一次次工作室的教研活动，凝聚了我们的友谊，也让我们在交流学习中提高了自己的素养。我深深地体会到"学然后知不足"的含义。

通过反思，我发现想成为一名专业化的研究型教师还有很多路要走。"让学习成为自己的习惯"是我下阶段的目标。只有做学习型的教师，才能不断提升自己、超越自我，使自己的工作更扎实、更有效、更完善！

【透视分析】

综上分析，名师工作室专业引领的内容包含以下方面：传播先进的教育教学理念、课程改革理论和教师必备的教育学、心理学等理论素养内容；通过不同的形式，有计划、有步骤地介绍本学科的新研究成果和研究动态，引领教师关注学科的发展现状和未来；通过示范课、听课评课、微格教研等同伴互助式的活动，引领教师实现专业技能的提升和发展。

"与名师同行，与名家握手"，学员在名师的引领下明确了专业成长的目标，心系远方，抱团前行，定能走得更快更远！在现实生活中，和谁在一起的确很重要。和勤奋的人在一起不会懒惰，和积极的人在一起不会消沉，与智者同行会不同凡响，与高人为伍能登上巅峰。在一个成功的名师身后一定站着领导、师长、朋友、同事和家人，有了他们的培养、帮助和支持，再加上学员教师自身的进取心和不懈努力，学员们一定会在专业发展的道路上走得又快又好，一定会有所成就。

三、个性化特色培育

新课程非常关注学生的个性要求和个性发展，关注学生的个性差异，使每一个学生得到发展,这就要求名师和学员要树立特色意识,形成教学个性,形成自己的教学风格。

如何达到这个要求呢?名师工作室学员来自不同的地市和学校,成长背景不同,个人特点不同,成长需求不同,学员要根据自身的教育教学才情和发展优势,为自己的教育教学和教科研方面方向进行初步特色和风格定位;名师工作室主持人要科学地分析学员的个性特点,给学员提出指导意见,对学员的特色培育做到合理定位,帮助学员实现有效成长、扬长发展。

名师工作室培育学员如何做到个性化呢?在学员的个性化培育上,主持人要做到以下两点:一要帮助学员树立特色意识,并督促其不断学习,使其在课堂教学、教学评价、教育科研、课程资源开发、校本课程开发、试题命制等方面有自己独到的见解和研究成就,帮其做到"人无我有,人有我优",走出一条有特色的专业成长之路;二要帮助学员提炼出自己的教学主张,使学员成为一个有思想的人,教师有了思想才能培养出有思想的学生,才能在教育上有所创新,其教学行为才会独具特色。

【经典案例】

案例1 名师工作室如何打造命题高手
——中原名师程黎高中地理工作室学员的个性化培育

作为名师,要有扎实过硬的专业素养,要有自己的"绝活",其中高水平的命题能力也是名师的看家本领。因此,在培育学员的命题能力、把学员打造成省、市各级考试的命题专家方面,中原名师程黎高中地理工作室进行了多年的尝试。

命题工作是教育教学工作的一个重要的环节,是一名优秀教师专业发展的必修课。命好试题有利于教师把握教学的重难点和正确处理教材,命题质量的好坏直接影响到教学质量的高低。

作为名师工作室主持人,怎样才能帮助学员快速地提升命题能力,命制出高质量的试题呢?程黎名师工作室的做法是:

一、遴选学员，组成试题命制研讨组

遴选条件：有一定的教育教学经验，有研究的自觉意识，能静下心来潜心研究课标、教材、学情，对高考、中考、学考命题特点和命题方法有一定研究，有一定的书面表达和计算机绘图能力。

二、培训学员，学习命题原则、命题流程

1. 命题原则

（1）导向性原则：以《义务教育课程标准（2011年版）》为依据，把握好区分度和难易度。命制的试卷应有利于学生搞清楚相关知识的内在联系，有利于探寻答题思路、解题方法，能对学生的学习起到较好的导向作用。

（2）规范性原则：命题科学规范，题目、题干简洁，表述无歧义，参考答案规范，没有知识性错误和科学性错误。

（3）适切性原则：试题的难度设置要由易到难，应面向全体学生。

（4）创新性原则：题目应是原创或改编，杜绝抄袭；题目设计与答案设置要具有开放性，要能体现普通高中新课程改革的趋势。

2. 命题流程

（1）研读相关内容：指导学员认真研读课程标准、教材内容和高考评价体系的具体要求，学员还要了解教学进度和考生情况。

（2）列出双向细目表：制作考试命题双向细目表，明确命题方向，这是命题成功的一个重要环节。双向细目表可以使命题工作避免盲目性，使命题者明确测验的目标、把握好试题的比例与分量，提高命题的效率和质量。

命题双向细目表内容一般包括测验内容、测验目标（知识、能力）、题量、题型、分值等。如表2-4：

表2-4 命题双向细目表

测验内容	选择题（50分）	综合题（50分）			合计
	识记、理解	识记	理解、应用	分析综合、拓展	
合计					

(3)选择命题素材：收集一些紧扣命题内容的有强烈时代性的新材料，材料信息量要丰富，要注重创设问题情境，实现从"知识立意"到"能力立意和素养导向"的转变，突出考查学生的归纳综合、分析运用和创新等能力。

(4)编拟试卷内容：紧扣命题条件和命题内容，围绕命题细目来选择试题材料。编制试题的数量要超过试卷实际需要量，以供打磨精选。同时要在编制过程中同步写出每一道试题的答案，可用红色标注，以便通稿时及时发现问题。

(5)打磨调整修改：试题拟好后要逐题进行审查、修改、筛选。

要特别注意以下几点：

①考试内容覆盖面要广，试卷长度、试题分量要适当；

②一般不要出现考点重复现象；

③要做到题型多样、试题难度适当、知识点和分值分布合理；

④多推敲文字，保证题意完整、明确、精练、易理解、无歧义；

⑤卷面布局合理、清爽，配图清晰，图表、选择题题干和选项尽量不跨页；

⑥参考答案科学无误，评分标准合理，答案难度与内容多少应与配置的分数对等。

在校对打磨试卷这个环节，如果是校内一般考试，可以请同学科教师帮助审题、提出修改意见。如果是保密性强的市级以上水平性考试或选拔性考试，对已确定的试题，命题组成员还需要进行至少三遍校对：第一遍，各位命题教师分别点读审题，包括用词、标点和选项字母的正确性；第二遍，各自独立做题，确保题干设置和答案无歧义；第三遍，一人读题，其他成员同步用笔默默点读，反复打磨推敲，确保万无一失。

(6)试答调整内容：试卷成形后，命题人或同科教师要进行试答，记录答题时间。一般情况下，用于学生实际考试的时间为命题教师试答试卷时间的2倍左右。根据试答情况，对试题内容的难易程度做出必要的调整。

然后，开展任务驱动下的"同材异题"试题打磨活动，促使学员加强对于试题命制的研究，提升自己的命题能力。

三、实践操作，结合素材尝试命制

给学员提供真实情境的素材，让学员们在规定的时间内，对应课标要求，结合所教学段的教学内容和学生的能力，选择性地使用素材，设计出不同题型的试题。对命出的每一套试题，试题组学员都要发表自己的看法，相互交流，打磨形成高质量的试题。

实践证明，开展命题研讨活动，是促进学员个性化发展的有效措施。它可以调动学员学习有关教育教学评价的积极性和创新性，使学员更好地研究课标、把握学情，提高课堂教学质量。

自工作室培育个性化发展的命题高手以来，工作室培育的学员有3人参与了河南省学业水平测试工作，有2人参与了河南省中招考试命题工作，有20多名学员进入了河南省中考和学考的命题专家库，为河南省的教育教学质量评价工作发挥了应有的作用。

案例 2　试题命制，精进臻善

卫辉市第一中学　马西超（中原名师程黎高中地理工作室核心成员）

对于教师而言，命制地理试题是一项非常复杂的工作。它要求教师不仅要熟悉不同版本教材的特点，有丰富的课外知识，能运用专业知识，关注生活时事，对各学科知识融会贯通，对课标、考试大纲、教材内容了如指掌，而且还要掌握试题的命制方法与技巧。只有具备以上能力，才能把握好试题命制的难易程度，更加专业地对试题进行鉴别。

一、初次改编试题

2006年一次偶然的机会，学校让我组一套月考测试卷。参加工作以来，我一直都只是做题、讲题，还从来没命过题，这可把我难住了。地理学科很多时候需采用地图，教辅资料上的地图经扫描后不清晰，不能直接用，只能从网上下载试题。可如果仅是组题，大部分题目都是老题，学生在不同的资料上都见过，在网上也能查到，不就失去测试的价值了吗？于是我决定对所有题目进行改编。

说起来容易做起来难。我绞尽脑汁，先把考查的章节、知识点和地图确定，然后把下载的考查同一个知识点的所有题进行汇总、改编，最后再把所有的图进行处理和完善。经过一周的时间，我终于完成了第一套改编试卷。虽然这次改编的试题现在看起来确实"粗陋"，然而也就是这次的改编让我对试题命制产生了浓厚的兴趣。如果能自己原创命题该多好，我决定先做大量的题积累经验。

在接下来2007—2011年4年的时间里，我开始闭门做题和尝试改编。只要是市场上能买到和网络上能够见到的试题资料和试卷，我都找来不厌其烦一遍遍地做。通过大量做题，我初步了解了命题的简单要求，开始慢慢学着改编试题。

二、尝试原创试题

随着对试题命制工作的不断深入，我开始深深地迷上试题命制，看到新闻、杂志和期刊上与地理相关的内容，都会变得比较敏感，不由自主地想着可以作为试题创作素材来用。一次偶然的机会，我和河南一个教育出版单位的编辑取得了联系，对方约我命制一套原创的模拟题。带着忐忑之中的兴奋，我开始了人生的第一次原创命题，开始艰难地绘图和不断地改编。为了绘制一幅图，我曾经耗费四五个小时。历时一个月之久，这套试卷方才成形。幸运的是第一次原创命题即获得发表，这给了我继续坚持下去的动力。

三、借助平台成长

平台对于一个人的成长非常重要，2015年，我有幸加入程黎老师主持的中原名师程黎高中地理工作室这个大家庭。这个团队会聚了来自全省各地的优秀地理教师。在这个团队里，我学习到了很多专业知识，也感受到了集体的温暖和团队互助的力量。

程老师对我提出要命制高水准试题的要求，并在几年中不断向我传授学业水平测试命题方面的一些宝贵经验。从试题知识结构的布局、不同定位试卷难度的把控、字句的斟酌，乃至不同绘图软件的优劣和使用技巧等，程老师都事无巨细，倾心传授宝贵的经验。程老师悉心的引领和指点，使我明确了试题命制的新目标，我开始给自己重新定位，摒弃以前固化的经验重新开始,力争把试题命制工作做得更好。

后经程老师推荐,我有幸结识了河南省地理教研员杨惠茹主任。杨主任在省里聘请命题专家培训时特意要我跟去学习,并给了我弥足珍贵的两次学考命题机会,让我参与了2016级和2017级河南省高中学生学业水平考试的命题工作,参与了2018届、2019届河南省高中毕业生适应性考试的命题,参与了河南省地理中招指导书的审定。在命题工作中,我不断地成长和进步。

四、反思中促发展

通过试题研究与命制实践,我认为在命制试题时要注意以下几个方面。

1. 明确考试要求

命题,首先要明确测试的范围。不论是周测、月考还是段考,都要明确考试的具体要求,命题范围不能比规定的范围小,亦不能超出所学范围。命题要符合课程标准,不能超出考试大纲。

2. 确保准确无误

保证试题内容及答案的准确性,是命题最基本的原则。在试卷中,绝对不能出现概念、原理等专业性错误,有争议的内容要避免出现,以确保试卷百分之百的正确率。

在近几年高考中,情境题很常见。在设置时,切记不要一味地追求新颖性去生搬一些时事热点、科技前沿相关材料,而不去考究材料本身的真实性、准确性,一定要确保试题的科学性及合理性。

3. 选材规范清晰

在试题素材的选取方面,要注意以下几个方面:第一,试卷中出现的文字材料内容要精要,与设计的问题保持对应,不要出现无效信息;第二,试卷中的图片、图例、符号、数字等图表信息,一定要保证清晰度;第三,所选地图图幅及比例尺的大小要适中,不能变形和失真。

4. 问题设计合理

问题的设计是命题的关键所在,要注意以下两点:

(1)把握难易系数:设计问题时,要注意难度系数,题量也不能过少或过多。例如,答题时间为90分钟,如果选择题量少,那么大题、综合题的问题可以多设置一些;如果选择题数量多,则大题、综合题的问题可以少设置一些，这方面还是比较好把握的。

比较难把握的是试题的难易程度，不能过易或过难，否则都不利于学生正常水平的发挥。如果试题过于简单，就会导致试题的选拔功能与效果大打折扣；如果过难，学生就没有足够的时间去思考、解答，从而影响学生学习的自信心。

(2) 注意层次区分：每一组题在难易程度上要有一定的梯度与区分，要遵循由易渐难的递变规律。除此之外，在选择题A、B、C、D四个选项中正确答案的被选择概率不能形成规律。考查同一个知识点的题目不能在同一套试卷中重复出现。

5. 紧跟时代发展

试题的选材及命制要体现时代性，在情境的创设、素材的选取、设问(设计问题)的技巧、考查的角度等方面要有独创性，使学生在似曾相识中感受到试题的新颖性。

6. 联系生活实际

选取素材应以与教材知识密切相关的权威内容为依据，不要脱离生活实际。应利用生活中鲜活的案例，使学生感受到试题情境的真实性，从而引导学生理论联系实际，达到知识迁移的目的，能客观地考查学生的分析问题及解决实际问题的能力，最终达到考查对基础知识灵活运用的目的，使目前高考提倡的能力立意成为有本之木、有源之水。

7. 试题注意创新

在试题命制中，尽可能减少直接复制、粘贴，即使是针对平时一般性的检测与考查，也尽可能对原题进行改编或原创，而且要注意旧题与新题的比例搭配。这样更有利于提高学生灵活运用知识解答实际问题的能力，同时有利于体现考试测评的公平性。

8. 培养探究意识

随着高考试题中对学生探究意识和能力立意的考查，开放性试题应运而生。教师在平时命题时，要注意把握好留给学生灵活发挥空间的边界，否则，就无法判断学生对于所学知识的掌握情况及解答水平，考查也是无效的。

9. 编排符合要求

最后的编辑和排版环节也很关键，稍不注意就会出错。要注意字体、字号、行间距、页边距、页面等的设置及选择，都要符合命题排版的要求，不要出现多字、少字或错别字等这些容易出现的错误。在定稿前，一定要打印出来一份纸稿进行校对，不在任何细节上遗留问题，小到一个标点符号都要认真仔细地检查，以免给考试带来不必要的麻烦。

总之，要命制出一套高水平的地理试题，需要命题者平时肯下功夫，多做题、多研究题，时刻关注高考命题的动向，把握课标及考纲的变化，积累命题经验，积极实践并反思自身不足，不断提高自己的命题水平，才能把命题工作做到精益求精。

【透视分析】

对学员的个性化特色培育，首先应承认学员的个性差异，了解学员的个性特点、原有基础和兴趣爱好，强调对学员个性品质的扶持和培养，为学员个性发展提供广阔的自由空间，使学员个性特点充分发展，做到扬长发展，"人尽其才，才尽其用"。

通过本节案例的分析，我们认识到以中原名师工作室引领学员成长的路径是行之有效的。在培训形式上采用多元联动方式，有传统的讲座、示范课和帮扶结对活动，有学员论坛的切磋交流，有通过网络、微信等方式的交流，以传递多元的教育理念和不同的教学技能，这有利于学员形成多元思维和综合思维，有利于学员利用不同的时空条件开展实用性的研修活动。培训内容是丰富和多维度的，有读书活动、展课教学、课题研究、教育写作等，由此提升了学员的学习力、实践力、思考力、写作力和发展力。从活动的范围来看，我们秉持活动共享的理念，把名师工作室办成了老师热爱研究、资源共享的开放的学习场所，带动了名师工作室学员和广大教师的发展，有效推动了师资发展的公平和均衡，扩大了名师工作室的辐射力和影响力，发挥了名师工作室在专业发展方面的示范引领作用。

总之，方向明确，科学设计培育方案是名师工作室有效培育学员的基本前提，构建名师工作室培育机制、开拓个性化培育路径，是名师工作室发展的核心力量，政策支持、专业指导、资源整合、多方联动是名师工作室科学培育学员的助推力量。

第三章
学员的评价与持续发展

名师工作室引领教师专业发展的过程就是一个不断反省、不断改进的过程。工作室要有完善的评价机制，激励学员勤于思索，善于总结，促进学员的进步与成长。

　　名师工作室可以通过建立《名师工作室考核与管理办法》等相关制度，明确名师工作室各类组成人员的任务与职责，将过程评价与结果量化评价结合起来，对每位成员进入工作室后的成长与收获有一个全面而准确的评价，以调动核心成员及培育的省市级名师学员的主动性、积极性和创造性，为实现名师工作室建设的持续发展提供高质量的保证。

　　中原名师工程启动九年来，中原名师工作室工作的考核评价形成了较为完善的"分层—分批—多元"考核评价体系。分层：对中原名师工作室主持人的工作评价考核，由河南省教育厅及委托的第三方高校专家团队进行考核；对中原名师工作室培养的省级名师、省级骨干教师、市级名师、市级乡村首席教师、工作室核心成员等由各中原名师工作室主持人及其考核组进行考评。分批：对中原名师及省级名师、省级骨干教师培育对象的考核是分批次进行的，合格一批，通过一批。多元：采取个人总结评价、综合评价、档案记录量化评价等评价结果相结合的方式进行评价。

　　实践证明，完善而全面的评价机制有利于加强名师工作室主持人的自我"修炼"，有利于促进培育学员和工作室核心成员的严格自律。在名师工作室这个平台上，大家相互鼓励、相互促进、相互监督、相互扶持，不断成长为教育教学名师和行家里手。

　　本章中，我们将结合中原名师工作室主持人的教育思考、培育学员的成长总结，介绍和分析工作室学员的评价与考核办法、工作室培育学员的收获与发展。

第一节 学员的评价与考核

为调动名师工作室学员专业成长的自觉意识，促进学员创造性地发展，帮助学员不断提升职业道德和专业水平，促进名师工作室健康发展，名师工作室要定期对培育学员进行评价和考核，以充分发挥导向和激励作用。

一、评价原则与内容

1. 评价原则

（1）发展性原则：关注学员发展的要求，将学员参与、变化和发展过程作为评价的重要组成部分。

（2）全面性原则：既重视学员业务水平的发展，也重视学员道德修养的提高；既重视业绩评价，也重视过程评价；既重视团队合作、共同成长，也尊重个性差异，提倡扬长发展。

（3）多元化原则：采取自评与他评相结合、过程性评价与结果性评价相结合、定性评价与定量评价相结合的方式。

2. 评价内容

（1）师德师风

具备良好的师德师风是教师落实立德树人根本任务的关键。作为名师工作室学员，要有坚定的理想信念和高尚的道德情操，在教育教学活动中，言行举止要符合教师职业道德规范，要做到爱岗敬业，乐于奉献，为人师表，关爱学生，公正对待学生，保持师生关系和谐融洽。此外，还要做到教学严谨，有良好的团队合作精神。

（2）教学能力

教师的教学能力是教师达成教学目标、顺利完成教学任务的保障。作为名师工作室学员，要具备依据新课程标准设计教学的能力，要具备了解学情、预测学生发展思维的能力，要具备在校级以上教学研讨活动中进行示范课、观摩课或公开课教学的能力。

（3）科研能力

教师要具备在教育教学中发现问题、分析问题、解决问题的能力。作为名师工作室学员，要善于发现和思考教育教学中的问题，能主持或参与校级以上课题研究，能在教育教学专业刊物上独立发表论文。

（4）合作交流能力

教师在教学和教研中需要具备与他人协调、协作和交流的能力。作为名师工作室学员，要能积极、主动地与团队成员进行教育教学研讨和交流，积极参与工作室组织的各项研修活动。

二、考核方法与细则

1. 考核方法

名师工作室对学员考核，采取学员自我评价和工作室综合量化评价相结合的方式进行。学员自评采取书面总结和工作室会议陈述方式进行，占总考核成绩的30%；工作室综合量化评价，根据学员研修中提交的作业及工作室对学员参与研修活动的表现记录进行量化考核。包括学员计划、总结、读书心得、教学反思、听评课记录、教学设计、课题研究材料、"学员论坛"材料、论文等，考核以学员参与研修的考勤和态度为主要依据，占总考核成绩的70%。

考核分为阶段考核和年度考核两种形式。考核结果分为合格、不合格。

（1）阶段考核

每学年按上、下学期由工作室的主持人对每位学员进行考核。阶段考核不合格者，补全缺项任务后，方可进入下一年的学习研究活动。

（2）年度考核

在年终时，名师工作室主持人根据考核指标对每位学员进行综合考核。考核成绩合格，发放证书；考核成绩不合格，调离工作室，并上报主管部门备案。

2. 考核细则

（1）学员自我评价

学员实事求是地开展自我评价是进行自我教育、自我完善的重要途径。因此，在对学员考核时，名师工作室主持人应重视学员的自我评价，指导学员从师德师风、研修过程表现和所取得的教育教学成绩及荣誉三个方面进行总结反思。学员提交自我评价后，工作室应及时召开网络会议让学员进行陈述分享，大家相互学习、相互促进，共同进步。

学员年度自我评价表如表 3-1：

表 3-1 ＿＿＿＿年度名师工作室学员研修表现自我评价表

姓名		出生日期		职称		学科	
所属工作室				所在学校			
师德师风							
研修过程表现							
教育教学成绩及荣誉							

(2) 工作室综合量化评价

量化评价是名师工作室主持人带领核心成员运用数学、统计学方法，对培育学员在研修期间的师德师风、个人发展、研修表现、研修成果等记录进行数量化的分析和计算，进而对学员作出研修效果评价的方法。

综合量化评价可以排除评价人员主观因素的干扰，有利于名师工作室的规范管理和学员发展。

①量化依据

获奖依据教育行政部门颁发的证书，需提供证书佐证材料；过程性表现及相关研修材料以学员成长档案记录为准。工作室主持人或核心成员应及时对每位学员参与活动的态度、交流表现进行考评，并将活动中提交的材料装入学员成长档案袋。主要包括：

a.个人规划、计划与总结：个人三年发展规划、个人学年度发展计划及个人学年度发展总结。

b.理论研修：集中研修报告、读书报告（每学年不少于2篇）、学术研讨工作报告或在CN刊物上发表论文或撰写论文获市级以上奖项。

c.实践研修：教学反思（每学年不少于2篇）、试卷命制及分析（每学年2份）、每期至少一次校级以上公开课、听课记录（每期不少于10篇）、实践研修工作报告（有相关佐证材料）。

d.示范引领：培训期内参与送教下乡，指导1—2名青年教师获校级以上优质课奖或其他教育教学成果获奖（证书或材料佐证）。

e.课题研究：课题立项申报书和文献综述、课题中期报告、课题结题材料。

f.网络研修：实时上传教育信息资源，分享教育教学成果，积极参与网络讲座与论坛。

②量化指标

a.师德师风（20分）

爱岗敬业，热爱学生，为人师表。获政府或学校表彰的优秀教师、最美教师、模范教师、优秀班主任等荣誉称号。

b.个人发展（20分）

个人成长规划，年度发展计划与总结（10分）。学员在培训期间，获得国家、省、市级教育教学成果奖、教学标兵等（10分），其中，省级以上荣誉每项5分，市级荣誉每项3分，县级及校级荣誉每项2分。

c. 研修过程表现（30分）

参与研修活动（10分）：培训期间，按时并全程参与集中研修、网络研修等各项活动，得10分。研修活动缺一次扣5分。学员论坛（10分）：在跟岗研修周期内，积极参与论坛分享，一次得5分，最高10分。参与送教下乡、青蓝工程、工作室送课活动或撰写的文稿被工作室公众号采用，一项5分，满分10分。

d. 研修成果评价（30分）

研修材料（15分）：培训期间，按要求提交各项研修材料，包括读书报告、教学反思、课题研究报告、集中研修心得、试题命制等，得15分，少一项扣5分。发表论文，优质课、观摩课和示范课获奖以及指导青年教师或学生获奖（15分），其中，在中文核心刊物发表论文一篇，得10分；在CN刊物发表论文一篇，得5分；赛课获省级以上一等奖，得10分，获省级二等奖或市级一等奖，得6分，获县级或校级一等奖得3分，辅导获奖同样等次加分，可累加至最高分。

学员年度量化考评表如表3-2：

表3-2 ＿＿＿＿＿年度名师工作室学员量化考评表

工作室名称＿＿＿＿＿＿　　　　学员姓名＿＿＿＿＿＿

考评项目	评估指标	考评方法	标准分数（100分）	考评得分
师德师风（20分）	爱岗敬业，模范遵守教师职业道德；热爱学生，为人师表	学校评价、证书佐证	10分	
	师德征文、政府表彰荣誉称号		10分	
个人发展（20分）	三年成长规划，年度研修计划，总结	查阅资料、提供证书	10分	
	教育教学工作受到学校和有关部门的表彰		10分	

续表

考评项目	评估指标	考评方法	标准分数（100分）	考评得分
研修过程表现（30分）	按时并全程参与集中研修、网络研修等	查阅记录、量化统计	10分	
	参与学员论坛		10分	
	参与送教下乡、教学展课，每月按时上传相关文章、案例、课件、视频，体现自己的工作成果		10分	
研修成果评价（30分）	按要求提交各项研修材料，包括读书报告、教学反思、课题研究报告、集中研修心得、试题命制等	提交材料、证书佐证	15分	
	发表论文，优质课、观摩课和示范课获奖以及指导青年教师或学生获奖		15分	

【经典案例】

中原名师程黎高中地理工作室2017级学员年度考核见表3-3、表3-4。

表3-3　2017年度名师工作室学员研修表现自我评价表

姓名	徐黎姗	职称	中小学高级	培养类型	省级骨干
所属工作室	中原名师程黎高中地理工作室		所在学校	郑州中学	
师德师风	爱岗敬业，模范遵守教师职业道德；热爱学生，为人师表，和学生相处极为融洽，是学生眼中最喜爱的"姗姐"。做事态度积极，不找借口，完成任何工作任务都本着"超出对方的预期"的态度去做，做事追求完美，力求把事情做到极致。曾获得全国优质课特等奖，连续三届郑州市名师学科第一名（每三年一届）				

续表

姓名	徐黎姗	职称	中小学高级	培养类型	省级骨干
所属工作室	中原名师程黎高中地理工作室		所在学校		郑州中学

研修过程表现	1. 集中研修，面对面成长交流 2017年6月16日至18日，我们中原名师工作室的小伙伴们齐聚历史名城商丘，在中原名师程黎高中地理工作室搭建的平台之上，既聆听专家报告，交流读书分享，又进行微课展示、观课议课，还做了课题立项答辩考核，这一系列的"精神大餐"和面对面的交流碰撞思辨让我在短短的三天研修之旅中累并快乐着，可以毫不夸张地说，这是一场站在大师肩膀上的短途修行。 2017年10月28日至29日，我们中原名师工作室的小伙伴们又一次齐聚八朝古都开封，开展了一次秋季集中研修活动，在工作室学员单丽霞老师所在学校开展了"核心素养引领下的乡土地理课程开发研讨会"，短短的两天研修之旅收获满满，尤其是开封市乡土地理课程的开发与实施给我留下了深刻记忆。 2. 网络研修，思维碰撞专业互助 我积极参与了每期网络研修活动。在网络上，我们分享最前沿的地理学术专业信息；在网络上，我们进行每周一次的专题讲座；在网络上，我们打磨不成熟的原创试题；在网络上，我们互相鼓励，关注着彼此的成长与困惑。虽然不能时时谋面，但思维却在时刻碰撞
教育教学成绩及荣誉	2017年3月，在郑州市教研组长会上，所做讲座《中招背景下的地理教学策略》受到一致好评。 2017年4月，撰写论文《基于项目学习的"黄河郑州段"教学实践研究》在国家级核心期刊《中学地理教学参考》发表。 2017年6月，主持市级课题"初中地理学生手绘地图设计与实施研究"顺利结题，同时获市级成果一等奖。 2017年9月，主持省级重点课题"大河行（黄河郑州段徒步）综合实践活动课程的开发与实施研究"顺利结题。 2017年12月，被聘为教育部"一师一优课、一课一名师"活动优课评审专家。 2017年12月，在河南省人教版教材跟进培训中，所讲授的示范课"气候专题复习"受到听课教师一致好评

表3-4 2017年度名师工作室学员量化考评表

工作室名称　中原名师程黎高中地理工作室　　学员姓名　徐黎姗

考评项目	评估指标	研修表现及成果	考评得分
师德师风（20分）	爱岗敬业，模范遵守教师职业道德；热爱学生，为人师表，学生满意度高（10分）	师生关系极为融洽，是学生眼中最喜爱的"姗姐"	10分
	师德征文及荣誉表彰（10分）	两篇名师工作室师德征文	8分
个人发展（20分）	三年成长规划，年度研修计划，总结（10分）	有详细、切实可行的个人三年成长规划、研修计划和总结材料	10分
	教育教学工作受到学校和有关部门的表彰（10分）	所带领的地理教研组被评为郑州市优秀教研组，本人被评为郑州市优秀教研组长	10分
研修过程表现（30分）	按时并全程参与集中研修、网络研修等（10分）	研修全勤	10分
	参与学员论坛（10分）	积极参与工作室组织的"读书分享和教学主张"的网络学员论坛发言	10分
	参与送教下乡、教学展课，每月按时上传相关文章、案例、课件、视频，体现自己的工作成果（10分）	一年多次在省市教育平台做示范课和讲座，主持省级重点课题，并在全省做推广发言介绍。参与工作室送教漯河初中地理教学研讨活动	10分

续表

考评项目	评估指标	研修表现及成果	考评得分
研修成果评价（30分）	按要求提交各项研修材料，包括读书报告、教学反思、课题研究报告、集中研修心得、试题命制等（15分）	按时提交研修反思4份、读书报告4份、集中研修心得2份、课题材料1套	15分
	发表论文，优质课、观摩课和示范课获奖以及指导青年教师或学生获奖（15分）	发表论文2篇。担任了教育部"优课"评委和省优质课大赛评委，辅导3名教师获郑州市优质课一等奖。	15分
考核成绩及等级评定	98分，合格		

【透视分析】

　　名师工作室对学员的评价和考核可以发挥诊断、导向和激励功能。制定具体可行的考核评价细则，可以提高考核的可信度。考评过程中，档案记录是考核学员研修过程表现和研修成果佐证材料的依据，名师工作室要有固定成员落实档案管理制度，确保各项材料的汇总、归档，如学员发展规划、论坛发言、示范课、研修活动记录等，记录学员的成长历程，帮助学员在量化考核中取得公平、公正的好成绩，增强学员成长进步的自信心、成就感和幸福感。

第二节 团队的收获与发展

名师工作室培育学员的终极目标，不是解决某些具体的教学问题，而是引领每一位学员实现品质的提升、追求更高的境界，成为一名可持续发展的优秀教师。因此，名师工作室主持人和团队成员都要及时总结研修收获，认真反思在工作中和成长路上遇到的问题，有效推进名师工作室培育学员工作的持续、健康发展。

名师工作室主持人和学员要主动吸纳古今中外优秀的教育思想，传播先进的教育理念，努力实现自我评价、自我调控和自主发展，树立终身学习的思想，自觉地把学习作为一种精神境界、一种人生追求、一种生活乐趣来认识和对待，切实做到善于学习、乐于学习、勤奋学习，积极构建学习型组织，在名师工作室全体成员的相互激励、相互扶持下，实现共同进步与成长。

一、名师主张，润心启智

中原名师工作室是引领教师成长的团队，主持人是团长。现代教育研究的多项实践证明，团队领导是影响该团队效能的关键因素之一，团队活动的成败有45%～65%的变量是由团队领导决定的。所以，名师工作室主持人是工作室的主心骨和灵魂，发挥着向导的作用，是这支专业团队的领军人物，名师工作室要想培养出一批师德高尚、业务精湛、充满活力的高素质专业化教师队伍，离不开主持人的引领、示范和带动。所以主持人必须加强思想和行动上的自我修养，率先垂范，充分发挥好领衔者的示范引领作用，润心启智，高质量完成工作室的责任使命，以促进名优教师的成长，促进教师队伍整体素质的提高。

1. 主张引领，示范辐射

教学主张是教师从优秀走向卓越的成长点。余文森教授曾说：要把优秀教师培养成卓越教师，最核心的工作就是帮助他们提炼自己的教学主张，并围绕教学主张开展系统的理论和实践研究。因此，作为名师工作室主持人要有自己的教学主张。

名师工作室主持人首先应是一个具有先进教育理念的实践者，要在"聚焦教学主张，创建发展课程，打造团队品质"上提升自己的境界，成为学员专业发展的标杆与旗帜。

【经典案例】

八位中原名师工作室主持人"教学主张"的个性表达

名师的教学主张是名师教学风格的内核。教学主张的形成是一个由模糊走向清晰的过程，其内涵要在实践中不断得以丰富。

1. 中原名师弯丽君幼儿教育工作室　主持人弯丽君

教学主张：为多元发展而教，用创设环境导学。

解读：重儿童立场和主体性；重创造性和多元智能的发展；重有童趣且有重要教育价值的环境创设的课程游戏化；重目标生成和导学。

2. 中原名师马娜小学语文工作室　主持人马娜

教学主张：感理兼融的语文课。

解读：语言的学习是一个带有浓厚主观色彩的感性与理性统一的感悟过程。有了情感的激发与参与，语言文字才会变得有血有肉，有声有色，从而让学生在学习语言的过程中进入角色，实现与教材和作者的心灵对话。同时还需要（我们）以理性思辨的方法如剥竹笋般引导学生逐步进入文章深处，发现文章背后所蕴含的思想和哲理。一名优秀的语文教师应该能将感性与理性巧妙地融合在教学中，让感性与理性在语文教学中共舞。

3. 中原名师宋学利小学语文工作室　主持人宋学利

教学主张：构建"语文生态课堂"。

解读：追求师生心灵互融互通、把握课堂命脉，培养学生听说读写的实践能力，让课堂成为诗意与创意的结合体，打造一种自然、和谐、开放、创新的语文生态课堂。

4. 中原名师宋歆初中数学工作室　主持人宋歆

教学主张：做有温度的教育，创有生命的课堂。

解读：用数学文化塑造生命，培养学生德商；用数学精神润泽生命，培养学生情商；用数学思想启智生命，培养学生智商。

5. 中原名师聂智初中语文工作室　主持人聂智

教学主张：生本语文。

解读：将大量的课程资源放手交给学生去处理，充分激活、挖掘学生学习的主动权和积极性，真正鼓励学生自己去发现问题、解决问题。一切教学活动都是为学生"好学"而设计，为学生"学好"而组织。

6. 中原名师程黎高中地理工作室　主持人程黎

教学主张：参与明理，情润致远。

解读：用情怀点燃激情，用情境促进思考，引领学生在参与探究中明白"天地人事"，潜移默化地"润心、润知、润思、润行"，实现致远发展。

7. 中原名师宋爱芹高中语文工作室　主持人宋爱芹

教学主张：在生活中发现语文，在语文的世界提升生活品位。

解读：阅读是语文的命脉，是提高学生思维能力的关键，用阅读提升学生思维，提高学生思辨能力，积淀学生语文核心素养，引导学生对生命的积极思考。让学生爱上阅读，乐于思考，关注生命，心系国家，放眼天下。

8. 中原名师竟霞高中语文工作室　主持人竟霞

教学主张：本真语文。

解读：引导学生回归语文教育的原点，实现语文教育的本真功能。引导学生热爱祖国语言文字，在学习语言文字运用的过程中，提高学生的听说读写能力和审美鉴赏能力，从而传承弘扬中华优秀传统文化，树立文化自信。

【透视分析】

教学主张是名师成长的第一核心因素,教学主张是名师从优秀走向卓越的重要路径,是名师工作室发展的生长点。

【经典案例】

以下是八位中原名师的教学主张的实践思考:

案例1 教师科学组织和指导幼儿游戏的对策

漯河市实验幼儿园 弯丽君

游戏是帮助幼儿认识世界的一种重要途径,游戏的内容丰富多彩,是向幼儿进行德、智、体、美全面发展教育的有力手段,也是幼儿最喜爱的活动形式。游戏在幼儿园教育中占有重要地位,在幼儿德、智、体、美全面发展和健康成长中起着重要作用,我们必须高度重视,科学地组织和指导幼儿游戏。

《幼儿园工作规程》明确指出:"以游戏为基本活动,寓教育于各项活动之中。""幼儿园应当将游戏作为对幼儿进行全面发展教育的重要形式……幼儿园应当根据幼儿的年龄特点指导游戏,鼓励和支持幼儿根据自身兴趣、需要和经验水平,自主选择游戏内容、游戏材料和伙伴,使幼儿在游戏过程中获得积极的情绪情感,促进幼儿能力和个性的全面发展。"它不仅说明了游戏在幼儿园教育中的重要作用,同时也为幼教工作者在指导幼儿游戏方面提出了较高要求。那么,教师应该怎样科学地组织和指导游戏,才能充分发挥游戏在幼儿园教育中的重要作用,促进幼儿能力和个性全面发展呢?

一、树立正确的游戏观是有效组织和指导幼儿游戏的前提

近几年,游戏对促进幼儿全面发展起着积极的作用,已成为广大幼教工作者的共识。然而,受传统教育思想的影响,我们对游戏的研究还有待深入,对游戏的认识还存在差异。对什么是游戏,幼儿游戏的特点如何,

游戏的性质及其表现形式、范围等有关游戏内涵与外延的理解仍较肤浅，有表面化、简单化倾向。认识的偏差导致行动的错位。例如，将游戏简单看成是幼儿感兴趣的一种活动，游戏活动安排带有随意性，教师对幼儿游戏的态度放任自流。有的教师只是为了完成教科书上规定的游戏教学任务，机械僵化地将规定的游戏照搬到实践中，造成游戏活动形式单一；有的教师在游戏教学中处于被动状态，提供的场地小、器材少，幼儿常常在排队等待中度过游戏，这种游戏与其说是游戏，倒不如说是在扼杀幼儿的个性；有的教师未能认真观察、了解幼儿的游戏行为，探讨幼儿的心理世界，甚至凭主观指导，挫伤了幼儿的积极性和创造性；也有的教师把游戏作为教学手段，将游戏教学化。凡此种种，严重影响着幼儿游戏的开展。究其原因，关键在于幼教工作者的游戏观不正确。幼教工作者应像研究其他学科一样脚踏实地地对幼儿游戏进行研讨，清楚地认识幼儿游戏的特点，理解游戏的实质，树立正确的游戏观，进而按规律指导游戏，使游戏真正成为幼儿园的基本活动，发挥游戏促进幼儿身体发育、智力开发等身心发展的综合功能。

二、把握幼儿年龄特点和心理需要是有效组织和指导幼儿游戏的关键

幼儿游戏是一项能够使幼儿主动、积极、愉快、无任何压力地参与的活动。游戏是身体和心理的各种机能仍处于未成熟阶段的幼儿的主要活动。不同年龄段的幼儿有着不同的身体发育、动作发展和认识发展。这也就是说幼儿认知发展的阶段性，决定了幼儿不同阶段的游戏方法。因此，教师在充分认识游戏功能的同时，把握幼儿年龄特点和生理、心理需要也至关重要。以幼儿动作特点为例，3～4岁幼儿的躯干和四肢的大肌肉群发育较早，已能掌握走、跑、跳、钻、爬、平衡、攀登、投掷等基本动作，但还不够协调稳定；该年龄段的孩子小肌肉群发育较晚，手和手指的精细动作较差。5～6岁幼儿的基本动作更加灵敏稳定，力量和耐力均较之前有所提高。由于手腕骨和小肌肉群的发育，动作更加准确，并能完成较精细的动作。由此可以看出，3～4岁与5～6岁幼儿的动作差异较大。动作差异大，随之能力、兴趣、爱好等差异也较大，幼儿喜欢和能参与的游戏内容也不一样。例如在我为大班幼儿创编的"小棒夹豆"游戏中，豆类的运用顺序是这样的：蚕豆、花生豆、黄豆、绿豆等。通过夹大的蚕豆、花

生豆,再到夹稍大黄豆,最后到夹最小的绿豆,孩子的手部动作越来越精细,手的协调能力越来越灵活。夹豆比赛是在规定的时间内比一比谁夹的豆最多,大班幼儿在认真热烈的气氛中,参与的积极性非常高,这样在发展幼儿精细动作的同时又发展了大运动,同时能更好地促进幼儿的智力发展。同样,无论是角色游戏,智力、结构游戏还是音乐、表演游戏等,只有针对适合的年龄阶段、知识水平、生活经验、心理生理需要的幼儿去开展,才能取得较好的效果。

三、创设适宜环境是有效组织和指导幼儿游戏的条件

创设适宜环境包括适宜的物质环境和精神环境。物质环境即游戏材料、场地及时空。材料是游戏的物质基础,场地是幼儿游戏的"用武之地",时空是幼儿能力、智力、技能充分展示的舞台。它们互相联系又有机结合统一。在提供游戏材料时,要遵循适宜性和发展性原则。适宜性即要与幼儿年龄特点、游戏内容、目标、游戏材料多少相适宜。既要适合幼儿游戏,又要紧扣游戏内容和目标。游戏材料既不能过于单调,又不能过于繁杂。发展性即游戏材料要有层次地渐进投放,不断促进幼儿认知经验的丰富,激发幼儿对周围事物的兴趣与探索欲望。

精神环境是指教师为幼儿游戏创设的精神氛围,包括教师指导游戏的态度及对幼儿游戏创设的认知环境。精神环境是幼儿游戏的精神支柱。在游戏教学的过程中,教师应改变自身的权威性,充当幼儿游戏的合作者、支持者、引导者。只有在这样的氛围中,幼儿才能自由想象、探索和创造,进而促使幼儿积极思考,大胆探索,使游戏富有生机和活力。

四、组织和指导游戏的艺术,是幼儿游戏有效开展的保障

幼儿的年龄特点决定着他们的认识、生活经验、智力、能力的局限性,注意力、兴趣、爱好的多变性,自制力、毅力的短暂性。幼儿在游戏中,可以获得一些知识经验,但是如果缺乏教师的指导,幼儿获得的知识多是零碎、凌乱或模糊的,在游戏过程中还会遇到这样或那样的困难。缺乏游戏指导,游戏还会转移或中断,游戏内容甚至可能朝不健康的方向发展。大量的幼儿园游戏实践证明,教师的不当指导或随意介入,还会给幼儿游

戏带来负面影响。例如投掷游戏：在广阔的场地上，分给每位幼儿一个沙包，让其自由投掷。刚开始幼儿挺感兴趣，后来就觉得索然无味，开始出现情绪浮躁、乱打闹、乱追赶、乱告状的情景，教师面对如此慌乱的场面忙个不停地处理告状，最后，急忙收场。而另一种情景是，在广阔场地上，除每人发一个沙包，还创设有假山、森林、大灰狼等场景或角色，编成"战胜大灰狼"游戏。教师以一个普通游戏者的身份加入，和幼儿一起投藏在森林里的大灰狼……"孩子王"带领大家说"狼跑远了，我们加油投呀！狼又跑远啦，我们加油呀，看谁在远处也能投到大灰狼"，并用自己的示范动作影响幼儿的投掷动作。幼儿情绪激昂，投大灰狼的战斗十分激烈。"孩子王"视幼儿的情绪和体力，进行场景变换，还出现了山洞、独木桥。"孩子王"召集幼儿说：狡猾的大灰狼躲在河对岸的大山后面，我们要穷追猛打，消灭大灰狼。二次召集的过程不仅使幼儿的体力和情绪得到缓冲休整，而且又使他们鼓足了劲。接着幼儿钻山洞，过独木桥，消灭大灰狼，再次把游戏推向高潮。最后大家在欢快的音乐中跳起庆功舞，分享"战胜大灰狼"的喜悦。这一游戏自然而然地形成了稍近处投→稍远处投→较远处投→钻山洞、过独木桥投→庆胜利的游戏过程。同是投掷游戏，不同的指导艺术呈现出了不同的效果。

教师想要具备较高的游戏组织和指导艺术，必须具备良好的教育修养和指导游戏技能，用爱心、细心和耐心尊重、理解和包容每一位幼儿；在游戏前熟练掌握游戏特点和指导策略，深挖游戏的各种功能包括潜在的和显而易见的；在游戏过程中教师要认真地观察幼儿，了解幼儿的心理需要，把握指导游戏的火候。教师要成为幼儿的游戏伙伴或孩子王，寓教于乐，利用身体、动作、材料、幼儿为媒介，通过描述、询问、重述、商量、讨论等语言或通过动作、眼神、手势、表情等体态语言，来支持和帮助幼儿游戏。

总之，我愿与我的同行在正确的游戏观、儿童观和科学观的指导下，不断提高对游戏活动重要性的认识，为幼儿创设适宜的游戏环境，充分发挥游戏的综合功能，促进幼儿智、德、体、美全面发展，为其成长、成才、成功打下坚实的基础。

案例2　教无定法　贵在得法

商丘市第一实验小学　马娜

语文到底应该怎么教？这是我从教20余年来一直思考的问题。从李吉林的"情境教学"流派到孙双金的"情智语文"开发，从王崧舟的"诗意语文"到蒋军晶的"群文阅读"，各种教学流派、教学思想层出不穷，让我们在盲目模仿中迷失了自我。我国著名教育家叶圣陶先生曾说"教学有法，但无定法，贵在得法"。这句话是叶老在长期的教学实践中归纳出来的教学经验，在现在的语文教育中依然具有巨大的生命力。我来谈一谈自己多年来在语文教学上进行的探索。

一、"解读文本"为哪般？

记得刚踏上教育工作岗位时，那时的语文课还是语文基本功训练课。我隐隐觉得：这就是语文？那些只有潜心感悟文本时才能体会到的只可意会不可言传的东西，是不是也该让学生们去感悟？不知天高地厚的我觉得李吉林老师的情境教学很不错，就试着模仿。可是一堂试教课使我终生难忘，校长在听课笔记上给我写下了20条建议。这件事逼着我静下心来认真反思：模仿特级教师的教学就是成功的教学吗？

这时我有幸看到了闫学老师的《小学语文文本解读》。闫老师解读文本时喜欢去找原文，之后在原文和教材的比较中领悟文本的语言之妙，并研究作者的写作背景以及揣摩编者的意图，做出毫不含糊的评判。她的文本解读让我在迷茫中寻到了出路，我开始学着把每一篇"教材文本"吃透，打造感理兼融的语文课。我先是以一个普通读者的心态来欣赏作品，想方设法让自己读进去，慢慢地心与"文"游，与作者情感产生共鸣；再从作者视角入手，探究作者究竟想告诉我们什么，把握文本的价值取向；接着站在教者角度，思考这篇文章在整本书中处于怎样的地位，在具体的阅读训练上有什么要求；最后站在学生的角度，思考对学生来说能够感知的情感应该是什么，可以用什么方法落实这些训练点。

我解读教材时最常用的方法是比较法。例如，将毛泽东的《卜算子·咏梅》与陆游的《卜算子·咏梅》对比解读，可以看出二者的不同。同样写梅花，毛泽东笔下的梅花是坚强的、无畏的，而陆游笔下的梅花却在风雨的摧残下充满了寂寞和愁苦。同样报春不争春，毛泽东笔下的梅花虽已凋零，却笑看百花盛开，无怨无悔，而陆游笔下的梅花即使被碾成尘土依然清香永存，是一株清高孤傲的梅花。如果我们不去比较分析，很难准确地感受到毛泽东作为一代伟人其感情天地和精神境界的广阔。

我用解读之后的《卜算子·咏梅》教学设计参加了河南省首届小学语文教学能手大赛，最终在高手如云的竞争中获得了一等奖。课后我静坐反思：这堂课之所以获得成功有两个方面的原因。一是对教材的深入把握。我参阅了十多本书籍，研究了毛泽东的诗词风格，阅读了陆游的生平事迹，查找了两首词的时代背景，把握了两首词的深蕴内涵；二是大处着眼、小处着手的教学设计。对比式教学是大处着眼，而何处讲解、何处设问、何处吟诵、何处留白是小处着手。想到自己摸到了些许文本解读的门路和方法，这时的我有些"飘飘然"了。

二、"学生本位"找对策

尝到甜头的我接连发表了几篇与文本解读有关的文章。没过多久我就发现我的教学存在问题：同一篇课文，我在此地可以上得很生动，甚至很轰动，而到彼地却上得很沉闷，甚至很吃力。这是怎么回事呢？

我开始从教育家的论著和思想中寻找突破口，发现苏霍姆林斯基关注的是学生的发展，陶行知先生也提倡让学生主动学习，并敢于创新与实践。他们的思想直指教育的本质：让学生在自主学习中形成能力、获得发展。这使迷茫的我醍醐灌顶，原来我追求的只是教师自己所谓的教学艺术，忽略了对学生学习主体的研究。学生心中有什么疑问我不去关注，而去琢磨如何设计高明的问题；学生的学习方法我不去考虑，而去琢磨如何运用巧妙的教法让学生学得有趣……我走入了只研究教材而忽视学生主体的误区。反省之后我再也不敢"闭门造车"地"运筹帷幄"，而是走近学生，了解学生的疑问，倾听学生的心声。

我试着摸索出一套"读、疑、解、品、诵"阅读教学五步法，即阅读、质疑、解疑、品悟、诵读。让学生在阅读后自己提出问题，小组内解决能解决的问题，不能解决的问题由师生共同解决，问题解决的过程是师生和文本对话的过程，也是师生和作者情感产生共鸣的过程，最后的朗读自然水到渠成。没想到这一尝试使我在河南省阅读教学大赛中获得了一等奖，虽然这是第一次进行课堂形式的创新，但仍然令我欣喜若狂。恰逢新课改实施，我校学习洋思中学课堂教学模式的经验开始了"先学后教"的课堂改革。这种新的教学方式，更适合那些学习成绩较好、反应较快的学生，而学困生成了听众，没有独立思考的机会。多次课堂研讨之后，我们摒弃了"先学后教"中"兵教兵"的环节，改为"小组合作探究"，用阅读教学五步法中的"自我质疑"代替了教师设定的"教学目标"。"先学后教"在阅读教学五步法的基础上完成了华丽的转身，翻转为"自主探究、合作交流、反馈拓展"的教学模式。这种模式更加科学有效，体现了以学生为主体、以教师为主导的双向互动和内外结合的教学机制。课堂充满了民主的、和谐的气氛，自主学习、探究学习、师生互动，把课堂推向了一种全新境界。学生的自学能力、独立解决问题的能力与日俱增，听、说、读、写语文综合素养得到了相应的发展。

三、"千曲千剑"做实践

2009年我拜北京市特级教师张筠篪老师为师时，他曾向我推荐过《文心雕龙》。第一遍读《文心雕龙》只是惊叹于刘勰的文采。几年后重读，对其中的两句话感慨颇深。"操千曲而后晓声，观千剑而后识器；故圆照之象，务先博观。"意思是：会演奏上千个曲子而后才懂得音乐，观察了上千把剑而后才识别宝剑，所以全面观察的方法，务必先要看得多。这个道理不但可以作为语文老师的教学理念，而且适用于学生的语文学习。千曲千剑不就是千本书吗？一个优秀的语文老师应该是一个能够把学生引领到文学海洋中的人，学生倘若乐于在文学的海洋里遨游，教师就算是完成任务了。一个优秀的学生倘若能够操千曲、观千剑，那语文学习也就无师自通了。

于是我开始在课堂上追求"操千曲而后晓声，观千剑而后识器"的境界，致力于儿童阅读能力的研究。我承担了省级课题"构建课内外阅读相结合的中高年级语文教学"的研究，以教材中的课文为例教学生一些阅读技能，指导学生掌握几种基本的读书方法并运用到课外阅读中。我结合教材的特点，以课文为"经"，以优秀的课外读物为"纬"，引导学生运用读书方法构建起"经纬"交错的阅读网络，并经常性地开展一些活动，如手抄报比赛、演讲比赛、读书交流会、阅读链接卡展示会、读书笔记展评等，使学生能保持持久的阅读兴趣和阅读期待。最终这项课题研究获得了省级一等奖。

向青草更青处漫溯！也许真正的语文圣境我们永远无法抵达，但只要我们在语文教学改革创新的路上不断地探索，我们就是最幸福的小语人！

案例3 追寻生态和谐的语文课堂

柘城县第二实验中学 宋学利

一、"语文生态课堂"的提出

作为一名语文课程改革中的教师，工作的主阵地是课堂，工作的重心是通过用好新课程理念来转变自身的教学方式和学生的学习方式。当我们用新课程理念重新审视传统的课堂教学，不难发现：我们因单纯强调知识、技能而忽视了学生作为生命个体本身的情感需求；因过于强调学习结果而忽视了教育过程的真正价值；因片面追求机械统一的教学目标而忽视了学生的个体差异……在这样的课堂中，学生最珍贵的好奇心、想象力、独特性、创造力日渐流失，知识也由此失去了应有的光彩，导致课堂出现"生态危机"。但"生态化"教学模式的出现，突出了以学生的学习为中心，以学生的发展为根本，激起了学生强烈的学习欲望。

回顾我从教二十多年走过的路，我一直在教学中尝试追求着一种自然、和谐、开放、创新的课堂教学风格。我将这一理念借用到我们的语文课堂教学中去，主张追求"生态和谐"的语文课堂。

二、"语文生态课堂"的构建

构建"语文生态课堂"教学主张具有重要的意义。"和谐产生美，美在和谐中。"生态和谐的语文课堂追求的是师生心灵互融互通、把握课堂的命脉，培养学生听、说、读、写的实践能力，让课堂成为诗意与创意的结合，打造一种自然、和谐、开放、创新的语文课堂。

三、"语文生态课堂"的实践

1. 师生心灵互融互通——敲开课堂生态和谐的大门

生态和谐的语文课堂，教师首先应营造出民主、平等的教学氛围，努力做到师生之间心灵互融互通，实现情感共振。

首先，应让课堂充满爱意。有了爱意，课堂就多了一分宽容，多了一分尊重。我喜欢坐在孩子中间，而不是站着，站着产生高度，坐着保持一种平等。我喜欢和学生一起讨论问题，而不怕被学生反驳，因为我觉得独立的思考和见解更有利于培养学生独立的思想和人格。不论是在课堂中，还是在课外，我都力求与学生建立一种民主平等的关系，因为所有教学活动都是师生的双边活动，只有双方都积极参与，教学相长，才能提高课堂教学效率，知识是心灵之间的碰撞。

其次，应呵护孩子的未泯童心。小学语文既姓"语"，又姓"小"，因此必须了解儿童、研究儿童，懂得儿童的心理发展规律。在我的眼里，从来没有优秀生和学困生的区别，也从来不去区分好孩子与坏孩子，我认为每一个孩子都是很聪明的，学习成绩只是一个表现的侧面，不能对任何一个孩子轻易地下"好"或"不好"的结论。

最后，要实现情感的和谐共振。苏霍姆林斯基说："情感如同肥沃的土地，知识的种子就播种在这片土壤上。"情感是文章的灵魂，一个好的语文教师应善于利用教材，创设教学情境，以自己的情感调动学生的情感，指导学生将自己的人生体验、情感与课文融合在一起，与作者、教师同悲同喜，同歌同泣，努力实现学生、教师、作者、文本四者情感的和谐共振，在美与智的融合中形成健康的个性和健全的人格。

"亲其师而信其道"。学生亲近你时，会亲近你所教的学科，便会在不知不觉中学好你所教的这门课。我们所要做的是拿出真正的民主与平等的情怀。

2. 把握课堂命脉——通向课堂生态和谐的绿色之路

语文课堂的命脉是培养学生的听、说、读、写实践能力，让学生在学习语言、理解语言、积累语言、运用语言的过程中树立正确的价值取向。把握好语文课堂的命脉，就能使学生于读书时尽情地读、于写字时认真地写、于品味时深入地品、于交流时大方地交流、于背诵积累时琅琅地背诵，为学生打造一个多层次、多角度的学习空间。

（1）铅华洗尽见本真——求真

其一，真实的课堂是摒弃形式主义的课堂。真实的语文课堂，应该是教师在备课时充分考虑到学生对文本已经会了什么、还有哪些不会，以真实学情制定教学目标和计划。但现在的教学课堂，"看课题提问题"司空见惯，如："同学们，读了这篇课文，大家的脑海中有哪些疑问？下面，就让我们带着这些问题走进课文……"如果学生在课前做了预习，这样的提问根本没有必要。

一位教师在教《长城》这篇课文时，开始就让孩子们听《长城长》这首歌，然后让他们谈感受。在此基础上出示：

只有一个伟大的民族才能建成这样伟大的长城！

这是世界上最伟大的工程，在别的地方我从未见过类似的杰作！

设计者太伟大了，长城太伟大了！

然后，教师让学生猜这三句话分别是谁说的，就这样，阅读期待产生了。学生自然就能很自觉地投入到与文本的对话当中去。这样的导，才是真正意义上的"导"！

其二，真实的课堂是真正关注学生的课堂。真实的语文课堂，应该在课堂上更加关注学生成长的过程。在听某教师执教《珍珠鸟》一课时，课始，教师便问："读了课文，在你的印象中，珍珠鸟是怎样一种鸟？"

生：我印象中的珍珠鸟胆子很大，它敢在主人家里飞来飞去，还敢站在主人的肩膀上睡觉。

生：珍珠鸟长着红色的嘴巴、红色的脚，后背还长着珍珠似的白点，样子很可爱。

……

教师有选择性地写板书："勇敢、美丽、可爱、淘气"，并以一句"同学们的感受都不错，让我们来学习课文"结束了交流。

这个片段中，学生通过初读课文，对珍珠鸟已有了自己独特的体验。但很明显，他们的感悟处于不同层次，需要教师去引导，让学生在课堂的读书讨论当中汲取知识、提高认知，这一过程也使得课堂更加生动有趣。

(2) 固本强基显本色——务实

新课程理念下的语文课堂变了，变得开放而富有生机和活力。但我们在看到累累硕果的同时，也要看到语文教学出现的浮华现象。毕竟课堂教学要讲求实效，语文教师应从语文学科的本质属性出发，把课堂教学做真、做生动，使学生真正爱读书、会读书、读好书。

其一，教学目标要从虚化转向实际。学生学习知识的过程，也是习得学习方法的过程，更是学生情意和心灵参与和发展的过程。因此，在教学目标的设计上，教师要从学科的特点出发，从学生的学习基础、生活经验和认知规律出发，从基本功抓起，切入口要小，使教学目标简明集中。例如，某教师在上识字课时，根据教材和学生实际，有意识地分散识字难点，把第一课时的重点放在读通读顺课文的基础上，让学生结合词语想象、感知文章意境，同时将识字和书写放在第二课时。这样既降低了教学难度，又避免了因长时间集中识字而使学生对学习失去兴趣。这样的教学方法，目标明确、条理清晰、重点突出。

其二，教学过程要从时尚转向实效。

课堂教学要重"练"。新课程实施以来，有些教师对"训练"二字讳莫如深，似乎一提训练就有违新课程的本意，这完全是一种误解。《义务教育语文课程标准》强调应注重基本技能的训练，让学生打好扎实的语文基础。以写字为例，如果不训练，就有可能连字都不会写，如果训练程度不够，就不可能把字写好看。再以作文为例，如果没有一定量的训练，学生就不能很好地表达诠释，因此，该让学生读的就要读，该背的就要背，该练的就要练，关键是要看教师的"训练"方式与艺术，通过整体语境与课境相结合的"有机训练"，从而提高学生学习训练的主观能动性。

课堂教学要重"讲"。在感受新课改给语文教学带来新变化的同时，我们亦感到不少教师在"讲"字上讳莫如深，他们主要让学生讲，让学生活动，让学生探究，认为在语文课堂上，教师的"讲"越少越好。其实，此"讲"非彼"讲"。叶圣陶先生曾说，讲当然是必要的……问题可能在于如何看待"讲"和怎样"讲"……教材无非是个例子，凭这个例子使学生能够举一反三，练成阅读和作文的熟练技能，因此教师要朝着促使学生"反三"这个目标精要地"讲"，启发学生的能动性，引导他们尽可能自己去探索。所以，教师并不是不能讲、不要讲，而是要"精要地讲"。崔峦先生也说过："既要尊重学生，也要发挥教师的指导、点拨、调控作用。对于重要的学习内容，如果学生忽略了，教师要提醒学生予以关注；对学生理解不准确不深入的重、难点知识，教师要作为问题提出来，和学生共同探讨；对学生应知而不知、讨论交流后仍理解不到位之处，教师要做必要的、精准的讲解。课改不应拒绝所有的接受性学习，有意义的接受性学习是必要的。"所以无论是怎样的课改，课堂教学要重"讲"，才能更好地激发学生学习的兴趣。

(3) 删繁就简三秋树——化简

简约的教学语言、简明的教学目标、简化的教学设计、简洁的教学方法，才能体现出语文教学"简洁为美"的韵味。

其一，简约的教学语言。教学语言简单明了，学生才能听明白，才能有效吸收。如特级教师俞国娣老师基于平时对孩子的了解、对语言的反复锤炼，总能把抽象的内容讲得亲近而生动，把深奥的道理讲得浅显而易懂，给学生情的陶冶、理的启迪。

其二，简明的教学目标。简明的教学目标，可以让学生明晰自己的学习任务，较好地调整自己的学习心态，较快地进入学习状态。一堂课的教学目标要少些、单纯些，这样教师容易操作，学生也容易达成。当然，强调教学目标的简明并不是忽略教学目标设计的完整性和梯度性，而是将这些要素集中地、有效地、准确地呈现。

其三，简化的教学设计。杨再隋教授多次提到，目前的语文课要化繁为简，削枝去叶，突出主干，凸显主体，理清主线。俞国娣老师的语文课特别主张"一课一得"，突出重点。如她在讲小学语文第五册"语文园地四"的"习作练习"时，通过制定课题、设置教学环节、提出问题这三个步骤，使得语文教学更精练，更值得回味，更有利于学生对知识点的吸收、掌握。

其四，简洁的教学方法。如今的语文课堂和以前相比，环节多了，形式也多了，活跃的课堂气氛往往成为一堂优秀语文课的标志。小组讨论、合作学习、演讲、表演、辩论会、讲故事、看视频，还有丰富多彩的奖励措施等，诸多方式层出不穷，让人眼花缭乱，似乎为语文课带来了前所未有的生机和活力。实际上，课堂缺少的就是那一份"静"界，而简洁的教学手段，就是用最有效、最直接的方法达到这个目的。

(4) 立异标新二月花——求活

吕叔湘先生说过："成功的教师之所以成功，是因为他把课教活了。"语文课求"活"就要凭借文本，训练语言，发展思维，使学生受到情感的、道德的、美的熏陶。换言之，学生只有在理解、品味、运用语言的过程中，才能获得语言智慧，提高人文素养。

语文教学包罗万象，因此必须选准教学的切入点，特别要在"精"字上下功夫，要精选焦点问题，牵一发而动全身，通过激活学生思维来活跃课堂。

3. 诗意与创意的结合——拓展课堂生态和谐的层面

有人说："教育是一首诗。"那么语文就更应是一首诗。语文的灵魂是诗意，语文的生命是诗意，语文的最高境界也是诗意。诗意的语文课堂闪溢着灵动、惬意、恬淡与高远，它既有小桥流水的平淡温馨，也不乏长江黄河的豪迈气势。让学生诗意地栖居在语文课堂上吧，让身心彻底放松，精神高度自由，思想任意驰骋，去感受李白，感受杜甫，感受安徒生、契诃夫……总之，诗意的语文是自然的，它连着生活的源泉；诗意的语文是梦幻的，它让人遐想联翩；诗意的课堂是神奇的，它熏陶着学生的灵魂；诗意的课堂是智慧的，它给予学生力量……

除追求语文课堂教学的诗意外，还应让课堂成为孩子创新的乐园。阅读是带有明显个性化色彩的行为，在课堂上，我们要尊重学生阅读中的多元感受，呵护学生在课堂教学中闪现的智慧火花，让课堂成为学生创新意识和创新能力得到发展的港湾。我觉得教师首先要在课堂中努力培养学生的阅读个性，要不断激发学生的阅读兴趣，给予学生自由阅读的时空和发表独特见解的机会，注重让学生大胆质疑。另外，还需培养学生的阅读创新能力，努力实施个性化阅读教学，尊重语文教学中学生学习的差异性，注重因材施教，鼓励自主创新。

四、问题与思考

"语文生态课堂"的实践研究，虽然取得了初步成果，但是在课堂实施过程中，仍发现一些不足。

第一,课堂研究是一种实践性较强的研究,它的研究过程即是教学活动的过程。处在"转型期"的教师面临着新旧理念碰撞,在实施课堂教学的过程中常常会面临"两难"的选择,因此,"认识"与"实践"经常会处在一种矛盾之中。

第二,教师要真正能够意识到自己的课堂教学行为,开展有效的课堂研究,同时还需进一步加强合作,创建学习型的研究群体,从而有效地开展校本教研活动,真正地打造出一种自然、和谐、开放、创新的语文生态课堂。

"语文生态课堂"的实践与研究,以师生心灵互融互通为前提、以培养学生语文能力与素养为核心。在教学实践中我们越来越感受到:良好的师生沟通是促进教学过程快乐的重要因素,学生学得快乐,也让教师体会到教的快乐,使课堂教学生态保持均衡发展,促进了师生共同进步。

案例4 做有温度的教育,创有生命的课堂

商丘市第一中学 宋歆

20多年的教学生涯中,我始终坚持以培养"全面发展的人"为核心,努力提升学生的数学素养,追溯数学知识的源与流,致力于初中数学教学研究。在课堂教学中,我注重的是不仅向学生传授数学知识,而且还要让学生体会数学知识中蕴含的数学文化,以及教人求真、向善,逐步激发孩子的潜能,让他们不断地认识自己、发现自己、超越自己。长期的教与思,使我修身躬行,凭着对数学的热爱、对教育的执着,写下了很多对数学教学的反思,逐渐形成了自己的教学思想:做有温度的教育,创有生命的课堂。

一、立本求真,做有温度的教育

"人"字的含义该如何理解?它所蕴含的又是什么呢?著名教育专家李烈校长曾说:认知发展,可以看作"人"字的左撇;个性社会性发展(也可以称之为非认知发展),可以看作"人"字的右捺。一撇一捺,组合成了一个完整的"人"字。这和我提倡的做有温度的教育是吻合的。做有温

度的教育就是要以人为本，发现人、教育人、影响人、成就人，这是一种实实在在的教育，我所说的温度也就体现在这里。

1. 为人师表，展现个性魅力

做有温度的教育，也就是要用心去做有爱的教育。首先要从完善自我开始。著名教育家加里宁说过："一个教师必须好好检点自己，他应该感到，他的一举一动都处在最严格的监督之下，世界上任何人也没有受着这样严格的监督。孩子们几十双眼睛盯着他。"所以我从任教以来都非常注重自己的言传身教，处处以身作则，时时为人师表。一直以来，我都坚持着读书的习惯、积累感悟的习惯和反思的习惯。最是书香能致远，腹有诗书气自华。我认为读书是教师最好的修行，养书卷之气，以增加知识之厚度，延伸生命之宽度。及时积累感悟，记录随想，会让自己变得更有智慧，更有内涵。经常反思的习惯，让我学会了在错误中思考，化事故为故事，在磨砺中成长，让错误成为自我提升的宝贵资源。平时我注重和学生交往，注重营造和谐的师生关系，随着师生感情的加深，孩子们都很愿意听我说话，更喜欢听我讲课。在生活中我做他们的参谋长，在学习中我做他们的领航者，通过自己的人格魅力引导学生在自信中前行。

2. 生命体验，充满人性光芒

做有温度的教育，也就要求我们要找出孩子们成长的规律，循着这些规律开展教育，让孩子们的生命体验丰富多彩。开学初，我会及时对学生进行全面的了解，了解其学习、生活、家庭等，再利用数学课堂渗透数学文化对学生进行理想教育、爱国教育、价值观教育，从学会做人、学会求知上做文章。通过灵活多变的形式，把有意义的学习侧重在"求"而不是"知"上；通过探究让孩子经历知识的寻求过程，激发学生更深入去"探"的欲望，而不是简单地掌握知识本身。这样培养出来的学生，无论在学习态度上、思想动向上还是思考能力上都有着十分优秀的体现。除此之外，我还特别关注孩子们的"负面生活"。我们不可能生活在真空中，也不可能生活在童话世界里，现实中的真善美和假丑恶是并存的，成功和失败也是并存的。换言之，每个人都是在犯错中长大的，我们不能只让孩子接受美好的部分，也不可能只让孩子接受对的那一面，关注孩子的"负面"，让孩子的生命体验丰富多彩，才有可能让孩子在失去之后更加懂得珍惜拥有，才能让孩子在粗心之后更加懂得如何细心，才能让孩子真正具备正确的世界观、人生观、价值观。

3. 教人求真，彰显真人本色

做有温度的教育也就是要做最真实的教育。我们学校的生源好，班级学生满额，孩子们的个性差异也比较大，这就要求我必须在把握他们共性的同时，还要摸准个性差异，以便对症下药。最真实的教育来自真实的学生及其生活，再落后的学生都有自己的闪光点，这就要求我们必须找到坚定他们进步的信念和理由，这样学生才能看到希望，才能看到自己光明的未来。最真实的教育也就是要让学生亲身去经历探索知识的过程，让他们在交往、合作过程中得以成长。我始终坚持以"尊重"为中心，以"我是学生""学生就是我的孩子"两个基本点去管理班级，让每一位学生都为班级出谋划策，制定班规，自我监督，自我管理，真正实现人人有事做，事事有人做。如，开学初，我就和孩子们一起通过班会课互相了解，把自己的优势和劣势分享出来，再通过自我推荐、演讲、集体表决产生第一届班委会（如果出现孩子们不积极的现象，我会适当引导，借助以前成功的案例打消孩子们的顾虑和不自信），然后通过选出的班委会成员和学生代表一起商讨班级管理细则，孩子们自己参与制定班规，既能考虑到自身实际，又能兼顾到班规的执行，可操作性强。在制定班规的过程中，大家围在一起欢呼雀跃，无形中对班级凝聚力的形成、合作意识的形成，都起到了很好的促进作用。生命教育所提倡的教人求真，也就是希望能通过最真实的教育让孩子们去面对真实、体验真实、拥抱真实。

二、以爱育爱，创有生命的课堂

新时代的教育要求是有生命的。要求我们要回归本源，为人的终身学习和终身发展打好基础，要明白为何教、为谁教、教什么、怎么教。新时代的教育要求我们的课堂不能直接将知识教给学生，而是要引导学生学会观察、学会思考、学会动手操作，让他们去经历知识的探究过程，在实践中去理解知识的本质，并借此培育学生的核心素养。简单来说就是要创有生命的课堂，有生命的课堂不是教知识，也不是教方法，而是教思想。

1. 生命课堂，追求真实之效

创有生命的课堂也就是要做最真实的课堂。我之所以要强调真实的课堂，是因为我们班级里存在的都是一个个鲜活的生命，每一个生命都有一种思想，我们的每一节课都是独一无二的、不可复制的、无法预设的，这也是我把课堂中的真实定位为追求生命的意义的原因，要让真实的课堂成为数学教学的起点和归宿。真实的数学课堂就要杜绝课堂演练或作假；真实的数学课堂应该展现学生真实的学习过程，应该从学生的认知起点开始探究；真实的数学课堂要让每个学生在数学上都能得到不同程度的发展；真实的数学课堂应追求简单和实用。如有一次学生问了一道题，我着实没有什么好的思路，只好按答案的思路模仿性地给学生复述了一下，就在我迷茫的时候，小安同学说他有另一种方法，大家都期待有新的突破，他走向讲台用数学的分析，带领学生层层深入地讲解了这道题，我在学生座位上听，他对这道题分析得如此到位，讲解的时候如此顺理成章，这才是真正的数学思维。由此我就在想：这不就是教学相长吗？这不就是"弟子不必不如师"吗？这不就是新课程理念下的新型的师生关系吗？我所提倡的生命课堂中的师生关系是互教互学的，是教学相长的，要把师生彼此打造成一个真正意义上的"学习共同体"；要把教学过程创设为师生共同开发的课程、共同探究的过程；要让数学课堂教学真正成为师生富有个性化的创造过程。这种状态下的课堂生成过程，虽然需要耐心和智慧，但对师生双方来说都是一种"共享"。这样的学习方式，不仅能够促进学生个性的健康发展，也是今后我们新课程改革要主攻的方向，打造出数学课堂的新境界、新格局。

2. 生命课堂，重在孕育之人

生命课堂是师生互动、心灵对话的过程，是师生共创奇迹、呼唤觉醒的过程，是生命相互润泽的过程，重在孕育人和生命的成长。生命课堂需要关注人的思想，这个人不仅仅是课堂里的师生，还包括与之相关的所有人，如教材的编写者、新课标的制定者、核心素养课题组的专家、试卷的命题人等。在教学实践中我一直在思考，如何才能创造出完美的有生命的数学课堂？如何在生命课堂中潜移默化地影响有生命的学生？如何在数学课堂中更多地去关注学生学习能力的提升？等等。通过长期的教与思，我发现，生命课堂需要从理解和尊重学生方面来开展，理解学生就是要教师尊重学生，尊重学生的兴趣、爱好，尊重学生的学习习惯、学习态度，尊重学生的人格品性、处事方式等，然后才能对症下药，逐步促使其树立健全完善的人格，达到润物无声的境界。作为教师，我一直努力做孩子真正的朋友，坚持努力站在学生的角度思考问题。用童心交换童心，同时积极倾听学生的心声，重视学生的表现，包容他们的过失与缺点，分享他们的苦恼与快乐。通过自己多年的教学实践，我还发现：当一个学生从内心深处感受到认同和尊重，他就会爆发出惊人的潜力，能够创造出意想不到的惊喜。这就是生命课堂的价值，也是生命化课堂的体现——一切都是有生命的。

3. 生命课堂，感悟数学之美

大多数人都认为，数学是一门比较抽象、枯燥的学科。其实数学是有生命的，"数学本身就是美"。作为一名数学教师，我一直努力感悟数学里的生命之美，体会教材里的数学之美，力争把课讲得生动，讲出生命，让学生理解起来更容易。多年的教学生涯使我悟出了应借助数学方式的理性思维来提高学生的数学素养。通过不断尝试"数学文化融入课堂，注重学法指导，培养学生能力"的教改实验，不断践行"以生为本"的教学理念，追求"生命数学，知行合一"的教育境界，逐渐形成了"潇洒不失严谨，灵活而又扎实"的教学风格，坚守着"厚积淀循循善诱，广开源孜孜以求"的教学信条。为了让学生感悟到数学之美，我努力创设每一节课的问题情境，借助问题串把数学上的一些公式、定理进行整合，通过认知冲突让学生自己探索、推导、猜想、验证，让学生逐步明白知识间的来龙去脉，在探究的过程中获得新知。这一教学思想在多次公开课、示范课座谈中，受到一致好评。如在讲授勾股定理时，我从现实中的地板入手，让学生自己发现数学元素，通过动手操作，自主探究，交流感悟，最后得出结论，并通过多媒体展示勾股树，让学生感受数学的对称之美，感受数学的奇异之美，感受数学的和谐之美，感受数学的简洁之美，感受数学的生命之美。

"衣带渐宽终不悔，为伊消得人憔悴"，成为"豫派实践型教育家"是我一生追求的目标，愿我的教育思想能够影响和帮助更多的老师和孩子；愿我的一生都在教育这块沃土上，辛勤耕耘、孜孜追求，用青春谱写出新的辉煌、新的篇章……

案例5 让"生本"的智慧温暖语文课堂

商丘市第一中学 聂智

一、我的追求——"生本语文"

教育的最终目的是促进"人"的全面发展,学生是教学的主体,教师应充分尊重与发挥学生的主体性和能动性,着眼于学生的需求,以学生的发展为教学设计的出发点,在教学活动中做到"心中有生,教中有生"。教师还要始终本着这样一个信念:学生是一个活生生的人,学生必须在未来的社会中健康地生活。

什么样的人才能称为真正的人?语文可以培养学生未来生活需要的哪些能力?

我所追求的语文教学是"生本语文",具体来说就是将大量的课程资源放手交给学生去处理,教师应成为一名引导者,充分激活、挖掘学生学习的主动权和积极性,一切教学活动应是"为学生好学"而设计。语文教学应能够发挥学生的主动性,真正鼓励学生自己去发现问题、解决问题,更好地促进学生的"学",应"一切为了学生,高度尊重学生,全面依靠学生"。

我认为,这样的语文教学,不仅对学生语文学习有益,也真正践行了新课标的理念。我们很多时候更多的是着眼于"教"的层面,只从自身的角度去考虑如何将这一节课上完或上好,而很少去探索学生应该怎样去"学"。

"生本语文"不仅能唤醒学生自身学习的动力,还有利于教师内在潜能的开发;不仅能为教师的教学提供新的参考,还有利于学生的全面发展,提高学生整体的语文素养。

二、我所理解的"生本语文"

1. 角色定位

教师要将自己视为学生的朋友,放下传授者的姿态,真正融入到学生中去，不仅要关心他们在学业上的进步，更要关注他们内心的想法，要善于发现学生的优点。在教学过程中，教师是为学生服务的，要将学生的主体地位突显出来，将学习的主动权转交到学生手中，注重师生、同学之间的交流。学生作为独立的"人"存在，必然具有自身的独特性和差异性，需要教师在研究学生的基础上做到尊重每一位学生。尊重学生就是尊重这种差异性和独特性，创造适合每位学生发展的教育，而不是用统一的教学方法应对所有的学生。

"生本语文"并不是教师完全放弃自己的主导地位。"生本语文"的基本观点是以学生为本，全面依靠学生，以学生的发展为教育的本体。这种全面依靠学生的观点表明学生是教育的起点，是教育的重要资源，更是教育的出发点和归宿，教学过程一定要体现学生的主体性，但这并非意味着动摇了教师的主导地位，相反，当教师能够放手将课堂交给学生的时候，也是对教师自我能力的极大挑战，而并非是对教师地位的抹杀。所以，教师在以学生为本的前提下更应该明确自己的主导地位，否则，学生主动性的发挥得不到有效引导，将有可能事与愿违，甚至会让生本教育走向误区。

2. 教学目的

中学阶段是学生人生观、价值观形成的重要时期，语文学科的学习对学生的自身发展具有很大的促进作用，学科的人文性质就是学生汲取精神营养的最好来源，教材中许多积极向上、文质兼美的文章都是学生获得情感体验的基础。我们说，学校教育的职责不仅在于传授给学生知识，更在于促进学生个性的形成、人生的成长，要将学生作为独立的"人"，实现人的全面发展。学生语文素养和道德品质的提升可以让他们受益终身。语文教学应激发和培育学生热爱祖国语言文字的思想感情，培养学生的语言文字运用能力，引导学生丰富语言积累，培养语感，发展思维，初步掌握学习语文的基本方法，养成良好的学习习惯，具有适应实际生活需要的识字写字能力、阅读能力、写作能力、口语交际能力，以及能够正确运用祖国语言文字的能力。

3. 教学内容

（1）做有情怀的教育

要改变语文教学中工具性和人文性偏颇和割裂的现象，通过对语言文字的体悟唤起学生对真善美的追求或提升自身的情感体验。

北大中文系钱理群教授曾针对语文教学中的这一现象颇有感触地说："这样的文字分析过于死板，对于作品的阐释过于绝对，教学结果追求唯一正确性的结论，这是违反文学作品规律的。"这句话指出了语文教学内容的弊端，语文学科的工具性愈加凸显，与此同时其人文性就不被重视，许多文质兼美的文章都无法在其思想意义上达到高度，而是被肢解为字、词、句、段，作为语言训练的工具，长此以往，可以想象学生的人文素养是无法得到提升的，学生对于人性的理解也是肤浅的。

(2) 教"真语文"的内容

要体现语文学科的学科性质，语文学科的性质是工具性与人文性的统一。

从语文学科工具性的角度来讲，教师在进行教学目标的设计时就应注意培养学生的实践操作能力，以及良好的语感等，要在阅读、写作、口语交际等方面培养学生的能力。

学生在阅读教学中不仅要掌握最基本的语文读写能力，更重要的是要提升整体的语文素养，逐步实现德智体美的全面发展，这也是语文学科人文性的要求。教师要充分发挥语文学科的熏陶感染作用，努力让学生进入学习的情境，使学生在教师精心组织的过程中获得体验，由此获得陈述性知识，同时掌握一定的程序性知识，并于其中自然升华情感。

(3) 学生需要目前可以接受的内容

"生本"思想就是充分尊重学生现有的知识能力，在学生试图解决超出自身能力的问题时教师给予一定的帮助，帮助学生顺利通过最近发展区。

"生本语文"就是教师在教学过程中对学生的最近发展区提供支持和帮助，将学生的最近发展区发展成为现有发展区。需要注意的是，在"生本"的理念下，教师提供的帮助应根据个体在最近发展区中的差异而定，这样的教学才能真正促进学生的发展。教学内容的确定必须符合教学的实际水平，教学目标的完成是学生本节课学习的终点，学生现有的实际水平是教学的起点，在起点与终点之间教师应该架好教学的桥梁，充分考虑到学生的实际情况，掌握学生的"最近发展区"，促进学生阅读水平循序渐进地提高。

4. 教学策略

合适的教学策略就是要尽力创设最适合学生学习的策略，使他们能够按照自身发展过程获得进步。

"生本语文"教学策略的核心是让学生真正动起来。王荣生教授曾说：教学过程就是为学生设计活动的过程。

教学并不是把知识经验从外部装到学生的头脑中，而是要引导学生从原有经验出发，生长建构起新的经验。在这一过程中学生就要发挥自身的主动性，生成"意义建构"，要想让学生的学习有意义，教师就要选择适合学生发展提高的合宜的教学策略。

（1）学生有充分的发言权

抛给学生有价值的问题，让他们你一言我一语地进行讨论，真正实现自主合作探究学习。在这样的氛围之中，学生不但可以掌握基本的语文知识，更能得到技能上的提升和锻炼，最主要的是激发起他们对语文学习的热情，这才是为学生的长远发展而考虑。

（2）让学生学会发现问题

"生本语文"提倡要培养学生的问题意识，需要做到以下两点：首先，教师需要创设问题情境，让学生找出产生矛盾的问题所在，以此激发起学生对于问题的探究；其次，教师要引导学生进行思考，帮助学生搜集资料，使学生的观点具有说服力，能够运用自己所学知识论证自己的观点，发现问题之后能够解决问题，这才是发现法的目的所在。

（3）注重培养学生的创新精神

①营造民主、和谐的课堂教学氛围。著名教育家陶行知先生曾说：创造力最能发挥的条件是民主……只有民主才能解放大多数人的创造力，并且使其发挥到极致。可见，营造民主和谐的课堂教学氛围能最大限度地挖掘学生的创造潜能，从而培养学生的创新精神和实践能力。

②组建共同参与成长的学习共同体。课堂教学中教师应有意识地搞好合作教学，使教师、学生的角色处于互换的动态变化中，如设计集体讨论、分组讨论等。学生在集体的智慧碰撞中、在学习共同体的启迪下开启心智、实现成长，从而培养创新能力。

③注重求异思维，培养创新能力。学生要凭借自己的知识善于从新的

角度运用原有的知识提出与众不同的解决问题的方法，善于同中求异、异中求同。因此教师要鼓励学生各抒己见，这是发展求异思维的过程。学生能从各个角度，多层次、多方面地进行思考，在讨论过程中，既有"求同"，又有"求异"，思维异常活跃。这样能促使学生跳出通常定式的思维圈子，积极寻找解决问题的对策，达到培养创新能力的目的。

(4) 将实践活动融入课堂教学

"生本语文"不能只局限于教材知识的学习，应该将丰富多彩的实践活动融入课堂教学，让学生在活动中探索、发现。实践活动符合青少年学生自主探究的特点，有利于丰富学生的学习生活，培养他们的综合能力。

开展课外活动有利于学生手脑结合，把所学知识运用到实际中去，发挥学生的特长，培养个性，促进全面发展。那么在语文教学中，如何开展课外活动呢？一是成立各种兴趣小组，如朗读小组、作文小组、书法小组等，让学生在各自的小组活动中，培养自己的能力。二是开展多种活动，如演讲比赛、诗歌朗诵会、故事会、优秀作文展览等活动，让每一个学生都能参与，在这些活动中，锻炼自己的能力。

5. 教学评价

学生开始有获得自尊的需要，他们更倾向于维护良好的自我形象。而且此时他们仍不能确切地评价和认识自己的智力潜能和性格特征，很难对自己作出一个全面而恰当的评价，会凭借一时的感觉轻易地对自己下结论。在教学中，教师要特别注意保护学生的自尊心和自信心，切勿让他们陷入挫败感中，从而产生敌对甚或自暴自弃心态。

三、我的实践努力

我的语文教学也曾走过一段华而不实的弯路，每当上观摩课或研讨课时，我首先想的是如何在课堂上能够尽可能多地使用新花样，如何尽可能把自己的课件制作得精美些、华丽些，这样的课堂却恰恰忽视了学习的主体——学生，恰恰忽视了语文课的本质——听说读写能力的培养。能力培养的前提是学习要真正地发生。如果学生连课文都没看，老师便急于去进行其他的教学活动，那只能是徒劳。课堂要紧紧抓住语文的根本命脉——听说读写基本能力的培养和训练，要注意学习的主体——学生。

随着我对语文学科性质和语文教学目的、任务的认识越来越清晰，我的那些为了追求所谓的课改而忽略了文本，为了追求人文而忽略了任务，为了寻求新颖而忽略了知识的花拳绣腿、装腔作势的作秀课越来越少了。我的教学越来越注重回归文本。那么，回归文本也存在一个问题：用教材教什么？"教的内容应该是'语文的'。"我认为，"语文要更多地关注语言形式，通过对语言形式的把握来了解内容。否则，语文课势必会被架空。"

"语文学习的主要目的不是读懂、掌握一篇篇课文内容，而是通过一篇篇课文，让学生学习语言，发现不同内容、相近内容的不同的语言表现形式，发现不同文体的个性特点。"

我赞成语文课要"搞活动"，因为这是"体验"的需要，而"体验"的最好方法就是"搞活动"。语文课为什么要"体验"呢？因为语文课的最终目的是教会学生用语文，而其最好的方法就是让他们"体验"一番。"这是在解决'怎么教'的问题，同时也是提高课堂教学的有效途径之一。"

"语文不单是一门知识性学科，更是一门能力性学科。仅仅把从课文中总结出来的知识讲给学生、让他们记住还不够，还要依据文本设计活动，让学生在活动中自己看懂课文、掌握知识、获得能力。"

"学习语言语感教学派"代表人物洪镇涛老师曾在听了我的课后给予"不搞花架子"的评价。2009年3月，河南省基础教育教学研究室召开"河南省初中记叙类课文课堂教学研讨会"，洪镇涛老师曾对我的教学设计作了如下点评："聂老师没有像其他老师那样搞拓展延伸，而是紧扣文本，最后讨论'是什么促使了杜小康的成长'，结论是孤独之旅就是成长之旅。这句话是点睛之笔。但是，有的人会说，这节课存在很大缺陷，因为没有拓展延伸，没有让学生写一写自己的孤独之旅。'老师，请您也写一写自己的孤独之旅，好吗？'这是不可能完成的作业。聂老师没有搞，很聪明。那些做给听课老师看的东西，其实是落实不了的。他不搞花架子。"洪老师的话点明了我前行的方向，越发坚定了我探索的决心。我想真正的语文课不是脱离学生，课堂不是教师才艺展示的舞台，也不是形式上的刻意求异，更不需要华丽的外表包装，真正的语文课应该是师生之间平等的心灵对话、心灵沟通和水乳交融的和谐，应该融入教师的智慧和情感，渗透教师的思想和追求；真正的语文课应如一道山涧，一路自由自在地倾泻下来，随物赋形、无羁无碍，不事雕琢、浑然天成；真正的语文课应该是让学生眼底有笑意、有惊喜、有新奇、有火焰、有赞叹、有深情、有快意。

案例6　情境·参与·明理——构建"情润"地理课堂

商丘市回民中学　程黎

《普通高中地理课程标准（2017年版2020年修订）》指出："根据学生地理学科核心素养形成过程的特点，科学设计地理教学过程，引导学生通过自主、合作、探究等学习方式，在自然、社会等真实情境中开展丰富多样的地理实践活动；充分利用地理信息技术，营造直观、实时、生动的地理教学环境。"

基于高中地理新课标的基本理念，我在高中地理教学中尝试构建了情境·参与·明理的"情润"地理课堂。

众所周知，地理学是研究地理环境以及人类活动与地理环境相互关系的科学，它包括天文学、地理学、环境学、地理经济学、人文地理学等，我们衣、食、住、行的方方面面都与地理息息相关。但长期以来社会上存在着对地理学科的不重视现象，再加上一些地理过程性知识涉及时空广大，学生难以直接观察到，会出现学习困难，这种种情况影响了学生学习的情绪。那么，如何点燃学生学习地理的激情，有效地帮助他们突破学习难点呢？

我的教学主张是"参与明理·情润致远"，在教学中构建"情润"课堂。因为听和看都很容易忘记，只有"参与"才会铭记于心。因此，我们要在地理课堂上，用情激情，引领全体学生参与学习全过程，以情润心、以情润智，帮助学生晓天地人事，植家国情怀。

一、"以情润心"，渗透家国情怀

"教师的课堂情怀最能打动人"。教师要用对教育的热爱去挖掘学生身边熟悉的生活素材，创设问题情境，课堂上用饱满的热情去引导学生观察、发现、分析、解决问题；在探索、解决问题的过程中帮助学生理解新知，认识到生活离不开地理，从而增强学生对生活、对家乡的热爱之情。如在学习"服务业的区位选择"一课时，我先组织学生搜集资料，并绘出"商丘丹尼斯超市"分布图，然后利用该图在课堂上设置情境，使学生产生对学习情境的亲切感，认识到地理知识源于生活，更加热爱地理知识的学习，同时也渗透了家国情怀的教育。

二、"以情润智"，落实核心素养

对于地理过程性知识的学习，我常采用"图示法"设境。利用多媒体技术手段呈现地理分布图，信息量大，可以高效地获取地理信息，培养学生的区域认知能力；利用"板图板画"，边讲边画可以帮助学生理解地理事物的形成过程，加深对地理知识的理解，提升学生的综合思维能力和人地协调观念。例如，在了解商丘地理位置时，传统的教学方式是教师让学生在地图册上找，并说出"纬度位置、海陆位置及相对位置"，要求会背。我的做法是利用地图软件创设图式情境，让学生在地图软件中找到该地，通过读图分析，说出该地的地理位置和地形特征等。而在讲"大气的受热过程"这部分内容时，我则采用了"板图板画"艺术手法，分别画出"太阳暖大地、大地暖大气、大气还大地"三组板图，帮助学生理清"大气受热"的过程顺序，完善了学生对该地理过程的认识，使学生学会在复杂背景下应用地理知识去解决实际问题，培养了学生的综合思维能力，达到了学以致用的目的。

三、"参与"合作学习，分梯度解决难点

针对学习难点，设计一系列由易入难、由浅入深的"问题任务单"，组织学生探究，循序渐进地去解决问题。如"城市内部空间结构"，教学难点是"城市各功能区的形成及区位特征"，教学中给学生提供某城市功能区分布图，设计问题：①商业区的位置有何特点？②商业区的形态有何特点？③商业区的布局遵循什么原则？让学生围绕问题展开讨论，让学生代表发言展示学习效果，培养学生独立思考和合作学习的能力。

四、"参与"实验探究，揭示地理规律

新课标要求"重视对地理问题的探究"，根据教学需要，可以设计简便易行的地理小实验，指导学生在动手、动脑、动口中建构新知。如"水土流失原因的分析"，可以让学生分四组做实验，分别观察植被、降水强度、

坡度、土质对水土流失的影响，并总结归纳出结论。如果课堂学习时间紧，也可以组织研学小组，师生一起做实验并把实验的过程录下来，用于课堂教学中设置情境，以便让更多学生观看到实验结果。这一做法让更多的学生看到了"成功"的实验，既节省了时间，又帮助学生突破了学习难点。

五、"研学与课堂"融合，达成学以致用

"研学与课堂"的融合，可以引导学生利用地理视角去观察生活，去探究和思考，并在对真实世界的感受和体验中进一步提升理性认识，逐步建立起生活与地理知识之间的联系，学以致用。

1. 研学内容进课堂

地理学是研究地理环境以及人类活动与地理环境关系的科学，具有综合性、区域性和实践性的特点。由于高中地理教学时间紧，带领全体学生到真实情境中去探索，有时难以实现，我们可以利用周末等闲暇时间，组织社团学生针对某一教学内容开展研学活动，将观察、体验、调查获得的第一手材料记录下来，作为教学素材在课堂上设置情境，让更多学生在课堂上观察、感悟、探究、理解新知，并建立起地理知识与生活之间的联系。

2. 课堂知识须实践

地理实践是支持学生地理学科核心素养发展的重要手段，地理实践活动可以把生活—地理—社会有机地结合起来，促进学生直接经验与间接经验交融，沟通学生在现实生活中的认知体验与书本知识之间的连接。我结合多年的地理教学实践，提炼设计的地理实践活动主题主要有以下几个。（见表3-5）

表3-5　地理实践活动

活动主题	对应课标	活动内容	活动目标
本校学生民族构成调查	初中：运用中国民族分布图说出我国民族分布特征	1. 绘出本区民族分布图 2. 分析本校学生民族构成	了解民族构成，建立民族和谐的观念
本校园植被的辨识	初中：运用资料比较区域内主要环境差异	1. 说出校园植被类型及生长习性 2. 探讨校园花木的保护措施	理解地理环境整体性，树立正确生态观

续表

活动主题	对应课标	活动内容	活动目标
杆影法测当地正午太阳高度及应用探究	高中：分析地球运动的地理意义	1. 探究测当地正午太阳高度的方法 2. 分析当地楼间距的合理性	培养观测、分析解决问题能力，养成求真求实的科学态度
包河商丘道北段水质调查与分析	高中：以某流域为例，说明流域内部协作开发水资源，保护环境的意义	1. 包河道北段水质污染原因调查 2. 取水样分析水质状况	树立正确的环境观、资源观
高铁站建设对市区布局影响的调查	高中：结合实例，说明运输方式和交通布局与区域发展的关系	1. 对搬迁居民及商户的影响调查 2. 对市区功能区分布变化的调查	关注家乡建设，增强社会责任感
商丘古城建筑及起源文化考察	高中：结合实例，说明地域文化在城乡景观上的体现	1. 考察商丘"龟背城"地形地势 2. 考察古城四合院 3. 了解"商文化""火文化"起源	树立文化自信、民族自信，形成综合思维能力，树立天人合一的思想

"研学与课堂"融合，将研学素材带进课堂，将课堂所学应用于实践，加深了学生对地理课堂知识的理解，培养了学生的动手实践能力及求真求实的科学素养，让深度学习真正发生，达成了地理学科在实践中育人，提升学生地理实践能力和人地协调观的目标。

实践证明，地理"情润教学"有效地激发了学生的学习动机、学习兴趣及意志情感，促进了学生思维、创造能力的培养，使学生在问题探究的过程中获得了真知，形成了良好的情感和价值观，增强了其对祖国的热爱和对家乡的深厚情感，同时，也提升了教师的课堂教育情怀和带领学生"研学"实践的教育科研情怀。

案例7　以分层专题小组提升高中文言文教学的实践与思考

焦作市第一中学　宋爱芹

一、专题小组实践的背景

我做了多年的语文教师，发现承载中华民族文化经典的文言文，其教与学，在高中存在一些不尽如人意的情况：

1. 学生对文言文学习缺乏兴趣

提起文言文，学生就有一种恐惧心理，所以很少主动去阅读文言作品，更不要说汲取中华文化的精髓，去传承和发扬它了。主要表现在以下几个方面：

（1）课堂反应：高中一年级在进行一周的现代诗歌单元学习后，就是文言文单元，它包括《烛之武退秦师》《荆轲刺秦王》和《鸿门宴》三篇课文。在学习文言文单元的课堂上，学生的参与度低、学习积极性不高。究其原因是初中学习文言文的时候，老师常常是把课文串讲一遍，画一些关键字词和重点句子，要求学生背会即可。这样的教学方法导致学生对文言文的学习失去了兴趣，当然也很难提高其阅读能力和鉴赏水平。

（2）作业反馈：课后练习正确率较低；课文中的原句不会直译，句子中的关键字词不能理解；写作业速度慢，且有翻看教材与辅导资料的情况；课外拓展练习时，基础不扎实，知识迁移能力较差。如"乃遂收盛樊於期之首，函封之"中的"函"意思是"用匣子"，语法上是名词作状语；在"荆轲奉樊於期头函"中，"函"是名词"匣子"的意思；而在"函梁君臣之首"中，"函"则是动词"装、盛"的意思。三个"函"字在句中的位置不同，其意义和词性也不同。学生遇到此类问题时常常感到无从下手。

（3）调查数据：笔者曾对两个班的130名学生做过调查与分析，数据见表3-6、表3-7。

表3-6　你对文言文学习感兴趣吗?

项目	选择人数	百分比
A. 感兴趣	13	10%
B. 一般	74	56.9%
C. 不感兴趣	34	26.2%
D. 完全没有兴趣	9	6.9%

表3-7　你学习文言文的原因是什么?

项目	选择人数	百分比
A. 感受古人智慧,汲取传统精华	11	8.46%
B. 欣赏古文魅力,提高阅读能力	30	23.08%
C. 高考的需要	89	68.46%

表格中的数据表明,高中生对文言文的学习兴趣普遍不高:56.9%的学生表示兴趣一般,26.2%的学生表示不感兴趣,还有6.9%的学生则完全没有兴趣。对于学习文言文的原因,8.46%的学生表示学习文言文是为了感受古人智慧,汲取传统精华,23.08%的学生是为了欣赏古文魅力,提高阅读能力。不过从积极的方面来看,毕竟还有66.9%的学生有文言文学习兴趣,这就预示着提高学生的文言文鉴赏能力有较大的空间;68.46%的学生为了高考,也会去学习文言文,这也预示着高中文言文教学蕴藏着巨大的潜能和优势,调动学生的文言文学习兴趣仍有探索和实践的意义。

2. 应试化目的影响教师的教学方式

受应试心理的影响,文言文有时就成为"为考而教"的附庸,成为"字词分析"的集中营,文本解读也就成了"考点解读"的训练场。本来华彩无限、脍炙人口的佳作美文,有时被分析得支离破碎,使文言文的课堂魅力、文本魅力、文学魅力都荡然无存。

二、专题小组分层学习的实施

分层教学是在班级授课制度下按照学生实际学习程度进行施教的一种

重要手段，其主要作用是激发学生的学习兴趣，并对学生的学习积极性进行最优化的调整，提高课堂教学有效性；为学生的语文核心素养的养成提供帮助，为学生的终身发展奠基，为文化的传承和发扬助力。美国教育实验家沃什伯恩说："把能力不同的儿童铸在同一个模子里的强制教学，不仅没有效果，而且是有害的，甚至是残酷的。"

在我任教的两个班级中，学生的文言文基础、理解能力、鉴赏水平都是有差异的，因此要依据学生特点和学习内容进行分层学习。

1. 小组设置

为帮助不同程度的学生学好文言文，高一学生在入校后，根据问卷调查和文言文阅读水平进行分层，确定学习小组。根据文言文总成绩测算出学生的重点字词、断句、文化常识、翻译这四项的成绩。依据学生对文言文的兴趣、基本素养和理解能力来确定其层次位置，但学生所处层次位置会在不断实践中改变。每班设置6~8个文言文专题小组，每组8人左右，拟出组名，选出组长，制订方案。文言文专题小组成立后，要按本组的文言文学习计划开始学习，学习内容有指定内容和自选内容，持续两个月左右，进行检测评比，然后可以调整层次。其间定期汇报本组的学习成果，并接受考核。在不断循环的过程中，学生也在不断地发展变化，学生的小组层级以及组内人数都在不断地发生变化。

2. 动态管理

第一专题小组运行周期为两个月左右，其间需要教师持续关注学生的学习情况、学习状态和学习成果。各个专题小组组长在每次规范考试之后要向全组公示本次的考试情况，并注意数据的收集、整理，让组内的同学也对自己本项专题的做题情况心中有数，为第二专题小组的组合做准备。两个月后，进行专题小组的第一次重组，学生依据前一阶段的数据分析和现阶段自己的学习情况再次组合，如果第一弱项已被攻克，就转攻第二弱项；如果问题还存在，就继续研究这个小专题。第二专题小组的运行模式和前一阶段一样，都需订计划、选组长、每周向全班同学汇报。有了前一阶段的实践经验，第二专题小组基本可以无障碍成立和运行。这个阶段教师已不必帮助他们解决文言文阅读的具体问题，现专题组可能产生的学习障碍都可以由前专题组解决，同时，前专题组也可以完美解决现阶段文言文阅读中自己研究的相应专题。

3. 具体操作

以切实提高学生学习文言文能力为原则，具体操作如下：

（1）教材内文言文篇目。由小组合作完成，运行周期为一学期。先整理教材中每篇文言文的重点字义、文化常识、特殊句式等这几大版块内容。然后组内互测互评、各文言文小组之间互测互评。在第二学期，要求学生对所学文言文篇目的基础知识进行归类梳理。按照文言文成绩，结合自己喜好，每小组再分为基础知识组和难点知识组。基础知识组负责整理文言文课文的重点字义、文化常识、固定句式这几大版块内容；难点知识组负责整理课文内的词类活用、古今异义、特殊句式这几大版块内容。

（2）课外文言文阅读。根据高考文言文阅读的命题特点，结合学生实际情况，选择两类课外文言文阅读篇目。一类是较有趣味的短篇文言文，精选20篇左右的文言文小故事进行阅读，这类文章需要熟读并会复述故事内容，目的是培养文言文阅读兴趣。另一类是《史记》中的经典人物传记和其他文学名篇。如战国四公子列传及《报任安书》《病梅馆记》《触龙说赵太后》《促织》《石钟山记》《愚溪诗序》等名篇。将这些篇目准备三个版本：无标点的，只加了标点的，既有标点又有参考译文的。阅读时以组为单位任选一篇（不能雷同），时长一周，把这篇文章大致读懂，要求理解大意，能复述文章内容即可。第二周，组内互检，选择无标点文本的某个段落进行断句，并在组内轮番挑战。第三周，所有文言文小组交换组内所选无标点语段，互改互评，研读交流。每组学生在相互交流砥砺中学习文言文阅读理解方法，激发文言文阅读兴趣，提高文言文阅读质量。通过反复强化，提升全班同学对特殊用法字、词、句的敏感度。

（3）高考文言文阅读试题。对比分析近五年的全国高考卷和部分地方试卷的文言文阅读试题发现，这个阶段更侧重创造，要让同学们各施其能，变被动为主动，然后通过课外知识来检测。如2011年高考新课标全国卷文言文试题1的A项，是可以根据字形推断法来进行解题的，根据"辽人常越境而汲"中的"汲"的偏旁，即可推断出这个词义应该与"水"有关。"越境"是一个动作，"而"表示修饰关系，可以推断"汲"是一个动词。根据语境，解释为"取水"是正确的。进入阅读高考题的阶段，学生的阅读鉴赏能力基本形成，这时就要求学生快速阅读，梳理大意，概括人物形象，确定文章主旨。

三、在生活中检验分层教学实施效果

1. 从古装剧中找茬

通过这样的一个活动，去找一找那些被误用的常识，这样做不仅会让学生更加熟悉古代文化常识，同时能检验学生的学习效果。如有学生发现《武则天秘史》开篇中武则天第一次对李世民自我介绍时就自称武媚娘，大名武曌。学生指出，曌是她当皇帝后才给自己造的字，取"日月当空"之意，在这里显然是不合时宜的；在《康熙王朝》里，孝庄太后在剧中一口一个"我孝庄……"，学生就提出，"孝庄"是个谥号，谥号大多是人死之后才封的；紧接着就有学生发现《大秦帝国》中也曾出现过齐国侍从报"齐威王驾到"的场景。"孝庄"也好，"齐威王"也好，都是死后封的谥号。

如今学生已经养成了习惯，不仅能找出剧中文化常识的错误，就连错别字也不放过。前几天还有学生说《三生三世十里桃花》中把"毫无音讯"的"毫无"写成了"豪无"，《我的前半生》第33集中把两车"剐蹭"打成了"刮蹭"，这个高频错别字学生也能发现，可见学生已经细致到一定境界了。

曾在《百家讲坛》主讲《大明名臣：风雨张居正》的郦波老师认为，电视剧出现差错会间接造成一个良性合力，"对电视剧出现的错误，观众将其揪出来，然后媒体再报道，并公布出真实的史实，这样反而形成了一种合力，将正确的东西传播出去，引来了大家关注"。文化常识除积累外，还要注重和日常生活的结合，比如现在仍然存在的民俗、官职、地理名词等，让学生在生活中发现，在发现中积累，在积累中运用。

2. 进行文言文微创作

在日常的学习生活中，我不断尝试让学生进行文言文微创作，附一学生的请假条：

"今高考将至，时光易逝，本当焚膏继晷，勤学好问，预报恩师授业之劳，增一中学堂之荣光。奈何前日寒潮突至，气温骤降，昼日暖，夜风吼，

一日之间气候巨变。彼时小生已感身体不适，至昨夜浑身无力，咽喉疼痛，卧病于床，无自理之力。煎服数药，饮后稍愈，但今日又感乏力。特告假一日，修养身心，以备余日之学业。休假一日，缺课必多，吾心惶恐，归校后自当叩问诸师，俯身倾耳以求教，补阙查漏，追赶同年之功，磨刀一日，当十日之苦功，蛰伏一朝，待明日长鸣！

"屡屡病身，区区此心，告假一日，望师悯允。"

面对这富有古风而又饱含深情的"古文"请假条，不得不感叹学生的文言文水平之高。

在丰富的活动中，学生对文言文产生了浓厚的兴趣，鉴赏能力亦日日提高，激发了他们对文化经典的热爱，为传统文化的薪火相传聊助薄力。

四、实践反思

各小组依据自己的情况各自制订计划，所做题目有时不是全班统一，也不由教师统一检查，所以教师无法了解到每个学生的做题数量和质量。但教师可以及时掌控每组的整体情况并做出评价和指导。

每组所做题目由各组内讲评消化，有些组整体比较弱，就会出现不能高质量地完成讲评题目的情况。不过分层后期学生会自主自觉地求助程度比较好的小组和同学，虽然没有教师参与讲解，也基本能够消化所做题目。

总之，在分层专题小组实施过程中，应注意关注全体学生，关注学生变化，关注数据变化，适时调整方案，以最适合学生发展的方式方法科学精准实行。

案例8　议论文写作本真原点——审题立意更深刻

商丘市第一高级中学　竞霞

审题立意是作文的起点，一旦审题立意出现偏差，即使思路再清晰，结构再完整，语言再华丽，一切都将付之东流。考生要仔细研读材料，思考和辨析材料。成功的作文前提是必须准确审题。本真语文主张议论文写作要回归原点，加强审题立意训练是第一位的，力争审题立意更深刻，培养学生的思维发展与提升。

材料作文的审题立意可从以下几个方面展开：

一、抓关键句（关键词）法，全面地看问题，避免片面地看问题

关键句常常有暗示材料中心的作用。所以，有些材料作文材料中的关键性语句可以作为选择立意角度的突破口。在材料作文的材料中，关键句常常是命题者或材料中的人物的评议性语句。如2020年高考真题语文（北京卷）作文题：

2020年6月23日，北斗三号的最后一颗卫星成功发射，标志着我国自主建设、独立运行的北斗卫星导航系统完成全球组网部署。整个系统由55颗卫星构成，每一颗都有自己的功用，它们共同织成一张"天网"，可服务全球。

材料中"每一颗都有自己的功用"，引发了你怎样的联想和思考？请联系现实生活，自选角度，自拟题目，写一篇议论文。

在试题的题干中，关键句已经明确，降低了写作审题的难度，考生很容易审题立意。但是，也有些材料需要考生自己去材料中提取关键词，如下面这则材料：

2010年9月12日，北京一家体育彩票专卖店店主为某彩民垫资购买了一张1024元的复式足球彩票，第二天他得知这张彩票中了533万元大奖，在第一时间给购买者打电话，并把中奖彩票交给买主。他成为又一位彩票销售"最诚信店主"。

据此，有人在互联网上设计了一项调查："假如你垫资代买的中了500万元大奖的彩票在你手里，你会怎么做？"调查引来16万人次的点击，结果显示，有29.9%的人选择"通过协商协议两家对半分"；有28.1%的人选择"把500万元留给自己"；有22.1%的人选择"把500万元给对方"；还有19.9%的人未做选择。

大部分考生很容易找出材料中"诚信"这个关键词，就会围绕"诚信"展开论述，比如考生写到"诚信铸就成功"，那么很明显就是偏题了，为什么呢？因为材料还给了第二段"代买彩票中奖500万元"的一个调查，当"500万"在材料中反复出现时，我们就不能不考虑，出题人是有意让它成为关键词之一的，结合刚才的"诚信""500万"就可以引申为"诱惑"，

将两个关键词进行合并,"面对诱惑,坚守诚信"才是最佳立意。

二、由果溯因法,透过现象看本质,由表及里分析问题

作文的审题立意关系到文章的深度,如何解读材料才能不流于表面,才能透过现象看到问题的本质,是我们进行思辨性写作的重要一环。理性分析可以帮助我们深入解读材料,看到问题的深刻内涵。

如,2015年高考语文全国卷Ⅰ中有这样一则材料:

因父亲总是在高速路上开车时接电话,家人屡劝不改,女大学生小陈迫于无奈,更出于对生命安全的考虑,通过微博私信向警方举报了自己的父亲;警方查证后,依法对老陈进行了教育和处罚,并将这起举报发在官方微博上。此事赢得众多网友点赞,也引发一些质疑,经媒体报道后,激起了更大范围、更多角度的讨论。

对于以上事情,你怎么看?请给小陈、老陈或其他相关方写一封信,表明你的态度,阐述你的看法。

根据由果溯因法:由事件的结果去追问事件的原因,(结果是)小陈举报父亲——(原因是)出于对生命安全的考虑,出于对父亲的关爱,出于对法律的遵守。赞扬小陈不顾亲情,勇于监督,敬畏规则,尊重生命的精神。小陈对父亲貌似"残忍",看似不近人情,实则很温暖。

但是有些材料作文,我们在由果溯因时,需要慎重,比如下面这则材料:

"贫穷带来的远不止痛苦、挣扎与迷茫。尽管它狭窄了我的视野,刺伤了我的自尊,甚至间接带走了至亲的生命,但我仍想说,谢谢你,贫穷。"曾经一名18岁女生的一篇关于自己、关于贫穷、关于希望的文章看哭了无数人,这名女生叫王心仪,在高考中取得了707分的成绩,被北大中文系录取。这篇《感谢贫穷》引起网上热议,有网友评论:"生活的贫穷让她更加地坚忍不屈、自强不息,更加热爱和珍惜人生。"有人说:"'富'不代表心灵高贵,'穷'不代表精神贫瘠。不是所有的富贵都是幸运,不是所有的贫穷都那么可恨。"也有不少网友认为:"我相信一个人对贫穷的态度,可以影响他未来的穷富。"

你如何看待王心仪对贫穷的态度?请结合自己的人生体验,写一篇文章,谈一谈你的思考和感悟。

材料中王心仪对贫穷的态度，正是她对生活的态度。她生活贫穷，却感谢贫穷。贫穷对一个人的发展一定会造成很大的障碍，甚至导致一些人永远失去希望。但是也可能使人在对抗困难的过程中培养起坚忍不拔的毅力，让人有一种战胜困难的勇气。王心仪显然属于后者。对王心仪来说"贫穷带来的远不止痛苦、挣扎与迷茫"，贫穷让她物质上缺乏享受，但在精神上却得以磨砺。她对贫穷的感激，源自她对生活的积极态度，永远从生活中汲取养分，永远不会抱怨、沉沦、自怨自艾。由此我们可以立意：贫穷也能够磨炼人的意志等。但一定要避免对贫穷大赞特赞，似乎一贫穷就成功，这是一种绝对化的思维，也不能一味地批判。你可以感谢贫穷，因为贫穷能磨炼人的意志；也可以就贫穷应不应该感谢来立意，应该感谢的不是贫穷，而是贫穷给予人的磨炼，或者面对贫穷时积极的生活态度和不屈的精神。

三、情感态度法，联系地看问题，避免孤立地看问题

事物是相互联系的。有很多事物都是以因果关系的联系形式存在的。审题时如果能由材料中列举的现象或结果推究出造成所列现象或结果的本质原因，往往能找到最佳的立意。

有些材料作文，材料中的语句常常蕴含着命题者的褒贬情感，审题时必须充分捕捉这些语言信息，细致体会命题者的感情色彩，这样才能根据命题者的感情倾向确立最佳的立意角度。如下面这则材料：

生活就像三类鱼。第一类：鱼缸中的鱼。被装在精致的鱼缸里，并受到无微不至的照顾，美丽动人。每天都有许多人来欣赏它。它特别高兴，后来没有人来欣赏它了，它几乎被人们淡忘。日子一天天地过去。生活在狭小的空间，忧郁而死。第二类：池塘中的鱼，被饲养在池中，初阳中钻出水草觅食；傍晚又钻进水草酣睡。突然有一天，一张大网撒向鱼池，所有鱼被一网打尽。第三类：海中的鱼。所有的海鱼组成一个大集体，无止境地漫游，没有任何约束，每天与大自然做着无止境的搏斗。有的死了，其中一些则幸存下来。

通过分析，我们可以这样理解材料：第一类鱼看似美丽动人，实则一无所有，生活并无价值。第二类鱼生活安逸，却（也）毫无价值，终遭大网

捕杀。第三类鱼为自由而搏斗，虽然会有可能失去生命，但那种死亡是值得的，因为它们真正体验过生活。很明显作者是要同学们向第三种鱼学习。

本真语文主张议论文写作要回归议论文写作的本真原点——审题立意更深刻。以上介绍了三种议论文审题立意更深刻的方法，试图用这些方法加强对学生审题立意能力的训练，进而促进学生的思维发展与提升。伟大的哲学家康德曾经说过："我们所有的知识都开始于感性，然后进入到知性，最后以理性告终。没有比理性更高的东西了。"对高中生来说，在写作方面应加强理性分析问题的训练，在学习过程中，通过语言运用，获得逻辑思维、辩证思维和创造思维的发展，促进深刻性、批判性和独创性等思维品质的提升。

【透视分析】

从以上中原名师工作室主持人的教学主张表达和实践思考中可看出：名师工作室主持人的教学主张，都源于教育教学实践，同时又用教学主张指导自己的教育教学实践，并影响一批批学员、一届届学生的成长。由此可见教学主张对于名师个人及其工作室团队的重要性。它是名师教学的内核与品牌，是工作室的一面旗帜，也是名师培育工程的核心助手。提炼教学主张的过程就是名师教育教学艺术及生命品质不断提升的过程。教学主张的形成不是一蹴而就的，是名师自身不断思考、不断实践、不断总结提炼的过程。教学主张的形成途径：一是归纳，即基于实践，在做中慢慢形成理论，这种方法适用于有着多年教学经验的老教师；二是演绎，即基于理论，研究提炼后不断开展系统的实践，这种方法适用于青年教师。提炼教学主张就是提振教师的思想，提挈教师的整体教育人生，是教师专业成长的深层次的蜕变与升华中的至关重要的"阶梯"，教学主张是教师专业成长的"天眼"，无论是名师还是普通教师，无论是老教师还是青年教师，都应当有自己的教学主张。

2. 活动启智，增长才干

名师工作室的主持人是名师工作室学员的引路人。有什么样的主持人，就会带出什么样的队伍。因此，名师工作室主持人要善于规划和创新设计各种活动方案，组织开展多样化的学习交流活动，在活动中增长才干，真正发挥中原名师的示范、引领、辐射和带动作用，实现名师工作室团队互助、和而不同的持续发展。

中原名师工作室经常开展的特色活动有：

（1）读书活动：在读书活动中，提升名师工作室团队成员积极进取的精神与力量。

（2）公益巡讲：名师智慧分享，辐射引领教师成长，扩大名师工作室的影响力。

（3）送教下乡：为边远乡镇学校提供教学示范和专业支持，实现城乡教育资源互补，增进城乡教师间的相互学习。

（4）承担培训：近年，中原名师参与了"国培计划""省培计划""市培计划""乡村首席教师"和中小学教师"继续教育"的培训工作，对广大一线教师的专业成长起到了示范、引领、辐射和带动作用。

（5）外出学习：名师工作室带领学员外出学习，增长见识，开阔视野。

（6）联盟活动：名师工作室同学科联动、同区域联动，互助合作，携手共进。

（7）学术研讨：名师工作室聚焦教育热点问题，开展学术交流活动。

【经典案例】

案例1 中原名师宋学利小学语文工作室庆祝建党100周年读书活动

有一种精神，来自阅读，在阅读中我们见证每个生命的成长；有一种力量，源自阅读，在阅读中我们站在大师的肩膀上前行；有一种智慧，承载于阅读，妙悟方明；有一种理想，寄托于阅读，源远流长。

为庆祝中国共产党建党100周年，进一步提高名师工作室学员的人文素养，积极营造浓郁的书香文化，4月23日上午，中原名师宋学利小学语文工作室举行了以"浸润师者心，书香飘满室"为主题的读书交流活动。

本次活动由穆春梅老师主持。胸藏文墨怀若谷，腹有诗书气自华。一首首诗词，一篇篇散文，在优美的音乐中，老师们动情地朗诵着，共同走进了曼妙的文字世界，静静聆听心灵在书籍滋养中成长的声音。

在读书交流中分享书卷馨香。活动中听到了老师们为提升自己的专业素养研读先进教育理论的心得，悟到了老师们阅读经典著作的所思所想，感受到了老师们阅读红色书籍的满怀激情。学员们以独特的视角分享了自己的读书成长故事，谈论着自己对党的热爱、对教育的理解和对未来的向往。

最后，中原名师宋学利做了总结，她希望本次活动能真正营造出工作室全体学员共同读书的浓烈氛围，让教师读书成为习惯，让教育充盈着馥郁书香，以书激趣，以书培智，以书养性，以书育人，建设教师芬芳的精神家园。当然也让书香浸润工作室，让阅读伴随工作室成员成长，从而沉淀滋养中原名师宋学利小学语文工作室的精神底蕴。

案例2　中原名师全省公益巡讲活动（航空港区站）

2021年5月21日，由河南省教育厅中原名师培育工程项目办公室主办，河南耘道教育智库、河南名师成长教育科技研究院承办的"豫见名师"中原名师全省公益巡讲活动来到了郑州市航空港区，本次活动聚焦小学数学和小学语文。郑州市航空港区小学数学、语文教师代表齐聚郑州航空港区领航学校，领略中原名师风采，倾听内心拔节的声音。

中原名师马娜老师现场做课，一堂40分钟的《草船借箭》，带着孩子抓文章的关键词、关键句，穿越古今，领略诸葛亮宽广的心胸和过人的智谋。整节课说不离句，谈不离文，文学味十足。课程结束后，马娜老师带来了题为《谈语文核心素养在统编教材中的落实》的专题讲座，她以教材为例讲解了一些实用的教学方法，她先介绍了核心素养的发展历程和重要意义，接着围绕"语言""思维""审美"和"文化"四个视角展开论述，加深了在场老师对"核心素养"的理解。她认为语言运用是语文的现实存在，走向语用时代，"语语悟其神"是语文教学的应然姿态。思维则是语文的内核，审美启蒙与少年的诗意情怀息息相关，语文是文化传承的土壤。

中原名师张雅莉校长以《童诗课堂与教育叙事》为题对老师进行了专题培训。她从童诗"是什么""为什么""做什么""怎么做""注意事项"五个方面介绍了童诗教学。在她看来，教育叙事对于每位老师来说都应进行尝试，撰写教育叙事是教师为自己搭建的成长平台，是教师走向"自我研究"的路径。张校长建议教师撰写教育叙事时要直面教育痛点、聚焦版块内容、凸显专业性,循序渐进地与生活连接,同时要辅以图片,图文结合、声情并茂。

在数学活动专场,中原名师张素红进行了题为《基于小学生数学理解的教学策略》的讲座,她首先用例子诠释了提高小学生数学理解能力的重要性,并从教材和学生的视角详细讲述了教师教学中促进学生数学理解能力提升的具体措施,呼吁小学数学教师要真正做到为理解数学而教。

本次公益巡讲活动,老师们收获满满。课堂示范引领,让老师们透过课堂去关注教材的指导作用;专业讲座分享,让更多的老师去关注学生数学思维、语文要素的训练,关注课程在儿童成长中的作用;现场答疑解惑,为老师们解决了教学中的现实困惑。相信老师们会带着更多的思考走进课堂,规划自我的专业成长,用教师的自我成长去引领孩子们的成长。

案例3 中原名师宋歆初中数学工作室送教下乡活动

2021年6月9日,迎着清晨的曙光,中原名师宋歆初中数学工作室主持人宋歆一行四人前往宁陵县刘楼乡第一中学开展送教下乡活动。

一、中原名师宋歆老师展示课"统计调查"

宋老师以"豫"字图片引入新课,"豫"是我们河南省的简称。一部中原史,半部中国史。我们河南,以古闻明,以新出彩。宋老师带领同学们乘坐"豫见号"火车,以旅游的方式激发学生学习的兴趣,"豫见美丽的景色""豫见美味的食物""豫见美好的河南"三个主题逐步推进,在此过程中,让学生亲自感悟统计调查的四个步骤,通过播放小视频,提高学生的学习积极性,走进让我们骄傲的家乡,遇见美好的一切,让学生亲历知识的形成过程。

宋歆老师丰富厚重的教学经验,娴熟自如的教学技巧,巧妙务实的教学设计,环环相扣的教学环节,轻松融洽的课堂氛围,把每位学生深深吸引在了数学课堂。

宋老师通过引导学生从不同的角度分析问题、与学生一道探求解决问题的方法来激发学生学习的热情，引发学生的数学思考，点燃学生的思维火花，把学生思维推向课堂的深处，让学生成为学习的主人，体现了学生的主体地位。为了增加课堂的趣味性，培养学生动手、动口、动脑的习惯，宋老师还创设了学生投票游戏的教学环节，并借此强化学生统计调查来源于生活、为生活服务的意识，通过新知应用，让学生感到知识有温度、有意义。

宋老师的授课十分精彩，他始终以学生为主体，走进每个小组，和小组成员共学习、同探究、齐分享，蹲下身来教学，助力学生于疑难处、启发学生于关键点、激励学生于出彩时，充分调动了学生学习的积极性和主动性。以"豫见号"火车为主线，整节课围绕"豫见景色""豫见美食""豫见美好的河南人"展开活动，最后总结本节课重点并提出学生所肩负的使命：要肩负起让新时代的中原更加出彩的使命。对于我们每一个河南人来说，要做到"中原更出彩，人人要添彩"，要树立出彩意识，在筑梦追梦中去出彩。我们的人生需要立下青衿之志，履践志远，行而不辍，才能未来可期，成为一个真正的出彩河南人。

二、工作室成员马连花老师展示课"矩形的性质"

马连花老师以视频导入新课，课堂气氛活跃，调动了学生探究问题的积极性，师生互动性强，注重以学生为主体、教师为主导的教学模式，关注学生知识的发展过程，始终以学生活动为主，整个教学过程让学生经历"猜想—验证—总结"的探究过程，渗透了类比等数学思想，利用获得的探究经验，课余时间以小组为单位继续探究：把平行四边形的一组邻边特殊化——邻边相等，会得到什么特殊图形？层层巧妙设疑，激发学生的学习兴趣，培养学生对数学浓厚的求知欲。教学中马老师通过让学生自己动手操作、典例讲解、讲练结合让学生深刻地理解矩形的性质的应用，提高了学生分析问题、解决问题的能力。

三、课后研讨交流

"他山之石，可以攻玉"，课后，中原名师宋歆初中数学工作室成员与刘楼乡第一中学的教师在会议室进行了评课活动。首先，执教教师宋歆老师与大家交流了课前设想与课后反思。接着由听课老师和工作室成员们对这两节课的教学理念及重难点设计进行了研讨，充分肯定了教学中的亮点，并就应该完善的地方进行了反馈和建议，共同探讨教学策略，分享听课心得。最后，郭涛校长希望所有的教师一定要切记"所有的备课都是为上课而做准备的，老师在上每一节课之前一定要深思熟虑，读懂、读透教材，做到眼中有本，心中有生。上一节课简单，但只有经过精心打磨的课才能上得出彩"。全体听课教师踊跃发言，在探究交流中，解决了老师们教育教学的困惑。

这次送教下乡活动，刘楼乡第一中学的教师感觉收获很大，中原名师宋歆和其工作室成员马连花老师带来了先进的教学理念，他们灵活驾驭教材、巧妙调控课堂、激活学生思维、恰当运用信息技术手段，使学生成为课堂的主人，课堂效果很好，非常值得借鉴。

案例 4 中原名师程黎、竟霞工作室承担商丘市高中继续教育培训

2021 年 7 月 20 日—7 月 24 日，中原名师程黎、竟霞工作室协助商丘市教育体育局、商丘师范学院教师教育学院开展了商丘市高中教师继续教育线下集中研修活动，全市各县区共有 300 多名高中教师参加，本次研修活动采取专题讲座、课例展示、学员分享等形式。

7 月 20 日上午、7 月 21 日上午，中原名师程黎老师分别在高中组二班和一班作了题为《优秀从上好课开始》的专题讲座。程老师的讲座深入浅出、引人入胜，从"对""活""实"三个方面解读了好课的标准，并从学习目标、教学策略等方面详细讲解了如何精心备好一节课、如何用心讲好一节课，从八个方面为教师们阐释了如何修炼内功，为教师的可持续发展指明了路径。

7 月 20 日和 7 月 21 日上午，中原名师竟霞老师分别在高中组一班和二班作专题讲座《一线教师如何做课题研究》。

竟老师以"什么是课题""为什么做课题"和"怎样做课题"三个环节为中心，为老师们指点迷津，传道授业。她重点分享了"怎样做课题"这一环节，围绕课题选题、立项、开题、中期、结项和推广六个方

面做了详细阐释。"选题"要从大处着眼,小处着手,既要符合时代性,又要突出实践性;"立项"要资料翔实、拟题新颖,填表科学规范;"开题"重在清思、聚焦和分工;"中期"重在反思归纳,深化细化;"结项"重在梳理提炼研究成果;"推广"要做到知行合一、实践反思、理论提升。在每个部分的讲解中,竟老师都用大量的课题案例佐证,深入浅出,很接地气,增强了教师们开展课题研究的信心,激发了教师们研究课题的热情和内驱力。

20日下午和22日下午,中原名师宋学利老师分别在高中一班和高中英语组为学员们作了《立德树人与教师职业修养》专题讲座。宋老师从教书育人的亲身经历谈起,引人入胜,并对立德树人的落实、立德树人的内涵进行了诠释。宋老师提出教师要有情怀,为党育人,为国育才,并从爱国守法、爱岗敬业、关爱学生、教书育人、为人师表、终身学习六个层面入手,深入浅出地从理论和实践两方面对中小学教师职业道德规范进行了详尽的探讨和分析。

案例5 中原名师宋爱芹高中语文工作室赴京参加语文研修活动

2016年5月13日至16日,北京大学语文教育研究所在中央民族干部学院开展第四届"语文高考改革与新课改的趋向探析"高端研修活动。中原名师宋爱芹老师带领全体工作室成员参加本次研修活动。

本次研修活动邀请了六位专家对高考改革与新课改进行深度分析。温和儒雅的温儒敏教授专注于基础教育的求索精神仍存心怀;北京师范大学第二附属中学博学睿智的李煜晖老师对语文的独特情怀铭于脑海;具有深度思想的语文特级教师王岱外表瘦弱,内心却无比强大,她不墨守成规,敢于大胆创新,通过"思想无禁区""读书无限制""写作无模式"的阅读教学方式,取得了非凡成就;一直致力于推动语言学与语文教学相结合的北京大学教授汪峰老师用独特的语文观念和测试实践折服人心;蔡可教授的讲座《基于语文核心素养的课程教学》,深层次地探讨了语文课堂教学的改变。

在学习中,几位大师都反复强调了"语文核心素养",语文核心素养到底是什么？语文核心素养是语文能力和语文知识、思想情感、语言积累、语感、思维品质、品德修养、审美情趣、个性品格、学习方向、学习习惯的有机整合。这不是单靠教材上的几篇课文就能落实的。靠什么来提高呢？不管是温儒敏教授，还是在教学一线的王岱、李煜晖老师，他们都在强调阅读，阅读是语文的命脉，是提高语文素养的关键。苏霍姆林斯基说过"让孩子变聪明的方法，不是补课，不是增加作业量，而是阅读，阅读，再阅读"。目前学生的阅读量是不能满足新高考的需求的，学生需要增加阅读时间来填补阅读的不足。

在这几天的研修中，工作室成员与多名教授、专家共同度过了一段难忘的学习交流时光，新的思想和理念促使老师们不断思考：如何在教学中更有效地关注学生语文素养的提升？如何引导学生爱上阅读？如何让语文学习达到对学生性情的改造和人格的提升？

案例6　中原名师聂智初中语文工作室南阳集中研修

2017年12月21日上午，在百年名校南阳市第三中学的五楼会议室，中原名师杨文普、聂智、刘明莹、张晓珺中学语文名师工作室省级名师、骨干教师培育对象第二次集中研修活动正式拉开帷幕。来自河南多个地市的近五十名培育对象，齐聚一堂，共同聆听专家们精彩纷呈的讲座，共同探讨语文讲课、观课、议课的技巧。刘明莹老师和大家分享了自己对于教育的理解和践行，聂智老师的课为学员们生动地诠释了怎样教语文，语文教给学生什么，怎样做一位优秀的语文教师。

培训首日上午，李青峰老师作了题为《谈谈文本解读》的专题讲座。李老师首先在理论层面和老师们进行了互动，然后用小学、初中、高中大量的文本为例，深入浅出地告诉老师们文本解读的思考和操作方法。董琦老师作了《术富道正，提高语文素养》的精彩报告，指出语文老师要有课程意识，要善于建立不同文本的阅读"图式"，要站在文化制高点教书，并能够把握中考、高考的育人导向。

同课异构活动，场面尤为热烈，老师们领略了同行者的思想火花，特别是聂智老师对于观课议课的引领性、点评性论述，更让老师们明白了语文课不但要有包装，而且还要实用。

刘明莹老师在"教育的理解和践行"交流会中，分享了自己的教学实践和心得，深入浅出地诠释了班主任工作的职能和技巧，阐述了班主任工作的重要使命就是要通过有效的"带领"和"引导"将班级打造成为一个对内具有凝聚力、对外具有战斗力的团队。刘老师激励大家，要把握机会主动成长！

案例7 中原名师程黎高中地理工作室学术研讨

2016年5月5日上午，中原名师程黎高中地理工作室"地理核心素养与育人价值"研讨会在商丘市回民中学召开。会议邀请到了全国地理教学研究会副理事长兼秘书长、全国中学地理教学专家委员会主任、华东师范大学陈胜庆教授，商丘市基础教育教学研究室王桂书主任。中原名师程黎高中地理工作室全体成员和来自县区和市直学校的200多名中学地理教师参加了会议。

首先，商丘市回民中学副校长黄述学致辞。接着，华东师范大学陈胜庆教授介绍了中原名师程黎高中地理工作室团队参与华东师范大学承担的教育部项目"地理学科立德树人育人功能的研究"的实验研究情况，赞扬了工作室成员的勤勉精神和取得的丰硕成果。他讲道：商丘市回民中学开展的"基于立德树人目标的地理研究性学习开展"的研究，内容充实丰富，研究方法恰当，并取得了一定的研究成果。

然后，陈教授作了《地理核心素养和高考制度改革》专题讲座。陈教授从高考招生制度改革的背景、高考制度改革释放的信息、高考改革的目的、高中学校如何应对高考改革和高考制度改革对高中办学的要求等方面，为大家全方位解析了新高考，让参会的老师们对新高考和学科核心素养有了一次全面而透彻的认识，在思想和方法上获得了启迪和引领。

程黎老师向与会老师介绍了中原名师程黎高中地理工作室的工作理念和所开展的工作，阐述了自己的教学主张和依据课标设计教学的探索实践，并重点介绍了参与华东师范大学项目"基于立德树人目标的地理研究性学习开展"的实施步骤和育人效果，提出了用"研学与课堂"结合的方式，落实地理核心素养，达成地理学科育人的目标。

最后，商丘市基础教育教学研究室王桂书主任对中原名师程黎高中地理工作室老师们开展的地理教学研究和所做的工作给予了肯定，希望今后继续努力，自主发展，创新实践，为区域教育教学的发展做出贡献。

【透视分析】

名师工作室主持人除具有前瞻的思想、深度的教学实践以及自我发展的担当外，还要有开放博大的胸怀、与人合作分享的格局，真正成为知行合一的践行者。要不断提升自己的策划和组织活动的能力，学会与高校合作、与地方教育部门合作、与其他名师工作室合作，带领工作室学员在"学与研"的路上，学会学习、学会批判、拓宽视野、增长才干。

二、学员思悟，持续精进

学员在名师工作室跟岗研修后，有所思、有所悟、有所收获，在聆听专家的讲座后，有了对教育教学改革的新认知；在参与学员间的"同课异构"讲评课活动后，碰撞出改革课堂教学的思维火花，提升了自己的教育教学能力；在追随名师成长的历程中，严格要求自己，上好每节课，争做好老师，做学生生命成长的引路人，享受职业成长的幸福。下面就让我们来共同聆听一些优秀学员的心声，分享他们研修成长的幸福与快乐。

【经典案例】

案例1　仰望星空向未来　俯首砥砺秉初心

郑州市第十一中学　王晓阳（中原名师宋爱芹高中语文工作室学员）

小时候总觉得老师很神奇，他们能解开所有的难题，回答学生所有的困惑，所以当老师是我从小就有的梦想。大学毕业我也如愿成为了一名光荣的语文教师。但是短暂的兴奋之后，我却陷入了深深的自我怀疑。

有时候，觉得自己讲得很明白了，孩子们却是一脸茫然；自己讲得神采飞扬，孩子们仍是一脸茫然；面对孩子们的问题，有时还回答不上来……

我发现老师并不是万能的，老师的困惑甚至比学生还要多，之所以他们能解答孩子们千奇百怪的问题，能够为孩子们带来精彩纷呈的课堂，背后一定付出了很多的努力。我深深地认识到大学的教育并不能保证我胜任教师这个岗位，要想实现自己的教育梦想，我必须不断学习，不断钻研。但是仅靠自己摸索，往往事倍而功半。非常荣幸，在前行的道路上，我得到了中原名师宋爱芹老师的指导和帮助，并参与了宋老师"中原名师工作室引领区域性名师专业成长的实践研究"的课题，在向宋老师和工作室其他老师的学习中，我受益良多。

首先，开阔了眼界，增长了见识。宋老师对青年教师的成长煞费苦心，精心组织了很多活动。她邀请专家开讲座，作指导，五大中原名师工作室联盟合作教研，组织各种交流展示活动，还定期组织线上教研、线上研修……我们一起听讲座，一起听课议课，一起探讨教学中遇到的问题，分享教学中的智慧，通过这些活动，我见识到了很多优秀教师和专家的风采，看到了自己与他们的差距，找到了自己的不足，也找到了努力的榜样和方向。在同伴的互助中，在向专家的学习中，我开阔了眼界，也解决了很多教学中的困惑。在以往的教学中，文言文如何教一直是让我比较头疼的问题。宋老师关于文言文分层教学的讲座为我拨开了迷雾。相较于现代文学习，学生在文言文的学习过程中，基础差距较大，只有关注到每个学生的原有知识水平，在课堂上分层次设置符合不同基础学生的学习目标，并采取相应的学习策略，让每个学生都学有所得，降低学生对文言文的畏难情绪，才能提高学生对文言文的学习兴趣。

其次，提高了教科研水平。在高速发展的社会中，如果只埋头教学，只顾解决眼前问题，那么恐怕很难胜任如今的教学工作，还会让自己陷入一些琐碎的、重复单调的事务之中，失去工作的热情，因此教科研在教学工作中十分重要。但是以前我摸不到门径，不知道该从何入手。在宋老师的指导下，从如何选题，到如何收集整理材料、如何进行研究，我都有了新的认识，也尝到了通过教科研指导教学的甜头，明显感到自己教学工作的方向更为明确，思路更为明晰。

最后，养成了读书的好习惯。宋老师爱读书，她也经常为我们推荐书籍、分享优质论文，并且不断督促我们读书，组织我们分享心得感悟。以前我总是以工作忙为借口，在读书上放松对自己的要求，但我看到宋老师在比我繁忙数倍的工作中，还坚持读书，撰写读书笔记，我感到很惭愧。于是，不管工作多忙，我都要求自己坚持每天读书30分钟，慢慢地，我发现不知不觉，一年间的读书量竟然超过了过去两三年的读书量。读书多了，困惑就少了，面对教学中学生的各种问题更加从容自如。

一年多来，我经常看到宋老师在深夜还会在群里分享好文章、好课例，对于我们提出的疑问，不管多忙，她也总是耐心细致地解答。非常感谢宋老师的关心和帮助，在未来的时间里，我定将更加严格要求自己，努力工作，积极进取，秉持教育初心，为美好的明天不断努力。

案例2　在希望的田野上耕耘收获

焦作市第一中学　刘小苗（中原名师宋爱芹高中语文工作室学员）

自加入名师工作室以来，在中原名师宋爱芹的带领下，我看到工作室各个学员的快速成长，看到了彼此之间的互相帮助，感受到了宋老师的精心栽培。在这片充满希望的田野上，我也在不断耕耘、播种，收获着属于自己的果实。

首先，十分感谢中原名师宋爱芹对我的悉心培养。她作为中原名师，工作多，任务繁重，不仅教两个班的课，还兼任一个班的班主任，压力之大可以想见。即便在这样繁忙的工作中，她也特别关注我的成长。当我有问题向其请教，她随时解答；当我需要讲课录课时，她积极听课指出问题；当我课题不会做的时候，她就给我发做课题的相关推文或者手把手教我做课题。在宋老师的关怀下，我也不敢懈怠，在业务上要求自己精益求精，不断向教学的其他领域开拓，比如举办讲座、做专场报告、形成自己的教学风格等。虽然有些还在路上，但毕竟已经走在路上。

其次，名师工作室举办的系列培训使我开阔了眼界，提升了自己的教学水平。工作室成员都是各地的名师和骨干教师，高手如云，举办的系列培训的环节中有教师的课堂展示，各地的教师精心备课，纷纷在课堂上展现了极高的教学能力和极其新颖的教学理念。这些教师课堂组织能力强，课文分析的切入点新颖，在老师的循循善诱中，学生们在课堂上的表现也都非常好。我记得安阳的一位老师讲《祭十二郎文》时的角度就非常新颖，分析情感层层深入，我到现在印象都非常深刻，在座的老师也纷纷给予好评。这些老师的努力，让我看到了备课的高度，我不能满足于日常的教学习惯，要在原有的基础上有所突破，有亮点，有创新，不断地提升自己的教学能力。

在名师工作室的培训活动中，我们经常看到专家的身影。我们先后听了很多名家的课，比如刘祥老师的《三度语文》，吕娟老师的《用朗读抵达》，让我们见到了形成自己的教学风格的专家的与众不同，也见到了他们精彩纷呈的课堂。不走出去，不见识大家的风采，我们永远是井底之蛙。聆听了专家讲座，知道了他们达到的水平，就会明确今后自己努力的方向，希望做一个专家型、研究型的教师，而不是终日沉浸在自己的琐碎教学事务中，一直是一个教书匠的形象。很多时候不是我们不努力，而是不知道努力的方向，有了他们在前面做指引，做教师的我们就会知道未来应该在哪些方面付出努力及应该达到怎样的高度。

人的成长是需要团队的，单靠个人的力量是走不远的。在中原名师宋爱芹高中语文工作室这个大家庭中，我们互相交流，互相鼓励，互相帮扶，在通往成功的道路上有这么多志同道合的、努力勤奋的人一起走，将走得更快，走得更远。

于我个人而言，在名师工作室的这几年，我的教学能力得到明显提升。钻研文本的能力更强，对文本的解读更深入，对课本里面的各种体裁的文章教学驾轻就熟，指导学生学习也得心应手。在新课标的指引下，开展的作文情境教学是近几年最有收获的地方。作文情境设置，往往结合学校的各项活动，组内开展的各种演讲、辩论、朗诵活动，有时根据所学的单元教学进行相关的主题随笔写作，将作文的教学与现实的学习环境相结合，让学生把所学的知识转化为写作的素材，转化为活动中的能力，对学生的作文提升起到了很好的效果。这些做法不仅让学生思考了学校各项活动的意义，也熟悉了特定的场合、特定的文体下怎么扣题写作，随笔写作还让学生进一步理解了课文的深意。在一次又一次的写作中，学生的思维能力得到了提升，对于各种主题的写作没有太多的畏难情绪，作文教学取得了非常显著的进步。

在诗歌教学方面，我以前把重心放在教学生怎么读懂诗歌上，说实话，对于读懂诗歌我也没有太大的信心。方法可以给学生讲，但是讲完学生该不懂还是不懂。在这两年的诗歌教学中，我又进一步地思考到底是哪些方面影响了学生对诗歌的理解，能不能从这些方面取得一些突破。在宋爱芹老师的指点下，在和工作室其他老师的交流中，我把《古代诗歌散文欣赏》中的"以意逆志　知人论世""置身诗境　缘景明情""因声求气　吟咏诗韵"这三种方法落实到位后，还让学生自己查找不理解诗歌的原因，这里还有字词的问题、句与句或联与联之间的关系梳理不清、意象的含义不了解、诗歌的术语表达匮乏等问题，于是，课上加强对这些问题的思考与指导，课下搜集相关诗歌的权威赏析文章，让学生阅读，积累相关的术语、鉴赏的角度及意象的相关含意。诗歌部分讲完后，每次早读课件上会有一首新诗，让学生在有节奏的朗读中，注意作者选取的意象，揣摩作者要表达的情感，以此种方式巩固诗歌的学习。总结诗歌教学，还有一个经验，就是学习内容系列化，一首一首单讲固然可以，但是没有系列教学收获大，我将《古代诗歌散文欣赏》中的诗歌编排成杜甫系列诗歌、李白系列诗歌、写景抒情诗歌、诗歌中的故乡情等系列，当我以这样的方式去教学的时候，学生不仅能集中解决诗歌中的教学重难点，还能深入了解作者的生平、思想情感，了解其写作特色、语言风格等。我在诗歌教学上取得了很大的突破，教学效果得到有效提升。

我的快速成长离不开中原名师的引领，离不开工作室各位成员的帮助。名师工作室是一片充满希望的土地，它给了老师们一个成长的大舞台，让身在其中的人不断地辛勤播种、耕耘。我看到了各位老师在中原名师宋爱芹的带领下，展现出来的积极进取的精神，看到了他们为了自己的教育理想而付出的努力。我相信，有了前行的方向，有了名师的指引，这里必将呈现出一片生机勃勃的景象，到了收获的季节，这里必将一片金黄，收获属于我们的成长与幸福。

案例3 跟名师学,做有"爱心"的班主任

柘城县梁庄乡前张学校 张慧银(中原名师宋学利小学语文工作室学员)

2016年7月,我有幸成为中原名师宋学利小学语文工作室的一员,在这几年的学习实践中收获很多,特别是在德育创新和班主任工作两个方面,进步很大。

班主任是班级的灵魂,是整个班级的管理者,是学生道德、知识、意志方面的引导者。对小学而言,班主任更是学生一生最为关键的启蒙者和领路人。班主任的师德风范、学识修养、综合素质,甚至是一举一动、一言一行都会对学生产生重要的影响。要评价一个班级,应首先评价班主任。

刚参加工作的时候,自己没有方向,班主任的事多而杂,而急性子的我喜欢大事小事一把抓,常常一件事情还没做完,另一件事情又被提上了议程,整天忙得焦头烂额。我就像一个勤劳的清洁工,扫完了一天的落叶准备休息片刻,新的树叶又飘落了下来,越忙越乱,越乱越忙。在当班主任的最初阶段,我的眼里只有大目标,看不到真正能给人生以意义的点点滴滴的美好,甚至忘记了自己真心喜欢什么——忘记了在读商丘师范学院时曾有过的那些美好的梦。记得学生的作文里就曾这样描写我:"我们的张老师每天紧锁着眉头,像只蜜蜂忙忙碌碌,但不知道在忙些什么。"最初的语文教学也是,理想的备课与实际的课堂总是有着很大的差距,本来以为读了那么多书,教个小学那绝对是小菜一碟,可教了一段时间才发觉自己需要学习和提升的地方太多了,看到周围优秀的老教师工作起来那么地游刃有余,自己真的自叹不如。着急、上火、心态失衡,巴不得自己明天就能优秀起来,后来嗓子哑得连课也上不了了,我不禁开始困惑,而且怀疑自己的能力。

2016年我进入中原名师宋学利小学语文工作室以后,在宋老师的指导下,我对班主任工作有了新的认识、新的思考。宋老师告诉我:"不积跬步,无以至千里;不积小流,无以成江海。有许多人做事一心追求结果,忽视做事的过程,忽视做事的细节,一心渴望伟大、追求伟大,伟大却了无踪影。甘于平淡,认真做好每个细节,伟大就能不期而至。其实,我们的工作最

多的是平平常常的小事，我们一生的经历中最多的也只是琐碎小事，如果真的是轰轰烈烈的大事不断，即使我们有超凡的能力，或许也招架不住，接受不了。所以，把每一件简单的事做好就是不简单，把每一件平凡的事做好就是不平凡。俗话说的'于细微处见精神'就是这个道理。做事着眼于细，把事情想细。凡做事之前必先进行计划，凡要想把事情做成、做好，计划必须详细、周全。"这些话让我茅塞顿开，原来不是自己不行，而是自己急于求成，所以才会没有注意细节。

  班主任的工作千头万绪，现在的我，即使工作再多，都会默默告诉自己，不要乱，分好轻重缓急，一件一件事情慢慢来。每天工作要结束的时候，我都会用一两分钟思考一下，然后在台历上记下第二天必须办的事情，而且按轻重缓急排个次序。最先记下的事情是必须办的，可办可不办的写在后面，想办却没有时间办的尽量不写。否则，罗列的事情太多，自己完不成，欠下一笔良心债，心里不安。天天欠债，天天不安，天长日久，会影响情绪。形成了这个习惯，我的工作变得有条不紊，效率比以前提高了很多。总之竭尽所能即可，不要苛求自己，因为我知道，事情是永远都忙不完的，要学会关爱自己，如果能够从忙碌中有所收获与成长，才是最宝贵的。

  现在，我的笑容比以前更多了，我发现了班主任工作的乐趣。进工作室之前的我，有时一整天忙下来，确实头晕眼花，总感觉耳边聒噪不已，好像有几百只蚊子在叫，但如今的我找到一点乐趣，并无限放大这种快乐，写成简单的德育小故事，就等于是在给心灵洗澡。在工作室的第二年，我就开始写一点教育小随笔，有时只是班级里发生的一些小趣事，但我从中发现了无穷的乐趣，并且放在博客上，很多志同道合的朋友都来交流，截取一个片段：

  周一早晨的升旗仪式，学生都非常认真。快散会时，我看见有个孩子一直低着头看着地板，于是很好奇地走过去问："你在看什么呢？"她开心地指着操场的地面说："老师快看，地上有玫瑰花呢！""玫瑰花？"下过雨的地面湿漉漉的，只有孩子们黑乎乎的脚印在张牙舞爪地对我笑，哪有什么玫瑰花的影子呀！"玫瑰花在哪儿呀？"我颇为疑惑地问。"老师你看，我鞋跟踩在地板上，留下的这一堆密密麻麻的黑印子，串叠在一起，不就是一朵朵玫瑰花吗？"听孩子这么一说，我再细细一看，果然，不规则的脚印在地板上悄悄绽放出了朵朵玫瑰,真美呀!纯纯的童心最美!

在进入中原名师宋学利小学语文工作室之前,我对班主任的工作很迷茫,虽然取得一点成绩,但是在教育教学工作中还是没有很大的成绩,目标不明确。进入工作室以后,宋老师要求工作室学员都要多学习,树立自己的教学、班级目标,指出班主任的人格魅力对学生的影响是直接的,情感的投入使这种影响更为深远而巨大。宋老师经常用教育专家的教育理念引导我们每位工作室的学员,比如列宁曾说过"没有'人的感情',也从来就没有也不可能有人对真理的追求",缺乏感情的投入便失去感情的沟通,特别是热情,它是一种具有巨大鼓舞力量的情感,是人活动的强大动力,它能使人们积极地去从事智慧活动和创造。

小学班主任的工作内容是复杂的,任务是繁重的。但是,只要我们真诚地捧着一颗"爱心",加深理论修养,在实践中不断完善自己,在班主任充满热情的、创造性的劳动中,形成系统科学的工作方法,是完全能够干得非常出色并且游刃有余的。我们的学生定会茁壮地成长起来,成长为国家优秀的建设者和接班人。

总之,好教师要有高尚的情操和坚定的理想信念,做好学生的楷模和道德修养的镜子。教师的为人处世、于国于民、于公于私所持的价值观都直接影响着学生。因此,我们每位老师都要努力做一个高尚的人、纯粹的人、脱离了低级趣味的人,要远离和杜绝社会上的私自办班、向学生高价兜售教辅材料等不良现象。作为名师更应自觉坚守精神家园、坚守人格底线,带头弘扬社会主义道德和中华传统美德,以自己的模范行为影响和带动学生,引导和帮助学生把握好人生方向,帮助青年教师和学生扣好人生的第一粒扣子。

案例4 在读写中感悟 在感悟中成长

商丘睢阳区胜利小学 李渊文(中原名师宋歆初中数学工作室学员)

有人说,越努力越幸运,越感恩越幸福。2017年我有幸成为中原名师丁桃红初中数学工作室的一员,2018年我又有幸成为中原名师宋歆初中数学工作室的一员,在工作室的引领下,通过两年的学习研修我收获颇多。

这里我主要谈谈读写（读书、写作）对我的专业成长所起的促进作用。

一、坚持读写促进教师专业成长

因为要写，所以要阅读；因为要写，所以要思考。坚持读写同时也是坚持去思考的最有效的方法，读、写、思是促进教师专业成长最好的方法和依托。

1. 坚持读书促进教师专业成长

"师者，所以传道受业解惑也。"这是众所周知的事情，可我们凭借的底蕴是什么呢？对教师而言，专业成长就意味着要完善自己的专业行为，要提升自己的专业素养，这包含着对教育的深层次理解和对教育高屋建瓴的理论水平的把握与提升。要提升理论水平，我们就需要大量地阅读理论研究方面的论著。读书会令教师在教育事业中取得卓越的成就，迈向辉煌出色的彼岸；读书可以让教师形成属于自己的教学主张，拥有属于自己的教学思想；读书能让教师更加睿智、博学。不然，我们可能很快就会面临"黔驴技穷"的窘境。

只有热爱读书的教师才能培养出热爱读书的学生，才能营造出整个社会热爱读书的良好氛围。苏霍姆林斯基说过："如果你的学生感到你的思想在不断地丰富着，如果学生深信你今天所讲的不是重复昨天讲过的话，那么，阅读就会成为你的学生的精神需要。"无论是在中原名师丁桃红初中数学工作室还是在中原名师宋歆初中数学工作室，两位导师都在引领支持大家读书。

中原名师宋歆初中数学工作室还专门开辟了读书小组，来引领大家共同读书，读好书，每日进行经典分享。中原名师宋歆初中数学工作室无论在人员资源还是工作室图书资料借阅及图书购买经费上，都是无条件地支持大家进行阅读。为了使自己尽快成长起来，我也遵从两位导师的教导，两年来一直在坚持读书，坚持每月读书3本左右，两年来共读了70余本。我想以后在工作室的引导下，和大家一起读书自然会更加具体化、系统化、专业化。

在读书的过程中，我发现读书不仅可以开阔自己的视野，丰富自己的知识，还能拓展自己思维的宽度，使自己看问题更具本质化，在读专业书籍的过程中，也更能引发自己的思考，让自己能够站在教材编写者的角度思考出题人、解题人之间角色的互变，能够站在名师的角度思考优质资源与优秀课程的融合，更能时刻关注到学生创新能力、实践能力发展的细节。这些都有利于提高教学质量及培养学生的全面发展。

2. 坚持写作促进教师专业成长

在导师引领下，近两年我一直坚持写作，写学习感悟、读后感、教学随笔、生活札记等。我发现写作过程其实就是自己思考的过程，也是整理自身思路的过程，当坚持经常对自己所感所悟所学进行反思梳理时，自然也就走上了专业发展之路。

比如，在中原名师宋歆初中数学工作室李海英老师主持网络教研助推教师专业成长——初中数学题根教学中，我深受启发。不管是李靖老师的"题根可以帮助学生准确把握不变的核心，以不变应万变。出题人循着题根求多变，解题人于千变万化中抓根本"，还是李海英老师的"每一个题根都是一类数学问题的根基、源头，掌握了题根，就掌握了该类题目的解决方法……"等等，都引起了我的思考。结合自己的教学模式，梳理自己的教学特点，借助历年中考试卷，写出了《任尔东西南北风，咬定题根不放松——浅谈题根教学法在中考复习第22题中的应用》，不仅在河南省基础教育教学研究室组织的优秀论文评选中荣获一等奖，还对自己数学专业的成长起到了很大的促进作用。

二、坚持读写的过程

1. 如何读书

读书是教师最好的修行方式，梁实秋先生说过："读书，永远不恨晚。晚比永远不读强。"目前我所选择的书籍大体分为四类：诗词歌赋、经典书目类，如《楚辞》《宋词三百首》《唐诗》《诗经》《大学·中庸》等；文学名著、历史传记类，如茅盾文学奖系列、《明朝那些事儿》系列、贾平凹的书籍、路遥的书籍等；专业书籍、教育教学类，如《数学课程标准解读》《案例式解读·初中数学》《华应龙与化错教学》《中学数学教学研究》《如何做一名出色的班主任》《教育是心灵的艺术》等；科幻、哲学、游记等其他类，如《三体》《藏地密码》《理想国》《我心光明万物生》《精进》

《结构思考力》等。

作为一位数学教师,我的人生追求为溯源寻文,努力追寻饱含诗意的教育人生。如此大范围的阅读,其目的是多读经典,传承经典;多读文学名著,提升自己的写作水平,积淀自己的文学素养。新时代的教师,还是要尽可能地博览群书,若干年后,虽不能才高八斗,起码可以学富五车。腹有诗书气自华,自己知识的厚积薄发一定能够迅速吸引学生,亲其师信其道,才可能更好地营造和谐的师生关系,提升教学质量。

2. 如何写作

写作不仅仅是单纯的写作,因为写作的过程必然伴随着实践、阅读、思考与提升。写作还可以促进阅读,促进观察,促进思考,促进探究。另外,读书会滋养我们的"底气",思考会激发我们的"灵气",写作会造就我们的"名气",可谓坚持写作的好处多多。

首先,写作从记读书笔记开始。俗话说:好记性不如烂笔头。记读书笔记就是要把一本书中的精华部分写下来,时间久了精华也就越积越厚,事后拿出来再次欣赏还可调节心情,通过回忆反思更能促进自己思想境界的提升。加入工作室以来,每年我都能留下一万余字的读书笔记。

其次,写好读书感悟。诗圣杜甫有句千古名言:"读书破万卷,下笔如有神。"意思就是多读书对写作大有好处。读书不能囫囵吞枣,光看热闹,特别是对能够促进自己专业发展的书,要细读、品读、透读,经典的书籍还要反复读。然后尝试着去揣摩作者的写作意图,去体会作者所表达的思想,去思考作品中所体现的观点。感悟丰富了,文章也就生成了。我曾读《华应龙与化错教学》后心有所感即时写了一篇读书感悟,读《此心光明万物生》后写了《国学经典伴我成长》一文,读《结构思考力》后结合自己的数学课堂写下了《借助结构思考力,打造教学新模式》等,先后发布在工作室公众号上。

再次,写好教学心得。我们常说,写了十年教案的教师不一定能成为名师,能坚持写十年教学心得的教师一定能成为名师。写教学心得可以写教学随笔,教后反思,教学感悟,教学方法、技巧等,这一切都需要我们有一个善于思考的大脑,有一双善于观察的眼睛。我认为坚持将自己的教学实践和思想凝聚成文字,日积月累,任何一位教师都必将在自己的教育生涯中留下辉煌的篇章。所写《未成曲调先有情——谈谈数学课的课堂导入》发表在《教育前沿》上，所写《任尔东西南北风，咬定题根不放松——浅谈题根教学法在中考复习第22题中的应用》获河南省基础教育教学研究室优秀论文评选一等奖，因写《实践出真知——圆柱的表面积》教学案例获教育部北京师范大学基础教育课程研究中心"最佳悦读者"称号。

最后，写好学习总结。随着时间的推移，学习的内容大多是会忘记的，及时书写学习总结不仅是对所学新知的进一步加深，书写的过程还是自己对新知思考、理解、吸收的过程，更能为以后的借鉴提供素材。2017年7月，在濮阳集中研修之后我写了2篇心得；2017年12月，清华大学的国培班结束后我写了4篇感想；2018年1月，在信阳短暂的集中研修之后，我也及时整理出了总结报道；2018年10月，在浙江师范大学校长培训班上我更是整理出了4篇感悟总结和5首诗歌；等等。我基本上是每学必写。

三、收获及思考

古人云：君子之道，辟如行远必自迩，辟如登高必自卑。荀子也说过："不积跬步，无以至千里；不积小流，无以成江海。"老祖宗的这些智慧都在诠释一个真理：不怕慢，就怕站，只要前行的脚步不停，终会有隆重的庆典等着你。

在进入工作室之前，我虽然偶尔也看看书，但更多的是追剧；也偶尔写写文章，但大多都是学校要求的或者职称评定需要的学习心得及论文等。写的时候更是看着篇幅写，查着字数写，更多的时候还是东拼西凑，质量不高。就是做试卷分析，有时也看不到本质，思维受到局限。

进入工作室以后，先是跟着丁桃红老师学写作，丁老师鼓励大家要敢写、想写、会写，不限题材、字数、模式，只要是原创就行，然后再忙也会及时编辑好发在公众号上。在丁老师的鼓励下，我也慢慢地从不敢写，到敢写，到想写，到喜欢写。我也从刚开始的不足一千字就词穷墨尽到现在的不知不觉两三千字。现在跟着宋歊老师学写作，宋歊老师不仅鼓励我建立自己的公众号，而且勉励我常写、写好、写精。从进入中原名师宋歊初中数学工作室伊始，宋老师就非常信任地给予我很多写作的机会，引导我在写作中思考、在思考中学习、在学习中突破。

在坚持读写的过程中，我多次参与工作室活动，结合工作室实际和专家报告对每一次活动及时进行总结，所写文章在中原名师丁桃红初中数学工作室公众号和中原名师宋歆初中数学工作室公众号中多次展示；通过工作室培养，我多次获得外出进修学习的机会，根据学习内容和自己的感悟及时整理学习笔记，也通过工作室公众号和自己的公众号及时和大家分享；我还多次把阅读书籍的读后感、教学心得，融入自己的课堂通过公众号分享出来。坚持读写不仅极大地提升了自己的专业素养，提高了自己的教学能力，更使我结识了更多的教育精英和名校长，同大家进行了深入的交流，巩固了友谊，增加了学习进步的机会，扩大了自己的朋友圈。路虽远，行则必至；事虽难，做则必成。我们自会以坚如磐石的信心、只争朝夕的劲头、坚韧不拔的毅力，一步一个脚印为自己所选择的教育事业去拼搏、去奋斗。

案例5　钻研文本，让语文课堂教学动起来

洛阳市西工区红山一中　于雅辉（中原名师聂智初中语文工作室学员）

回顾自己的语文教学生涯，前十几年几乎是在懵懂中度过的。身处比较偏僻的农村初中，我工作的前几年是不知"教研"为何物的，再加上当时我们乡处于老郊区和西工区的区划过渡阶段，教研活动几乎没有开展。

在这样的状态下，我的语文教学可以说有点"随心所欲"。有时候一节课，作者和写作背景我能讲上大半节，不考虑这节课的教学目标。而大多时候，我搬着教参，从作者介绍到背景介绍，从课文内容梳理到段落层次划分，再到中心思想的总结，然后是课后练习题的处理。这样下来，课确实是上完了，一节又一节的重复流程，变化的仅仅是课文名称以及自己从教参上摘抄在语文书上的内容。这样的语文教学，不只学生没兴趣，我自己也感觉无趣。于是在经历了这样的过程之后我开始寻求变化，偶尔一次的外出听课，看到有的老师有好的做法，就急于照搬过来，完全不考虑自己以及学生的实际情况。但好在自己当时年轻，精力旺盛，对学生的辅导倒是不遗余力，对学生的基础知识也是丝毫不敢松懈，所以前几年的教学虽无经验章法可言，却也在学生成绩提高方面不落人后，甚至辅导学生的作文还屡屡在当时郊区办的《练笔》报上刊出，学生参加作文竞赛也屡屡获奖。

现在回想起来，可能跟当时注重让学生读书和写日记有一点关系吧！

自己对课堂有所觉知发生在我工作调动到现在学校之后。这所初中虽然仍在红山乡，但比以前的学校规模略大一些，学校也能开展一些听评课的教研活动，我也有机会参加了区里组织的优质课比赛。这些改变让我对如何备好一节语文课有了一些粗浅的认识，知道了一节语文课要设置明确的教学目标，教学活动要围绕教学目标的达成而开展，一节语文课不只是教师的满堂讲授，还要有学生的活动才行，等等。也由于新课标的推行和学习，我知道了课堂上倡导"自主、合作、探究"的学习方式，要让学生成为课堂学习的主体。这些都让我对语文应该怎么教有了比较清晰的认识。

但由于新课标出台初期阶段，有些研究者关注了课标提出的要注重知识与能力、过程与方法、情感态度与价值观的整体发展，有段时间，无论是学校层面还是上级教研部门，都曾要求教师在备课时分别列出知识与能力目标、过程与方法目标、情感态度与价值观目标，我在当时也对此迷惑不解并感到无所适从，感觉教学目标定那么多根本无法完成，最终只能流于形式。但好在不久之后多数研究者认识到这一点并加以纠正，才使这一现象在短暂出现一段时间之后销声匿迹。

但这一现象也引起了我对教学目标设置的一些思考，我研读了《义务教育语文课程标准（2011年版）》《走进新课程》和《新课程背景下教师行为的转变》等教师培训教材，联系自己的教学实际，对语文教学中如何科学设置教学目标进行了深入的思考，写下了题为《语文教学中如何科学设置教学目标》的教学论文并在市级论文评比中获一等奖。我在论文中提出：新课标提出的"三维"目标的理念，本是三个维度，不少老师却理解成了三个方面。这样的教学目标看起来全面，实则过于繁杂，缺乏科学性，只能是走马观花，最终一项都无法有效落实。要改变这种情况，就要求教师认真把握课程标准，从实质上领会课程标准的深刻内涵，从而因材施教，科学设置教学目标，确保教学目标合理、集中、连续、高效。科学设置集中的教学目标，教师必须正确处理"得"与"失"的关系，要舍得割爱，舍得摒弃与教学目标无关或关系不大的材料，要切实改变"语文是个筐，什么都能装"的想法和做法。教学目标的设定要符合学生的年龄特点、学段要求，要符合学生的语文起点。要科学设置教学目标，更需要教师对整套教材有系统的规划，有单元整合的能力，有文本解读的能力。教师要熟读课标，比对初中三年的语文教材，对哪一阶段学生应达到什么样的目标心中有数，再具体体现在每一册每一单元每一课上。

这篇论文的写作，不仅让我对教学目标如何设置有了明晰的认识，更让我对语文课堂教学如何备课有了更多的思考，并逐渐指引我深入研究语文课堂教学。市语文教研员康爱春老师在一次语文教师培训会上说的话让我印象深刻："你们要准备参加优质课比赛的话，一定要认真研读教材，在看教参之前，自己要反复读课文，读出自己的感悟来。"这本来可能只是对参加优质课比赛者的告诫，却让我认识到，仅仅依靠教参来教书，什么时候也不可能有自己的感悟，要想在语文教学方面有所得，自己一定要在教材研读方面下功夫。

但说着容易做着难，一篇课文拿在手里，自己反复阅读，却感觉没有什么收获，最后还是要依靠教参、教案之类的参考书才能确定教学内容，自己究竟少了什么呢？我自己也陷入了深深的思考。

一个偶然的机会，我参加了河南省优质课大赛的一次观摩，受到了深深的触动。参赛选手在短短的时间内抽题、备课，呈现了很高的专业素养和对文本的解读能力，特别是能在我平时教课中忽略的地方设计出令人惊喜的环节让学生加以学习，指导学生在文本中来回穿梭，领略语言的美。这些教师为什么具有这么高的对文本解读的能力呢？后续我又买来了这些参赛教师的参赛课例，里面不仅收录了参赛的课例，还有各位老师参赛的感言及各地教研员的评价，我捧起书本，细细研读，收获的不仅是这些老师一节节课中呈现的精彩设计，更能学习到他们平时如何研读名家课例及专著，以及如何提高自己专业素养。

受此启发，我也按图索骥，购买了余映潮、钱梦龙、黄厚江、郑桂华、王君、王荣生等老师的著作来读。余映潮老师的板块式教学设计和无提问教学设计引起了我很大的兴趣，并在教学中加以模仿，但毕竟自己没有余老师那么大的备课功夫，对文章中的美点领悟不是那么深刻，照搬过来又觉得别扭，时间长了有种程式化的感觉，缺少了语文教学中那种变化的美感，便放弃了模仿。

但余老师在书中强调学生要不断地在语文实践活动中学习语文的思想

却深深影响了我，再加上钱梦龙老师在著作中提到的"学生为主体，教师为主导，训练为主线"的教学方法对我的影响，我自己在语文教学实践中也尝试着注重让学生在听说读写的语文实践活动中学习语文，提高语文素养。对照新课标，我也在其中找到了依据，新课标在课程基本理念中提到："正确把握语文教育的特点""语文课程是实践性课程，应着重培养学生的语文实践能力，而培养这种能力的主要途径也应是语文实践""因而让学生多读多写，日积月累，在大量的语文实践中体会，把握运用语文的规律"。这就更让我在语文教学中坚定了让学生多读多写的信念，并不断加以践行。

在这些名家的指引下，我对文本的解读也有了方法，这种解读不是教师的主观臆断和心血来潮，而是依据课程标准把总目标在各个具体教学内容中的细化，依然着力的是学生语文素养的提高。例如《济南的冬天》，我是这样设计的："我是依照现行人教版教材安排来设计本篇教学的。本篇课文出现在人教版七年级上册第三单元，这一单元学习写景诗文。单元目标是：通过反复朗读，在整体感知内容大意的基础上，深入体会作者传达的微妙情感，揣摩和品味富有特色的语言，积累精彩语句。这篇《济南的冬天》，老舍带着对济南的独特感情，多角度描绘冬天济南的那种气候温晴，处处舒适的特点，融情于景，情景交融。我首先抓住文末'这就是冬天的济南'这句话，让学生概括济南景物，领会课文基本内容。在此基础上，通过一个切入点'小'带领学生品味语言，去把握融入文本的'真情'，并进一步探讨本文融情于景的写法。"抓住文末的一句话让学生概括济南的景物特点，又通过细读文章，发现本文写景时突出一个"小"字，从而体现了作者对济南的深情。又如《背影》一课的设计，我着重让学生品析"车站送别"中父亲背影的艰难、困窘、衰老，从而体会父亲的不易和我感动的原因。父亲说的几句话，我设计了让学生对比父亲语言和可能出现的母亲语言的不同，进而领会父亲语言的简洁和其中蕴含的深情。这些设计，都着重推进了学生的语文实践活动，让学生思维动起来，嘴巴动起来，整个课堂也就动起来了。

语文教学仍在继续，我对语文课堂的摸索就仍在继续，虽然我对文本的解读还显粗浅，但好在我仍在不断努力探索之中，带领学生在实实在在的听说读写中摸爬滚打，不断前行。

案例6　问题课题化　课题促成长

许昌市第二中学　李星（中原名师宋歆初中数学工作室学员）

教师的成功与否其实很大程度决定于自己是否有自主发展的意识和积极进取的决心。教师是学生成长的引领者，我们经常向学生强调"师父领进门，修行在个人"，其实教师的发展何尝不是这样。教师从内心主动要求发展的意识如果觉醒，那么这将是一股多么强大的力量，再加上专家的引领、同伴的互助，如虎添翼，发展起来自然就畅通无阻。而自主发展最有效的途径之一就是做课题，2017年我有幸成为中原名师宋歆初中数学工作室的一员，在这一年的学习研修中关于课题研究我收获颇多，下面我来谈谈课题"微课应用于初中数学课堂的实践策略研究"对我的专业成长的促进作用。

一、课题研究促进教师专业成长

1. 教学中存在的问题有利于教师成长

教学中存在的问题就是教师专业发展的契机，很多时候由于懒散和不重视，教师遇到问题时，不是去想怎么解决它，而是抱怨，甚至无视，这直接导致问题解决不了，从而影响教师专业发展。假如教师有问题意识，并且积极记录面临的问题，随后制订解决方案，在教学中尝试解决方案，再记录结果，反思结果，再改进，再实践，再反思……如此进行下去，就可以把反思和科研相结合形成一个课题，最终促进自己专业的发展。

2. 深度研究的课题有利于教师成长

中学教师的课题意识普遍不强，因此在做课题时不免层次较浅，仅仅局限于个人经验，无法进行有深度的、系统的研究。如果教师课题意识增强，俯下身子，真正扎实做好每个环节，教师的专业水平必定会上一个新的台阶。

另外，关于课题研究，教师的理论支撑的力度也不够，归纳总结的能力不强，课题实验工作的开展和反思过于单薄，研究的深度、广度不够，对实验研究过程中的经验难以提升，这样的课题研究终究无法推广。有深度的课题研究要求教师必须多学习理论知识，提升自己的归纳总结能力，广泛涉猎相关课题的研究成果，从而做出有深度、有见解、有意义的课题研究。

二、微课研究有利于教师的专业成长

随着新课程改革与信息技术的深度融合，充分利用新媒体手段创建微课资源，越来越受到广大师生和家长的欢迎。微课使得学生获取知识更具有直接性、选择性、便捷性和有效性。甚至有人宣称AI科技完全可以取代具有20年高级职称经验的教师进行授课。我们先不论它是否属实，但是科技进课堂已经是大势所趋，因此微课的先进性确实不容小觑！

作为一名初中数学教师，为了更好地服务于教学，有必要研究微课。

1. 微课研究促进教师微课制作能力的提升

在初中数学教学中，微课通常以视频的形式呈现，这要求教师提前制作视频课件。制作过程很复杂，需要花费大量的时间。微课制作的好坏取决于它产生的视觉效果，这就要求教师在制作时注重对素材的选用以及PPT背景照片的选取，比如制作PPT要排版清晰、逻辑性强，具有启发性。页面数量要合理，从美学设计上，整个PPT中文字、图片和空白部分搭配合理，这样就可以避免出现审美疲劳。整个PPT的背景以素雅为主，切忌花哨。做好微课，可以提升学生学习数学的热情，也可以增加教师的成就感。

2. 微课研究促进教师教学形式多样化

（1）平时教学

课前教学：微课可应用于初中数学课前教学中，引导学生加强对课堂教学主题的把握，使得学生可以积极结合新旧知识点进行思考，从而发挥自身思维能动性，达成教学高效化目标。比如人教版九年级解直角三角形应用教学，教师可适当布置一些练习，强化学生新旧知识点。例如：测量松树AB的高度，如有一个人站在距离松树15米的C处，测得仰角度数$\angle ACB = 52°$，并且已知人的高度是1.72米，求树的高度有多少米。通过此类微课练习，教师可引导学生进入问题情境，使得学生很快进入学习状态，加强分析问题与解决问题的能力，促使学生学会应用正弦及余弦解直角三角形，甚至可以创新思维，使用正切和余切来解直角三角形。教师把控教学节奏，使得学生可以跟随教师的引导来逐步深入数学问题情境，促使新旧知识点结合深化，使得思维得到有效拓展，避免传统模式思想僵化的弊端。因此，微课在课前教学环节以问题形式为主。

课中教学：微课可应用于初中数学课中教学，引入知识点讲解，使得学生明确教学目标，并充实自身数学知识。课堂中微课教学有别于课前问题形式的微课教学，以知识点引入讲解为主。教师要适当利用微课资源辅助手段进行知识详细讲解，使得学生可以通过知识的详细剖析而加强对数学定理、概念的理解。这就要求教师对于微课设计要具备针对性，集中教学知识点，加强教学主题的明确性。比如人教版锐角三角函数的教学，教师可将知识点正弦、余弦、正切概念分为三个微课视频，引导知识讲解，使得学生可以正确地用 sinA、cosA、tanA 去表示直角三角形中两边的比，并且熟记30°、45°、60°角的三角函数值，做到根据这些值回推对应的锐角度数。在课堂教学微课中，教师要注意把控教学讲解节奏，并适度给予学生思考的时间，注重培养学生观察分析、比较归纳、总结概括的思维能力。因此，微课在课中教学环节以知识讲解为主。

课后教学：微课可应用于初中数学课后教学中，加强学生的自主学习意识，促使学生巩固教学知识点，延展数学知识的广度与深度。教师可适当布置一些巩固习题、开放习题、拓展习题并拷贝给学生，方便学生课后进行自主学习。适当的习题微课可以加快学生对新旧知识点的巩固记忆，使得学生通过习题来加强知识运用的灵活性，促使自身学业能力的提升。比如人教版三角函数的教学，教师可布置开放式习题，组织学生通过小组协作进行探究活动，促使学生之间达成良好的协作关系，思想可以共通有无，弥补自身思想局限，促使学生创新意识与数学思维的提升，从而加强对数学问题的解决能力。因此，微课在课后教学环节以习题巩固为主。

(2) 中考复习阶段

在传统的中考数学复习中，由于学生成绩参差不齐，班级人数较多，教师个人的精力有限，很难顾及全体学生，往往只能以成绩中等的学生的情况来进行复习教学，这对成绩较好的学生和成绩较差的学生都不公平，会造成成绩较好的学生厌烦、成绩较差的学生害怕的情况。微课教学可以缓和这一局面,因为微课的问题重难点突出,明了易懂。

比如人教版乘法公式的教学,从七年级学习、八年级巩固到九年级复习,都有很多学生在这一部分失分,简单的几个公式对学生而言,记清楚且用清楚好像很不容易。而微课正好可以帮助解决这一问题:在复习此内容前,教师可以为学生制作一个巩固微课,将公式的推导从数与形两个方面进行展示得出结论。微课中以展示过程为主,并配以语音解释。如平方差公式 $(a+b)(a-b)$,从数的角度进行计算,$(a+b)(a-b)=a^2-ab+ab-b^2$;从形的角度来看,可以由原来边长为 a 的正方形挖去边长为 b 的正方形,通过裁剪将剩余部分等边重合拼接,可得到一个长和宽分别为 $a+b$ 和 $a-b$ 的长方形,计算面积可形象直观地得出公式。学生利用这一微课进行自学,可以轻松地把握好公式的结构,从中还可以看到数形结合对于解决问题的重要性,从而开拓了思维,为类似的问题积累了有效的学习方法。

三、课题研修经历

作为一线教师一定会遇到很多教学上的问题,如果不去研究这些问题,任由它们留在那里,它们就会像定时炸弹一样在某一时刻出来炸毁你的教育激情,时间长了你可能会麻木、不知道疼痛,可是那样遭殃的就是学生了,所以不管是学生的需求,还是教师自身的需求,都要求我们做课题,这也是提升自己最有效的途径,通常也会使自己的教学之路走得精彩绝伦。

初中数学的抽象性,使得很多同学望而却步,老师使出浑身解数增加课堂的趣味性,但毕竟精力有限,无法达到预想的效果,所以随着学习内容难度的加深,很多同学就开始掉队,面对这样的情况,数学老师们也是束手无策。随着教育改革的进一步深化,信息技术越来越融入到了日常教学中,数学老师积极思考,深觉"微课进课堂"已经迫在眉睫。于是,经过近一年的大胆尝试、思考与探索,我于2017年3月积极筹备课题,已经申报成功,获得省级课题(SXGZS201705)立项。

一年多来,我们数学课题组成员通力协作,潜心研究,积极参与省、市、校各级各类研讨与学习,随着课题的推进,课题组老师也在自己的教育教学中取得了长足的进步,并收获了预想中的成功,目前已经完成了本课题的研究工作，并取得了显著的研究成果。

四、收获及思考

课题"微课应用于初中数学课堂的实践策略研究"着眼点在解决我们眼前大部分学生认为数学学习困难的问题，达到优化课堂、提高教学质量的基础目标，并以此为契机，培养学生自主学习能力，提高师生的综合素质，最终实现素质教育。

课题研究的价值：1. 能切实地促进本校学生能力训练、课堂的高效及可持续发展，从根本上解决了教师工作量大、学生学业负担大，并且在付出更多艰辛努力后却得不到长足发展的问题。2. 对微课的研究，在一个地区起到了抛砖引玉的作用。

但在可行性操作及论证方面要更细致、层次更鲜明。研究对象包括教师和学生，研究内容要兼顾两者，却又不能独立存在，要注意教与学的融合与统一性。课题组在研究时可以借鉴成功经验，扎实做好每一个课题任务，找到问题的突破口，形成自己的特色。

在课题研究实施过程中，我们发现微课应用于初中数学课堂的过程中还有很多问题有待解决。

1. 微课的录制要遵循结构完整性的原则

尽管微课的结构与一般的课堂结构不同，但同样需要有完整的教学结构和知识结构。现在的微课都是一些"碎片化"的知识，学生可能会在没有任何知识背景的前提下去了解它，因此我们在设计时要合理选材，不仅要确保知识结构的完整性，还要考虑知识点之间的过渡。只有这样，学生才会把已学知识和新知识进行主动建构，以获得完整的知识体系。

2. 微课的使用也要遵循交互性原则

微课交互性与传统课堂的交互性不同。由于学生是在虚拟环境下依靠网络平台进行听课、看课，师生之间无法实现现场的互动交流，学生有疑问不能问，教师也没有办法像课堂教学一样从学生那里获得信息的反馈。也就是说微课教学无论有多精彩，都与现场教学有一定的差距，它缺少了面对面教学那种知识与情感的交流和师生互动的氛围。因此教师在进行微课的教学设计时不仅仅要考虑教师的意愿，更要从学生的认知水平、思维特征等呈现学习内容。即使是这样也不能很完美地解决这个问题，这就有待我们进一步研究。

我们目前的研究成果认为微课应用于初中数学课堂还只是初步的探索和尝试，可能在我们学校或当地能起到抛砖引玉的作用，当前还有很多困难摆在我们面前。

总之，本课题的研究历经一年的时间，在此之前虽然也做过一些课题，但是做得不够扎实，在宋歆老师的悉心指导下，此次做课题虽然我们遇到了一些困难、挫折，还存在着一些不足，但我们课题组成员抱着提升自我素质的态度，各自尽了自己最大的努力，并能团结协作，脚踏实地地进行研究，也取得了一定成效，基本实现了预期的目标，培养了学生的自主学习能力，也进一步探索出了微课应用于初中数学课堂的有效策略，对我来说是一个很大的收获。它的意义不仅在此，以后做课题就不会再走那么多的弯路了。

案例7 有思想，才能走得更远

商丘市回民中学 王丹丹（中原名师程黎高中地理工作室学员）

从一位刚毕业的学生，到成为一名优秀的教师，这中间要走多远的路？也许很多人都说需要很多年。但是，我要说，在名师工作室的培养下，快速转变和提升是可以实现的。有了名师指引，有了自己的努力，成长之路会走得更好，更快捷。

一、成为教师头三年

2013年6月，我从东北师范大学自然地理学专业研究生毕业，来到了商丘市回民中学成为了一名高中地理教师。

第一节地理课，面对60多位学生希冀的目光，我不敢与他们对视，下课时候满身是汗，当时的感觉是：做一名学生真幸福！我没有丰富的教学经验、幽默风趣的台风，也没有自己的教学风格……每一节课都要提前几天备课，课后习题也是早早做完，生怕出了什么岔子，整个三年，我都是这么勤奋认真地努力着……

二、成长路上转折点

2015年,河南省中原名师工程中原名师程黎高中地理工作室准备接受考核,我作为中原名师程黎高中地理工作室的一名成员,全程参与了工作室考核材料的准备和迎检工作。在接受考核中,浙江师范大学一位教授的最后一题,成为了我成长路上的一次转折。

他提出:"请大家谈谈程黎老师的教育思想是什么。"正是这一题,让我陷入了沉思。教育思想是什么呢?这时,我才意识到自己与名师的距离有多远,我还需要继续学习充电,于是进入了新一阶段的修炼。

1. 坚持读书

书是人类生活中不可缺少的一位好朋友;读书也是人类生活中不可缺少的事。近几年给我印象最深的是海伦·凯勒的《假如给我三天光明》、亚米契斯的《爱的教育》、张文质老师的《教育是慢的艺术》以及陶继新老师的《做一个幸福的教师》等几本书。

读书不仅可以丰富人的知识、提升人的才华,还可以让人修身养性、净化灵魂,灵魂在阅读中逐渐变得高尚优雅了起来,使心灵更纯洁、更美丽。所以多读书才可以让教师的情怀开阔,境界高远,心无挂碍,思无羁绊,心态平和。我会继续坚持读书,不断给自己充电,努力做一个一直幸福的教师!

2. 听课、磨课

课堂是教师的主阵地,对于我一个青年教师来说,站稳讲台是必备的素质。平时我开始主动地去听一些优秀教师的课,根据自己的特点,学习借鉴他们的风格,进一步思考自己的教学风格。

3. 指导实践活动

碧野蓝天地理社是2004年由程黎老师等前辈指导成立的一个社团,后来包括我在内的很多老师和学生加入本社团,在程老师等的带领下,我们组织学生开展了"绘制校园平面图""校园植被调查及保护""走访敬老院""商丘高铁建设对居民生活的影响"和"商丘包河道北段水质调查"等一系列的社会实践活动。

通过实践活动,学生提高了学习地理的兴趣,提升了地理实践力;老师转变了狭隘的思想，认识到了开展地理实践活动的必要性，更加重视将地理知识学习与生活实际应用结合起来。

4. 外出学习

加入中原名师程黎高中地理工作室后，学习机会也多了起来。2017年4月，我参加了"全国中学地理'立德树人'实验项目"会议；2017年6月和10月，我两次参加了工作室"2017年度河南省名师、骨干培育对象集中研修"；2018年5月，我参加了"河南省骨干教师培训"；2018年7月，我参加了"商丘市名师培训"活动。

每一次的学习，都让我觉得得到了一次教育教学理念上的洗礼，点燃了探索教育教学改革的激情。作为教师，我们要不断更新教育理念，走出去、多学习，反思自己，不断地拓宽自己的视野，努力做一名研究型教师。

三、磨炼思想再前进

2019年，我成为了中原名师程黎高中地理工作室的省级骨干教师培育对象。我更加努力地向名师学习、向各位学员伙伴学习，在课堂实践中磨砺成长。我经常给自己录课，比如录了"热力环流"等课程，我自己对着电脑反复看，找出问题并及时改正；然后拿着录像找程老师和工作室的小伙伴，让他们帮我打磨课，一遍遍地打磨、一遍遍地修改，就这样，我在课堂教学环节的设计、重难点的突破、语言方面、教态方面等逐步提高。

程老师要求我们培育对象要不断反思自己的教育教学过程，形成自己的教学主张。经过反复思考，在程老师的帮助下我提出了"问题引领、深度参与"的教学主张，也慢慢形成了幽默灵动的教学风格，先后获得了河南省地理优质课一等奖、商丘市地理优质课一等奖，荣获了河南省骨干教师、商丘市教学名师等荣誉。

我深知，教育思想的形成绝不是一两年的工夫，需要不断地思考，不断地实践，不断地调整。我更深信，一个有教育思想的人，在教育教学成长的道路上，一定会走得更远……

案例8 我的教学主张：图智课堂

平顶山市实验高中 程润霞（中原名师程黎高中地理工作室学员）

一位教师要从优秀走向卓越，教学主张是重要的生长点。

什么是教学主张？在很长一段时间我其实没有认真思考过这个问题。以前的我，只注重地理课目分类的研究，不同章节，不同的侧重点；上课时充满激情，下课后耐心解答学生的疑惑，尽心尽职地授业。在2018年12月商丘集中研修活动开展之前，程黎老师已经明确提出关于教学主张的思考，初步的探究中我明白了我之前所有的做法、招数、策略只是经验，用这些经验工作起来倒是得心应手，但也常常陷入经验主义的泥潭。细想作为名师如果缺乏自己的教学主张，从专业上讲，那依然是一个无"家"可归的"流浪汉""门外汉"，没有专业精神和学术追求的归宿，这样就很难产生专业和学术上的影响力。

经过集中研修，特别是听了几位老师的分享，我把自己的教学体验总结、提取，形成了自己的教学主张——图智课堂，励精图治，大有作为。

图智课堂之一——以图为轴，它突出地理课堂的独特魅力。地图是地理知识的重要载体，但平时许多学生对地图心存畏惧，地图应用能力较薄弱，我通过课堂引导，让学生学会看图、识图、绘图、用图，尽可能使地理知识图像化，做到以文析图、图文结合；从利用经纬网构建心理地图，到各种景观图、等值线图、坐标图、统计图表、示意图……我引导学生明确图示主体，分析图的结构，抓住构图要素，结合我们地理学科基础知识，判读图中规律，让学生变得不再惧怕这种地理学科特有的语言的魅力，而是乐于看图、析图，从中抓特征、顺联系、巧突破，从而练就了判读地图的一双"火眼金睛"。

图智课堂之二——我的课堂必须是智慧课堂。对于教学，我的认知是：教育的本质是要促进学生生命的成长，要开启学生智慧并教育和养化之。有四个要素支撑的课堂才是有张力的课堂，才有助于培养有智慧的人才，这四个要素包含：生命要素，要关注学生学习目标的层次性，方法的多样性；生存要素，让学生从课堂上汲取营养，学会生存的基本技能和掌握生存必备的基础知识；生长要素，注重学生经验的改造，要引领学生从已知的世界进入未知世界；生活要素，则要强调学科素养如何落地，用学科知识解决现实的问题。教师是课堂的主导者，学生才是课堂的主体，教师导得好，学生才能通过课堂活动的开展，掌握知识和技能，分析问题，让学习成为快乐的事情。作为教师的我们一直坚守着学校课堂教育的一方宝地，我们有责任帮助学生更好地适应当前和未来社会、促进学生终身发展和社会良性运行，有责任把学生培养成有智慧的人。

当代地理教育的重要理念之一是让地理成为"对学生终身发展有用的地理"，《普通高中地理课程标准（2017年版）》明确提出了高中地理学科核心素养——人地协调观、综合思维、区域认知、地理实践力。而要培养学生的智慧，培养学生以知识、技能、情感、态度、品格和思维等为基础逐渐形成的具备适应社会发展需要、个人终身和全面发展所必需的关键能力和必备品格，首先我们的课堂必须是智慧课堂。在不断的探索中，我的智慧课堂通过"四步一线"教学模式引领学生的智慧成长。"四步一线"教学模式中的"四步"是在课堂教学过程开展"问题导入，明确目标—自主学习，夯实基础—合作探究，突破重点—巩固应用，拓展提升"四个教学步骤；"一线"即整个课堂教学过程以"展示—评价"为主线。在整个教学过程中，始终贯穿"展示—评价"这一主线。通过四个教学步骤，激发学生兴趣，引导学生主动合作和探究，提升认识，运用知识，化解难点，解除疑惑，从而完成教学目标，达到终身受益的课堂教学模式。我的课堂智慧为学生人生见识的提升、人生境遇的选择及有境界、有追求、有价值的智慧养成打开了一扇大门。

"四步一线"教学模式主要由以下环节组成：

1. 课前：结合导学案，自主先学

目的：让学生学会读书，学会准备，从而让"学"走在"教"的前面。教的起点就是指导和发动学生预习、交流预习成果、督导对预习的落实。

具体做法：课前提前发放导学案，学生结合导学案完成预习。

注意：最开始导学案完成情况并不理想，甚至在个别学生手里成了一张废纸，因此教师一定要严格督促，落实到位。上课前让小组长把本小组的预习完成情况向老师做简单汇报，主要汇报和评价本小组成员的学习进度、学习态度、学习方式方法、疑难问题、学习愿景等情况。有了老师的督促和落实，很快学生就能养成良好的预习习惯，掌握有效的预习方法。

2. 课堂：小组活动围绕"展示—评价"主线开展

(1) 小组展示

结合预设问题，小组成员独立完成导学内容后，各小组开展活动，活动由小组长负责，组内分工明确；讨论交流，相互启发、帮助和合作；在全班展示议题。

通过学生与同伴进行交流、答问、帮助的机会，让问题在小组合作学习中基本得到解决。在活动展示时，接受其他小组或教师的质疑、评价和挑战。

(2) 点评组评价

点评组的确定：两个小组搭档形成固定的展示组与评价组，一组展示，另一组评价。

点评组点评时，要从对方展示的答案的准确性、语言的学科特点和规范性、答题思路等方面给出评价，也可以质疑对方，或给出自己对问题的看法等。

展示和评价的教学意义在于：让学生以团体的身份去展示、评价、交往，使学生在表达、倾听、实践、思辨中进行智慧交锋，通过师生、生生互动生成，提高学习能力。

3. 练习拓展

教师提供适宜的拓展内容，让学生在新问题情境中运用所学的知识，灵活思考和解决问题，提高综合素质。

拓展练习的教学价值在于：树立联系意识，拓宽学生的视野，达到活学活用，让学生形成迁移能力。

案例9 "教学相长"践行教育梦

鹤壁市高级中学 宋海学（中原名师程黎高中地理工作室学员）

《礼记·学记》说："是故学然后知不足，教然后知困。知不足，然后能自反也；知困，然后能自强也。故曰：教学相长也。"作为一名普通的高中地理教师，我始终相信"教"的目的是培养学生成人、成才、成功，而"学"的目的是更好地"教"。人生在于奋斗，而我十八年的教学生涯就是"教学相长"的奋斗历程。

一、用激情点燃学生——跟着老师走

初出茅庐头五年，我深信只要有激情就一定能教好课，能成为一名好老师。记得德国教育家第斯多惠曾经说过："我以为教学的艺术，不在于传授的本领，而在于激励、唤醒，没有兴奋的情绪怎么激励人？没有主动性怎么能唤醒沉睡的人？"刚大学毕业，年富力强，我有一股创立一番事业的干劲儿和想法。于是，教学上我选择了激情教学法。激情教学顾名思义就是用激情去进行教学，用激情去传授知识，完成教学目标，使学生的智慧得到启迪，潜能得以挖掘。

2001年的一天下午在高一（12）班上地理课，我神采奕奕地出现在学生面前，和善、亲切地微笑着，学生很自然地把我当成大朋友，与我亲切交流。由于备课充分，我讲课时声音洪亮、抑扬顿挫，知识讲解准确而生动。随着课的进行，我自然地挥动手臂、摆头、耸肩、皱眉等。尤其是眼神的运用，将全班学生浏览一次，停留几秒钟，产生了奇特的效果。我在讲课时语言力求生动形象且富有美感和感染力，点燃了学生心中的激情之火。同时，语言上我讲究轻重缓急的节奏，结合有声语言和无声语言，声情并茂，拨动学生的心弦，引起学生的共鸣。学生整节课跟着我的思路在思考、在记忆。课后，有学生跟我说："老师，您讲课太有激情了，我本来瞌睡得要命，结果也被你感染到地理课的学习中，感觉收获很大，谢谢老师啦！"通过激情教学的培养，我发现课上睡觉的学生越来越少，他们作业完成得越来越好，学生对我说越来越喜欢地理课了，所教班级的地理成绩也越来越好。

在激情教学时我也注意及时反思、找出问题并寻求解决的方法。我注意时刻稳定自己的情绪，在烦闷、愤怒等负面情绪发作前，先深呼吸，缓一口气，调整思绪。后来，我找到一些有益身心的情绪宣泄方式，如散步、静思、写作等。有了稳定的情绪，才能激情教学。

激情教学确实能激发学生学习的积极性，但它是以教师为主导的教学

法，让学生跟着教师的思路而转换，一节课下来老师累学生也很累。

二、用经验吸引学生——师生互动

在收获与困惑中，五年过去了。长期周而复始地备、讲、听、评、批，激情在消退，咽喉炎在加重。我逐渐深刻地意识到激情教学不可持续了。随着教学的深入，通过自己实践、听其他老师的课和看书看报等，我的知识和经验在增长。我为什么不利用自己的经验去吸引学生，去教好每一节课呢？由此，我想到了经验教学法：教师利用自己丰富的知识和经验去教学，使学生学有所得，并顺利完成教育教学任务。

经过不断的努力，我对中学地理知识和知识体系已经十分熟练。对学生提出的问题基本上都能深入浅出地讲解透彻。一次，一个学生不知在哪儿找了一道题问我，我看这个学生的神色有点不对劲儿，就先让他把题干信息读了一下，同时我也在积极思考，抓住主要问题后去课本上找知识点，深入浅出地把题讲解清楚、透彻。学生很惊讶，说："老师，我问了班上好几个同学，他们都不会。我爸是地理老师，也没给我讲清楚，让我问你。本来想这一下一定难住你了，没想到你一下就讲清楚了，谢谢老师！"我说："没什么，继续努力。"这个学生带着满意的笑容离开了。

通过经验教学法实践的深入，地理教学上我也开始让学生在课堂上讨论问题，师生互动增多。讲"地理环境的差异性"，我把学生分成三组，每组讨论研究一个问题，然后每组派一位同学来讲台上讲解。教师由表演变为导演。

经验教学法虽然要求师生互动多，但依然是以教师为主导的教学法，对学生自主性和创造性的培养依然不足。经验教学法实践中的弊端也越来越明显。这一切都逼着我开始思考一些新的实际问题：如何创立一个能解决现实问题的教学法？如何形成自己的教育教学思想？

三、用智慧引领学生——跟着学生走

近几年，我开始注重学生自主性和创造性的培养与研究。在多年教与学的基础上，通过认真学习、实践、反思和总结，我创立了发现与纠正式教学法，形成发现与纠正教育的教学主张。

让学生"亲自发现一些知识",又要"控制学生的行为达到预定目标",我将美国心理学家布鲁纳和斯金纳的思想融合起来。我改变单一发现和单一讲授模式,使发现式教学法和传递—接受式教学法统一起来。不管课本知识多难,学生只要去认真预习,都会有一定的理解,只不过理解得有对有错、有深有浅。因此我把这种教学法称为发现与纠正式教学法。

这一教学法的教学原则是:先发现,后纠正,再发现,再纠正。

发现与纠正式教学法的创立与实践是我用教学智慧引领学生学习的重要一步。教师主动把课堂交给学生,教师就是一个智者,即答疑者。教师要跟着学生的需要走。

如,"地球的自转"这部分历来是学生最难学的知识点,老师讲得累,学生学得累。利用发现与纠正式教学法,我的教学设计思路如下:

先发现:让学生先通读教材,找出哪些会、哪些不会,把不会的难点上报小组长。

后纠正:让学生代表根据自己小组的理解去讲难点。结果可想而知,讲错了很多,笑声一片,但教师却发现了问题的症结所在。然后教师纠正,把难点给学生讲清楚。

再发现:让学生再去理解课本知识难点,并相互提问和讲解。在这一过程中再发现难点并报给老师。

再纠正:再让学生去讲,再发现错的症结所在,教师再纠正。

这样一来二去,看似复杂,实际效果很好:学生的主动性和创造性被淋漓尽致地表现出来,学习效率很高。大多数同学基本上当堂对知识都能熟练掌握。教师用教学智慧引领学生,让自己成为课堂上真正的导演,让学生走向舞台的中心。

在不断实践的基础上,我也积极让学校其他老师跟我一起实践发现与纠正式教学法。

人生在于奋斗,而奋斗的动力源于责任,责任的本质是为国家培养更多优秀人才的梦想。每天,我站在三尺讲台上,挥洒着自己的青春和汗水,伴随着"教学相长"的脚步成长,践行着自己平凡的教育梦。

案例 10　静心教书　潜心育人

郑州市郑东新区通泰路小学　王璐（中原名师马娜小学语文工作室学员）

成为了中原名师马娜小学语文工作室的一名学员，我深感幸运与幸福。2017年春，我参加了商丘六个中原名师工作室举办的"中原名师商丘联盟省级名师、骨干教师培训"活动，此次活动可谓是一场专家大咖的专业引领、同伴互助、自身成长的营养大餐。我们这批追梦的年轻人——带着自己的梦想、揣着自己的困惑，相聚在了一起。

在有限的时间里，我们聆听了多位教育专家教授及校长的精彩讲座，他们以鲜活的实例、丰富的知识、幽默的语言、独到的教育观念及精湛的理论阐述，深深地吸引着我们，感染着我们，引领着我们，让我们在解读自己的同时，深刻感悟新课改的发展方向和目标，进一步反思以往的教育教学工作，不断拓宽视野，更新教育观念。对此我感受颇深，受益匪浅。与名师专家面对面交流，并聆听他们的教诲，实在是千载难逢的机会，他们给了我一个信念，那就是把教育当成自己的信仰，做一名勤于读书、善于思考的教育者。在与名师专家近距离的接触中，我感受到他们灵魂的高尚，掌握了许多做人的道理，实实在在地感到自己的浅薄，使我重新看待自己的工作，审视自己的个人价值。美国心理学家波斯纳提出教师的成长公式是"经验＋反思＝成长"，我国心理学家林崇德提出"优秀教师＝教学过程＋反思"，无论是前者还是后者，我们都可以得出一个结论：反思后的总结是教师成长的重要基础。回望过往，我总结梳理经验、反思汲取过失、改变提升自己、学习开创未来。

一、好书研读

学员们的读书分享让我体会到，老师们的修养潜在气质里、谈吐上、胸襟里，以及生活和文字中。怎样专业？书中自来。给我们指明方向的工具书《义务教育语文课程标准（2011年版）》，无疑为广大一线教师点亮了盏盏明灯，照耀成长之路。通过认真研读，我深刻理解了书中的基本理念，深深体会到了社会赋予我们的责任——我们是人生旅途的启蒙人。

二、听课、评课及课堂展示

听课、评课是促进教师教学观念更新、教学经验交流、教学方法探讨及教学水平提高的重要途径和主要手段。在听课、评课中，要学会换位思考：如果是我，我会怎么去处理这个环节？我也执教了两节观摩课，都受到了大家一致好评！

三、学术研修

集中研修，让我们近距离聆听了专家讲座，场场有亮点，场场有收获。每位学员都像吸水海绵一样用汲取的营养滋润着心田。商丘市一中牛超校长题为《明师道、养师德、铸师魂》的报告用幽默智慧的语言向我们阐述了好老师的四个标准——有理想信念、有道德情操、有扎实学识、有仁爱之心。真可谓"聆听远古智者心声，鉴品当下东方智慧"。睢阳区胜利小学的张凤仙校长为大家做了题为《做智慧型教师》的报告，她接地气的报告，让在座的教师深刻体会到智慧在课堂中画龙点睛的力量，她用自己的成长经历告诉我们：经验＋反思＋再跟进＝成长。商丘市回民中学程黎老师为大家做了题为《如何有效地讲课和评课》的报告，商丘市第一实验小学马娜老师为大家做了题为《课题研究的七种意识》的报告。她们的报告特别实用，例如：如何上好微课，上微课时的六大基本要求和一些注意事项，教师为什么做研究，做研究需要经过哪几个环节等，给第二天就要进行课题展示和答辩、微课展示的学员老师们一场及时雨，专家们把用理论指导教学实践、研究和探索教育、教学规律有机地结合起来，鼓励教师做一个专家型、学者型的教师，做"发现型、发明型、创造型、创新型"的教师。

我相信我在研修期间所收获的宝贵经验，一定会为我今后的教育教学奠定良好的基础，缩短探索真理的路途。

四、成长之路

研修中有硕果累累的喜悦，有遇到困难挫折的惆怅，有与同事并肩作战的艰辛。但是岁月的堆积只会使我成熟沉稳。今年我学习主动性很高，越学习越感到理论水平的严重匮乏。我自觉加强学习，虚心求教，不断理清工作思路，总结工作方法，一方面干中学，一方面学中干，不断掌握知识、积累经验，一直在用学习和行动诠释"理念向深处走，行动向宽处行"的教育理念。

经过培训研修，我受益良多：在专家身上学到了谦卑；在同行身上感受了差距；在导师那里领略了风采。虽研修结束，可已隐隐约约感到了肩上的重担。作为名师培育对象，我今后要去带动更多的老师。自己要及时充电，加强理论认识，提高教学水平，搞好课题研究。曾几何时，梦想着自己能成为省名师，如今愿望即将实现，却发现今后的路会很长，因为这个梦想自己要永远踏踏实实行走在教育的道路上。我培训前已为自己制订了三年个人成长计划，愿三年后的我成为一名名副其实的名师！

案例11 利用媒体平台资源辅助语文教学

焦作市第一中学 张莉（中原名师宋爱芹高中语文工作室学员）

《普通高中语文课程标准（2017年版）》指出语文学科核心素养为"语言建构与运用""思维发展与提升""审美鉴赏与创造"以及"文化传承与理解"。这意味着语文教学需要的不仅是识记、理解、分析等能力，更要有鉴赏的水平、探究的动力。在跟随中原名师宋爱芹这几年的学习中，我印象比较深刻的是特级教师张孝纯先生提出"大语文教育"的主张，张孝纯先生认为语文教育，是以人获得更好的身心发展为基点的，因此，语文教育不仅在于让学生更好地进行语言表达，同时在于帮助学生形成良好的思维方式、培养美好健康的情感与心理认知、完善和提升学生的自身人格与人文修养。

随着网络、影视传媒图像化程度的加强，光影和声波可以跨越时空传递信息与快乐，满足人们的耳目之娱，同时也为学生拓宽了学习语文的途径。所以教学实践中，我进行了一场利用媒体平台资源辅助语文教学的研修。研修过程主要围绕以下几个方面展开活动：

一、媒体新闻类资源的利用

新闻类资源应该包括社会热点新闻类节目、热点人物访谈类节目、新时代发展访谈类节目等。其中社会热点新闻类节目，或报道全国重大事件，或曝光社会不合理事件，或剖析当代人的道德观念，或对新近热点做全方位评析。以《新闻周刊》为例，一期时长约45分钟，一节晚自习课的时间恰好可以看完。节目采取的是一种平面媒体——报纸类的叙事评论方式，一期节目由六个版块构成：《新闻回顾》是对一周重大新闻事件的梳理；《本周视点》是以新颖的角度对全周最具价值的一则新闻进行全面解读；《人物回顾》是对一周中有代表性的新闻人物进行梳理与分析；《本周人物》是对本周内一位最具影响力的人物进行深度解读；《本周特写》是用故事方式展现多元化的社会现象与新闻事件；《本周声音》则是在节目开始和最后通过同期声传递出对近期相关重大问题的不同观点和争议。整期节目有事实，有观点，有鲜活的材料，有敏锐的评论。学生不仅可以关注社会民生，了解新近热点，同时可以学习新闻评论人的评论视角、方式，从而学会抓住要点，提高分析问题的能力。正如《中国青年报》中所说的："屏幕上还是那些画面，而解说者也是评论者白岩松，为观众提供了比画面更丰富的东西。"

热点人物访谈类节目，是目前各个电视平台力推的节目类型，我们所熟知的就有如《朗读者》《开讲啦》《鲁豫有约》等。这些电视节目所邀嘉宾，往往具备一定的社会影响力。以《开讲啦》为例，其邀请的所有嘉宾都以"中国青年心中的榜样"为选择标准，既有杨利伟这样的航天英雄，也有葛剑雄、赵启正这样的学者教授，同时还包括了邓亚萍等文体名人。学生通过人物分享的他们对于生活和生命的感悟，在思考、碰撞中可以关注到关于中国青年现实的讨论，获得心灵的滋养；在节目以文化感染人、鼓舞人、教育人的传导理念中，获得庄重的情感体验和怡情审美的精神愉悦；在每一个人物深沉隆重的内心表白里，经历着一个个养心怡情的审美过程。

新时代发展访谈类节目，虽然更庄重、严肃，离学生情感认知更远，但节目往往信息量大，更符合目前高考"立德树人"的选拔要求。以《平"语"近人——习近平总书记用典》为例，节目以习近平总书记一系列重要讲话、文章、谈话中所引用的古代典籍、典故名言为切入点，用典故传达深意，以多种形式生动解读习近平总书记的治国理政思想与情怀，洋溢着我们的中国智慧，展现着我们中华民族的文化自信，同时折射出习近平总书记深厚的哲学底蕴和为民情怀。古人云："家齐而后国治，正己始可修身。"而这也正是对当代青年的要求。通过节目学生更能体会"博学、审问、慎思、明辨、笃行"的道理，更明"欲治其国者，先齐其家"的重要，更具"从中华优秀传统文化中汲取智慧"的力量。

具体实践过程：

教师组织学生分阶段分组进行优秀新闻类节目的观看和写作，具体操作如下：

1. 安排学生挑选出当下有品质、有深度、有质量的优秀节目，思考节目内容及形式对于语文学习的作用和意义。

2. 组织学生把优秀节目分门别类，比如分成访谈类、新闻类、演讲类等系列，然后根据节目类型和特点，结合语文当下训练的要求和重点，指导学生有针对性地进行写作训练。

3. 学生在看完节目后客观地评价，理性地分析，并可进行相应的竞争比赛，比如结合必修一、必修二口语表达训练，让学生在看完演讲类节目后，在班里开展演讲比赛，并最终决出优胜者。

具体实施上，对于访谈类节目，比如观看《开讲啦》《平"语"近人——习近平总书记用典》《朗读者》等优秀电视节目，筛选有影响力、有代表性、有独特个人魅力、有特殊经历的人物或经典的言论，进行话题提炼与片段写作训练。学生整理优秀人物素材，以PPT形式制作，并进行班级交流。对于新闻类节目，主要是结合议论文写作教学指导学生学会"提炼观点""议论评价"等。演讲类节目，结合高一必修二表达交流演讲部分要求，观看观点鲜明、思维清晰、内容丰富独特、有高度、有厚度、演讲风格突出、现场效果好的演讲，进行演讲技巧的指点和演讲内容的指导，开展课前演讲活动，同时组织学生写作演讲稿。

二、传统文化教育类节目资源的利用

党的十八大以来，习近平总书记在多个场合谈到中国传统文化，表达了对传统文化、传统思想价值体系的认同与尊崇。对照《普通高中语文课程标准（2017年版）》"学科核心素养"四个方面的内容——"语言构建与运用""思维发展与提升""审美鉴赏与创造""文化传承与理解"。

十八个学习任务群中，与文化直接相关的有"当代文化参与""中国传统文化经典研习""中国革命传统作品研习""科学与文化论著研习""中国传统文化专题研讨""跨文化专题研讨"，对"文化"的重视可见一斑。同时，"文化"也是2017年版课标的关键词之一（2017年版课标在课程目标解读中提出"传承中华文化""理解多样文化""关注、参与当代文化"）。中华优秀传统文化方面的内容需要贯穿必修、选择性必修和选修各个部分。

如何在高中语文课堂上渗透传统文化教育是个大课题，仅凭一人之力是难以完成的。所以我想到了利用优秀的传统文化教育类节目来引领学生关注文化、感受文化的魅力。活动中，我筛选到的此类节目有《见字如面》《百家讲坛》《中国诗词大会》《中国成语大会》《中华好诗词》《中国面孔》《典籍里的中国》等。

三、影视类资源的利用

夏昆老师在他的语文教学中成功地实践了电影课，他说："电影作为一种综合性的艺术，其价值是不可估量的。好的电影能够改变人的一生，在这个层面上，一部好的电影不亚于一本好书，而要鉴赏一部好电影，同样需要较高的审美水准和相关的知识。"

具体实践过程：

1. 印制观影调查表，了解学生已有观影经验，制订活动计划和课题推进的具体流程。

2. 开展影视鉴赏活动。因为教学设备及教学时间的局限，观赏活动安排在假期，根据"另眼看教育——给生命一点柔情""你也可以是英雄""不同视角看中国""心灵的疗伤""色彩的别样魅力""巧妙的叙事艺术"六个主题向学生推荐影片。

观影交流活动安排时间固定于每周晚自习第二节课，活动中由一组学生代表主讲，全体学生参与讨论。

3. 成果验收阶段。学生收获感悟以影评的形式呈现在随笔本上，并通过影评评奖的活动和学生电影讲座的形式来进行总结。

通过以上训练，学生初具概述情节的能力，能用简洁明了的语言对影片主要情节进行概括，基本能抓住细节、场面描写和情节的安排等分析电影中的主要人物特点，同时，通过关注电影的情感表达，通过电影鉴赏建立生命认知。而这正契合了新课程标准中"情感态度和价值观"的基本理念。

案例 12　总结反思　蓄力前行

商丘市第一高级中学　崔军明（中原名师竞霞高中语文工作室学员）

"却顾所来径，苍苍横翠微。"为期一年的中原名师竞霞高中语文工作室跟进学习已然结束，留恋之余，颇多收获，颇多感动。

作为本次省级名师培育对象，我有幸亲炙竞霞老师的教学智慧，也有幸与其他学员交流切磋，还有幸品尝了各类培训会上名师名家的"饕餮盛宴"。时光荏苒，一年的时光倏忽而逝。这期间，我尽情地汲取知识的琼浆甘醴，专心聆听名师们的教育智慧，与小伙伴们交流、感悟、成长，我不时地有恍然大悟的感受，时时感觉有一种醍醐灌顶、脱胎换骨的爽快。名师名家的讲座指导和伙伴们的交流探讨都让我受益匪浅，既有理论的高度，又有操作的效度，他们的点点滴滴都得自教学一线的实战经验，带着校园的温度，又不失讲台的高度，真可谓是"贴地飞行"。

记得中原名师商丘工作室联盟 2021 年省级名师培育对象第一次集中研修活动，中原名师宋学利老师带来的是题为《校本研修的有效途径与策略》的主题报告。从她温和的语言中，我明白了教师成长的方向和价值。她让我认识到我们要坚持向阳而生，茁壮成长，要内生求进的动力，利用教师的便利及时总结经验、深刻反思，阅读名家著作，寻求专业引领，不沾沾自喜，要奋斗不止。竞霞老师的报告题为《怎样撰写课题结题报告》，她的讲座主要涉及结题事项，她将理论的深度化为浅显精准的表述，这大概就是四两拨千斤、深入浅出的演讲艺术吧。马娜老师的报告题目是《让名师工作室成为教师专业成长的绿洲》，通过马老师的讲座，我明白：要想亮出宝剑，就要经过坚韧的磨砺过程；要想于寒冬中体会到鲜花的美妙和清香，就要经历寒冬的磨炼。我们可以借鉴名师工作室，一起学习，一起交流，一起进步，一起成长。

记得中原名师竞霞高中语文工作室里的规划阐述、读书分享和课例展示：王蕊老师的三年规划内容丰富而翔实，让我认识到自己的阅读是比较浅显的，是有局限性的；秦婉老师读书经验的细腻让我印象深刻；朱玉莲老师以《教师可以更优秀》为题的读书心得洋洋洒洒，可以想见其成功的底色是对语文的执着与坚持；杜红岩老师分享了他的班级管理经验以及个人微信公众号的创建，从侧面让我们领略了一名语文人对本职工作的热爱，令人敬佩。微型课展示环节，朱玉莲老师的《兰亭集序》设计周全，讲授细腻，条理清晰，层层推进；秦婉老师的《念奴娇·赤壁怀古》紧贴新课标要求，设计独特，可谓旧文新教的典范；王蕊老师的《父母与孩子之间的爱》分析透彻，注重知识的引导和潜行，在理性与感性的交合中让人感动。

记得导师竟霞老师接到培训任务伊始的深情厚谊。她在百忙之中摘选了手边的培训资料，叮嘱我一定分享到微信群里，那种对学员的殷殷期望立刻令我们学员热泪盈眶。还记得线下集中培训时，竟老师不辞辛苦地为学员联系食宿，事无巨细，关怀备至。还记得竟老师研讨会上切中肯綮的点拨和谆谆教诲，爱护备至，又不失威严，既指出了存在的问题，又提出了优点及期望……可资回忆的点点滴滴还有很多，这都将成为我一生享用不尽的精神财富。

收获之余反思自我，很多时候工作和学习还是缺少"琢磨"的味道。省级名师的系列培训，让我有了一个高端的学习平台，见识了更广阔的天地，相信会成为我人生中一道抹不去的优雅的记忆。但是它不会是唯一的，因为学习新思想，形成新的教学思路在我的脑海中已经扎根，我会牢记每一次收获，继续自我的充实、学习，努力成为像竟霞老师那样的人。

时光倏忽而逝，相聚总是匆匆。一年的学习交流让人意犹未尽，但天下没有不散的筵席。独行速，众行远，我相信有竟霞老师的指引，有伙伴们的相互扶助，我们未来的路会越来越宽广、越来越光明！

案例13　磨砺始得玉成，追梦努力向前

南阳市第十一中学　仇俊峰（中原名师程黎高中地理工作室学员）

2020年是平凡的一年，日出日落，学习工作；2020年更是不平凡的

一年，疫情肆虐，月壤取样。在这个平凡而又不凡的一年中，通过在中原名师程黎高中地理工作室的认真学习，本人有以下体会。

一、课堂教学是主阵地，强化课堂教学，就强化了课堂效果

怎么使课堂教学行之有效是教师关注的一个主要命题，为此，工作室组织了由钟根梅、梁娟娟等老师分享的《讲评结合、研磨课堂》网络教研。对成绩较好的学生注重过程性教学、注重课堂上的合作探究、发挥教师的主导作用，以及教给学生对其终身发展有用的地理知识，培养学生地理核心素养、家国情怀等。在课堂教学中，要掌握教学规律、地理学科规律，深研教材，让学生爱学、乐学，制定分层次的教学目标，教学方法多样化，优化课堂活动，注重小结，培养地理学科学习习惯、参与意识、独立思考能力和创造能力，使每个学生在各自的基础上获得进步，教学质量得以不断提升。

二、在反思中进步，在实践中发展

一个优秀教师除了具有学习精神、实践精神，还要有反思精神。这种反思能促使教师与他人的交流。有了反思，才有继续探究的动力。程黎老师讲授的《同课异构共研课，深度学习在课堂》专题讲座，使我们更进一步地认识到打铁还需自身硬，要想取得辉煌的成就，就得练就过硬的基本功。课堂是教师传道授业的主阵地，用心经营、反复打磨一节好课，练就上好课的基本功，是每个老师职业生涯中最重要的命题。在程黎老师的分享中，我们学习到了如何备课、评课、磨课，如何上好优质课、微型课、常态课等。深度学习是教学中在教师引领下，学生围绕着具有挑战性的学习主题，全身心积极参与、体验成功、获得发展的有意义的学习过程。深度学习区别于浅层灌输式学习，学生是学习的主体。重视学生的学科思维和核心素养；关注学生的身心发展，从学生个性发展的角度关注学生。

三、玉琢成器，厚积薄发

我们首先是以做名师为目标来要求自己，虽然这个目标现在对于我们还很高，但只要认真去做，坚持去做，就有成功的希望。程黎老师做的《成长微言：教学主张与思考》专题讲座，对我们有了更高的要求，也更大地

促使我们进步。做名师，首先就要有自己的教学主张。教学主张是提高课堂效率、提升学习能力、促进师生共同成长的智慧追求，也是每位教师专业成长的必由之路。作为一名教师，我们要在教学中不断反思，才能逐渐找到自己的教学风格，进而形成自己的教学主张。"教育家是上课上出来的"。教师只有经过课堂上的千锤百炼，才能形成自己独特的教学风格。努力形成自己的教学主张和思想，创设灵动课堂，才能使教学成为一门真正的艺术，才能一步步地成为明师、名师、经师、人师。这是我们所追求的，也是需要我们一步步去做的。让我们相信坚持的力量，在前行的道路上，无论风雨，无论泥泞，脚踏实地，定会收获满池荷香！

四、停课不停学，网课显风采

"万众一心战疫情，师生同网舞人生。"一场突如其来的疫情，几乎打乱了国人所有的计划，当正常的课堂教学不能进行时，学生该如何学？我们该怎样教？工作室及时组织了由张云枝、史鹏鹏等老师分享的《不同的做法，同样的担当》，给大家讲授了课堂教学转线上教学实际操作中的成功经验，很多老师都走过从惶恐不安、无从下手到从容面对、交流分享的过程。他们有效地利用微信、QQ、钉钉等平台沟通、关注、安抚学生，特别是对踏线、偏科的学生，让他们感受到别样的关爱，调动了学生学习的积极性。合理分配课表时间，通过媒体如QQ、钉钉直播讲评试卷，合理利用媒体（微信、钉钉）布置作业，利用钉钉完成选择题统计、功课打卡等任务，更好地做到"停课不停学"。老师们还给我们提供了网上教学的模板，操作性强，效果良好。

五、复习备考，群策群力

制定一份积极合理的复习策略对于高三学生来说无疑是事半功倍的，由沈永民、李响等老师分享的《高三地理复习备考策略研讨》，强调了紧密联系考试大纲，联系新课标，夯实基础，构建知识体系；注重能力培养和思维转化；寻找规律，提取关键信息；规范答题，注重思考，联系实际。同时提出，地理试题题目与现实紧密结合，很多题目以热点、焦点问题作为命题的背景材料或切入点来创设问题情境，因此，在平时复习时要关注热点和焦点问题。

六、课堂的智慧管理

好的课堂教学，离不开好的班级管理。由李勇、王金源等老师分享的《班级的智慧管理》，通过一个个实例，由浅入深地把班级管理的小智慧一个一个地展现在大家面前，正确娴熟地运用语言艺术和教育机制，在以尊重、爱护为前提下对有错误的学生进行无定法的批评，注意言传身教、春风化雨、抓大放小、褒贬分明，以优带差、以外促内，等等，形成学风浓、深钻研的良好课堂气氛，定会取得非常好的教学效果。

在研修学习中，既有主题课堂教学的提升方法，也有第二课堂开辟的技巧，还有整体复习策略的制定以及课堂的管理艺术，从方方面面对我们的教学理论和教学技能进行了培训和提升。

时序更替，华章日新。"艰难方显勇毅，磨砺始得玉成。"在不断的研修学习中，我们认识到了自己的不足，对新知识的学习虽然步履维艰，但我们还是迎着风一点点地努力向前，追寻我们的梦想。

案例 14　难忘商丘行，众力助成长——集中研修活动心得体会

新乡市第一中学　李琳（中原名师程黎高中地理工作室学员）

2021 年 6 月，我有幸参加了由商丘市中原名师联盟举行的省级名师培养对象集中研修的活动。本次活动虽然时间不长，但是内容丰富，既有来自一线教师的专题讲座，也有学员之间的交流分享，当然还有名师的精彩点评。如今，这次研修活动虽然已经结束，但是这次商丘之行让我收获颇丰，给我留下了深刻的印象，同时也有诸多方面的感触。现将我的感想与收获总结如下：

一、专家讲座，精彩纷呈

在这次集中研修过程中，有三位中原名师为我们做了精彩的讲座。

中原名师宋学利老师做了题为《校本研修的有效途径与策略》的讲座。2003 年 12 月，教育部基础教育司在上海正式启动了"创建以校为本研修

制度建设基地",标志着校本研修在我国正式落地生根。在2005年全国教师教育年度会议报告中强调了校本研修是实施全国教师网联计划、开展教师全员培训的重要基础和途径。可以看出,校本研修已经成为我国中小学教师培训的必要举措,是为党和国家培养社会主义建设者和接班人的重要支撑。宋学利老师不但为我们讲解了校本研修的概念,而且对校本研修的有效途径也进行了全面的分析。中原名师竟霞老师的讲座题为《怎样撰写课题结题报告》,从研究报告的重要意义、存在问题、前期准备、主要内容以及撰写格式这五大方面进行了全面的讲解,让我对教学研究课题的结题报告有了更加清晰和全面的认识。中原名师马娜老师带来的《让名师工作室成为教师专业成长的绿洲》这一专题讲座,更是让我明白了团队的力量、榜样的力量在个人成长中的引领作用。通过聆听这三场精彩纷呈的专家讲座,感觉自己对专业知识的理解更加深刻了,平时教学教研中的一些困惑也得到了有效的解决,自己受益匪浅。

二、同行交流,共同成长

听完专家讲座之后,省名师培养对象的学员们就分别在各自工作室主持人带领下开展了微型课、个人成长规划、读书分享和课题立项答辩四个环节的展示和交流。

我们四名学员来到了中原名师程黎高中地理工作室,将自己精心准备的微型课进行了现场展示。我所准备的是"营造地表形态的力量",来自郑州中学的徐黎姗老师准备的是"水资源",河南师范大学附属中学的王阳老师和安阳市开发区高级中学的李秀刚老师的课都是"农业的区位选择"。我们虽然所选的课有所不同,但是我们的共同点均是运用了情境教学,通过创设课堂情境,带领学生分析问题、解决问题。另外,我们也各有各的特点:徐黎姗老师通过翔实的资料引领学生进行郑州缺水原因以及解决措施的分析,语言抑扬顿挫,极具感染力;王阳老师和李秀刚老师在进行农业区位分析时,分别用了猕猴桃和新郑大枣的发展历程,带领学生分析了影响农业区位选择的因素及其发展变化,对材料的把控能力极强,显示出很深的教学功底。通过这次微型课的展示活动,一方面开拓了我的教学思路,另一方面也让我看到了和其他优秀老师之间的差距,从而明确了今后自身的努力方向。另外，我们四位学员也分别向大家展示了自己的三年成长规划。通过这个环节，能看出大家均对自己的优势和不足有着明确的认识，而且对今后的发展方向也有着明确的想法。

三、名师点评，字字珠玑

在我们四名学员展示之后，中原名师程黎老师及其工作室的核心成员就我们的展示内容进行了精彩点评。程黎老师一方面对教学设计的具体要求进行了详细的解读，尤其是教学目标，进一步明确了格式的规范；另一方面，强调在教学过程中情境教学的重要性，以及地理核心素养的落实的重要性；同时，也强调在平时工作中，学员要加强基本功的训练，注重个人素养的提升。

聆听程黎老师的点评及其工作室核心成员的点评，的确让我更加看到了目前自身发展的不足，并明确了今后发展的方向。

在培训以及交流之余，程黎老师带领我们四名学员参观了位于商丘市回民中学的中原名师程黎高中地理工作室，程老师为我们介绍了工作室的基本情况和研修文化。我们也和工作室的一些成员进行了交流，虽然是刚刚认识，但能充分感觉到工作室是一个团结友爱、互帮互助的团队，是一个有温度的团队。

这次商丘之行时间非常短暂，却给我留下了深刻的印象，在商丘的每一幕至今仍不断地在我的脑海里闪现。就像程老师所说："生命影响生命。"我感知到了一股股巨大的力量在助我成长，这里有名师的力量，有榜样的力量，也有团队的力量。我坚信，在今后的职业生涯中，有着这么多力量相助，我必能取得不断的进步！

案例15 趣理交融探天地之美，人文思辨学有用地理

河南师范大学附属中学 王阳（中原名师程黎高中地理工作室学员）

庄子说：天地有大美而不言，四时有明法而不议，万物有成理而不说。地理作为一门探究地表要素空间差异、相互作用、变化规律的科学，很好地实现了自然科学与人文科学的交叉与融合。地理学科因而具有区域性、

综合性和交叉性的特点。作为地理教师，我们的任务就是引领学生通过地理学习，学会使用地理图表工具、运用综合思维、锻炼地理实践力，从而树立人地和谐的可持续发展观。立足于地理学科的特点和地理教学的现实，我的教学主张是：带领学生探究天地之美，有趣有理；教育学生学会人文思辨，有情有用。

一、探究天地之美，有趣有理

作为地理教师的我们，首先要做庄子所言"天地有大美而不言"的天地代言人。通过地理学习，要引领学生探索地球的运行规律，研究宇宙的奥妙神奇，认识山岳的形成，理解河川的演变；引领学生描述岩石圈中物质循环运动的过程，明白大气圈中风霜雨雪形成的原因；带领学生进行分析自然环境的要素，理解自然环境的整体性与差异性，感悟魅力自然的差异与统一。一切自然地理的教学，都可以是天地大美的展现，地理教师的任务，就是在课堂上，专业地展现天地之美的所在：美在哪里、美的原因、美的持续。

从开学第一课起，我们都要精心准备每一节课的设计。有好的开端往往成功了一半，设计具有地理学科特点的新课导入，必定能激发学生的兴趣，让每一位进入本节课学习的学生全身心地投入进来，抓住全体学生的注意力。地理学科与日常生活密切相关，那就可以设计地理时事导入，来激发学生兴趣。比如，2020年11月2日，网友发布了：秦岭用一己之力挡住了南下的冷空气！配图壮美，用语铿锵，众媒体纷纷转载，似乎不容置疑。但是图中秦岭真的是在挡住南下的冷空气吗？正在讲天气系统的地理老师，我们能坐得住吗？当然不能。一张幻灯片，一个大标题，一幅比例合适的区域地图，再配上一张富有视觉冲击的景观图，全体学生的注意力瞬间就会被吸引过来！整个质疑探究下来，培养的是学生不人云亦云、探寻地理真理、明辨事实的批判求真精神，此所谓有趣还有理。

带领学生探究天地之美的过程既是格物致知明地理，也是孜孜求索悟人生的过程。比如学生理性地认识了春夏秋冬的轮回，懂得了日月星辰的运行，自然就体悟到了花开花落，江河奔流，天地间那生生不息的意蕴；知道了每一条入海的河流都是拐弯的，就懂得了人成长的道路常常是曲折的；知道了物种具有多样性，就明白了人性格各异，要多去理解和包容。

二、学会人文思辨，有情有用

一切的人文活动都深受自然环境的影响，一切的地理学习都助力学生的成长。

课堂上，我们引领学生用地理的眼光来认识和欣赏这个世界，不管是把握人口、产业、文化、聚落、交通等人文原理，还是学习国家层面的发展战略，认识世界层面的环境与发展问题，都需要我们有人文的思辨精神。面向国内发展：我们喜迎社会经济的蓬勃发展，更要留住朗朗的蓝天，绿水青山就是金山银山；我们礼赞城市发展带来的文明，也要叩问内涝频发的城殇，合理规划城市才能让生活更美好！转向环球视野：南极臭氧空洞缘何发生？南美鱼类为何致盲？太平洋东域的厄尔尼诺又怎会引发亚非地区的旱灾？全球变暖缘何发生？我们将直面什么后果？地理课堂使我们有机会引领学生敬畏自然，尊重生命，保护环境，遵循规律，一起做天地大美的维护者！

作为地理教师，不仅关注人与自然，还可以带领学生胸怀祖国，指点江山，激扬文字。我们和学生一起解时事如棋局，时刻关注祖国的领土主权安全。查阅典籍史料，明确地质构造，展示相关文件，究天地之理，钓鱼岛是中国的！开展环球讲坛，察时事之变，分析国家的能源安全，明白祖国版图的凸凹，位卑未敢忘忧国，和学生一起思考祖国的命运与前途，少年强则中国强！全球视野的开拓、家国情怀的培养，必将增强学生的责任感和使命感，让学生成长为祖国未来建设的担当者！

万物并育而不相害，道并行而不相悖。掌握要素、立足区域，地理课堂的学习不仅能让学生获取原理与方法，更能让学生对于不同区域发展问题进行综合性分析。我们鼓励学生实验求真、调查探究，锻炼学生的地理实践能力，培养学生的学习力和思维力，树立人地和谐的发展观。学生在超越往昔自我的过程中，在情感体验和心灵感悟的过程中自然就实现了地理的核心素养的提升。

三、诗意地栖息在地理课堂上

作为地理教师，我们要有精神的制高点，有职业自我效能感和来自内心的平和，完全可以抛弃匠人急功近利的心态，遵循学生成长的规律，安心教书，静待花开。我们追求内心理想的地理教育，渴望实现充满自然体验的地理教育；教育的使命在于唤醒人的心灵和尊严，唤醒人性中沉睡的美丽与高贵。地理课堂让环保低碳、关爱生命、人地和谐的意识深入我们的灵魂，自觉形成人与自然和谐相处的思维方式与生活方式，实现人之所以为万物灵长的美丽与高贵。这样，我们就真正实现了为天地代言，立德树人的最高境界就是培育出一个个高贵的灵魂！

"地理是一种教养，地理是一种气质"。做一名地理教师，要诗意地栖息在地理课堂上，和学生一起体味地理学的博大与精彩。让地理的本真为学生的终身发展服务，让地理学在未来社会的发展中多一份担当，能使学生学会用地理的眼光终身欣赏和认识世界，能为"今日和未来世界培养活跃而又负责任的公民"。其实人类也应与万物一起"诗意地栖息在大地上"，而不能只索取资源、排放污染，更应该学会欣赏与尊重万物风景。

案例 16 回顾来路，风景历历

焦作市第一中学 谷立谨（中原名师宋爱芹高中语文工作室成员）

回顾来时路，六年，是刹那，也是永恒。

最初的忐忑和期待

从宋爱芹市级名师工作室成立，到中原名师宋爱芹高中语文工作室挂牌，一年摸索，我们迎来了自己的高光时刻：浙江师范大学教授团队亲临一中验收成果。加班加点整理成员档案，人人从家中抱来自己钟爱的书籍来填充我们的阅览柜，一丝不苟检查电脑、投影、打印机等，乃至一张张照片的精心选择、细致张贴，每个成员都心怀兴奋与忐忑。专家来了！吴校长等学校领导和全体工作室成员在四楼会议室正襟危坐，接受考查。专家们的温文尔雅、亲切和睦，化解了内心的紧张。校长的侃侃而谈，宋老师、屈老师的真知灼见，都令专家们频频颔首。虽然也有这样那样的预料不足,我们还是顺利经受了考验。中原名师宋爱芹高中语文工作室顺利成立了!

第一次培训,永恒的记忆

成大事者,当有大格局。宋老师可谓当之无愧。工作室成立的第一年,宋老师毅然顶住巨大压力,带领全体成员奔赴首都参加培训学习。那是金秋九月,读过无数关于北京的秋天的文章,作为老师,终于有幸亲身体验了。对于只能寒暑假到北京小留,甚至还没有到过北京的老师而言,这次学习经历终生难忘。首都风光在秋季呈现出的温暖与凉爽的交错,蔚蓝纯净的天空下松柏梧桐的倩影,夜雨后北大校园的清幽与年轻学子的良好教养……平凡也不凡,短暂亦动人。当然,培训专家的讲座,规格之高,超出意料。亲切真诚的温儒敏教授,今天已经是部编教材编委的王岱老师、蔡可老师,还有当时在北京师范大学第二附属中学任教现在已经是北京师范大学副教授的李煜晖老师等,的确是名师荟萃,高手云集。也因了这次的培训,很多成员开始思考自己的教学思维、教学方式。乃至今年的新课标培训,我还暗暗想到,我们并没有落伍,和六年前这次的培训不能不说没有关系。

名师汇集,各展风采

困难何尝不是机遇,经历就是成长。宋老师一直有一个愿望,就是集中河南省五大中原名师工作室开展一次交流活动,大家互通有无,分享经验,展示风采。但说实话,举办这样的活动,我们这些普通的老师都毫无经验,感觉困难实在太大,没有信心。关键时候,宋老师鼓励我们不要畏惧困难,事在人为。宋老师为活动达到更好的效果,又邀请了江苏刘祥名师工作室也来指导参与活动。等一个个名师团队安静坐在我们的第二合堂教室,聆听一位位专家的精彩报告,欣赏一位位名师的出色课堂,我们内心真是充满了骄傲!活动取得了圆满成功,参会老师连连道谢,我们更是获得了长足的进步!

一路风景,撷取的只是片花只叶。宋爱芹老师不眠不休钻研课题、精益求精打磨课堂的精神,对工作及工作室成员一腔热血、无怨无悔付出的可贵品质，每个成员都深有体会，这样的感染力和影响力，也促进了我们专业的进步。

当然，这六年，宋老师带领成员们举办的各类讲座、课堂展示、集中研讨等，贯穿于我们的日常教学，让老师们受益匪浅。一个人能走得很快，但一群人能走得更远，这是宋老师的口头禅，她也是这样践行的。感谢宋老师，感谢每一个工作室的同人，聚散有时，感动常在。愿我们在未来更有动力，更加努力，行稳致远，不忘初心！

案例17 感恩遇见，整装再发

焦作市第十二中学 程轶（中原名师宋爱芹高中语文工作室学员）

弹指一挥间，我在工作室研修已近6年，工作室于我，已然成为不忍也不愿割舍的生命的一部分。

2016年4月，机缘巧合中，我幸运地加入了工作室，拥有了难得的学习机会。而我真正的成长，也是从加入工作室开始的。之前从教十多年，整天只顾埋头苦干，没有总结反思的意识，没有吸收新鲜技术的念头，没有对教学生涯的展望和规划。加入工作室后，有人带领，有人督促，有人帮助，我的思想和观念也经历了彻底的洗礼，有了专业道路上脱胎换骨般的成长。

可以说，这6年来，宋老师深厚渊博的学识，倾心教育的情怀，引领着我；同伴们勤勉钻研的精神，孜孜以求的态度，感染着我；团队的行走，智慧的凝聚，提携着我。6年来，这个集体带给我太多的收获与成长。回顾过往，我想说：感恩遇见。

一、感恩遇见文心似水、师心如兰的导师——宋爱芹老师

自从2016年进入工作室，跟随宋老师学习，我时时感受到她对我们专业成长的助推。名师示范课上，她高屋建瓴的见解，激情饱满的语言，独具匠心的设计，无不显示出精深的专业造诣，渗透着探索创新的激情。她以这样的学识与素养，导引着我们。日常的研修中，她精心规划活动，细致周密安排，或带领我们外出培训，或组织我们线上研讨，或为我们置

办书籍，共读交流。她对我们的真心付出和倾心指导，不断提升着我们。更重要的是，她总能不知不觉地用激情点燃我们的激情，用智慧启迪大家的智慧，她踏实严谨的工作作风和卓有成效的工作效率，对我们更是有着深深的感召作用。正是她这种超越自我、追求卓越的精神不断激励着我们向前。所以，感恩遇见。

二、感恩遇见志同道合、互助互勉的优秀同伴

加入工作室后，同伴们的榜样示范给了我很大的前进动力。古人云：独学而无友，则孤陋而寡闻。读好书，交高人，乃人生两大幸事。名师工作室让我有机会认识了一批有思想、有追求、有干劲、有智慧的伙伴。年轻教师们，充满思想的活力，他们的热情与朝气改变着我；骨干教师们，谈吐间风雅睿智，他们的气度吸引着我，还有众多原先只能膜拜仰视的大咖，如今都成为了身边的良师益友、蔼然可亲的同伴。这是怎样一番奇妙又令人振奋的学习之旅啊。工作室的每一位成员都成为了我学习的榜样，虽然来自全市各地的老师们平时工作都很忙碌，但只要有机会碰面，大家都会畅快地交流，毫不保留地分享经验。在一次次的业务活动中，一次次的讨论交流里，在伙伴们闪耀智慧的思维火花中，我总是能够获得思想的升华、素质的提升。俗语道："与凤凰同飞，必是俊鸟。"我非俊鸟，但能与凤凰同飞，深深感恩。

三、感恩工作室给了我们仰望星空的平台，让我们可以遇见更好的自己

6年的工作室学习经历，给了我走出工作的固化圈、舒适圈的动力，让我得以仰望星空，攀寻新的高度。借由工作室这个平台，我们多次集中研修、跟岗培训，有机会与专家牵手，与精英同行。借由这个平台，我们得到温儒敏、童志斌等诸多教授、学者的现场指导，更新了我们的教学理念；多次聆听丁亚宏、党红英老师的精彩讲座，照亮了我们的教学之路；还与其他省、市的名师工作室联盟，认识了更多的优秀名师，见识到了更广阔的语文教学天空。就这样，在工作室为我们搭建的平台上，我们不断修正着，充盈着，收获着，成长着，遇见更好的自己。

今天，虽然我们在工作室结业了，但一切美好的发生绝不会因为结业而结束，工作室留给我们的绝不仅仅是美好的回忆，更有对语文教学新的思考与再出发。未来的教学道路上，我们会将在工作室学到的理念和精神更多地散播开来，薪火相传。

曲终人不散，结业，不说再见，唯有感恩。语文教学，前路漫漫，秉承初心，整装再发！

【透视分析】

中原名师工作室为学员的成长提供了一个高效学习、快速提升的舞台，为学员的专业成长，精心设计了形式多样、内容丰富的研修活动。读书活动开阔了老师的眼界，润泽了成长的心灵；使之教学反思逐步形成了各自的教学主张和教学特色；"同课异构"让学员领略了不同的教学思想和教学方式，引发学员在教学上的思考；在课题研究中解决教学中的各种困惑，感受科研过程中的艰辛与幸福。中原名师工作室中名师云集，教学能手众多，在这样的氛围中，各位学员都获得了快速的成长，深切地感受到了从事教育职业的幸福。

三、总结收获，激励进步

善于总结才能激励自己和他人不断进步。6年来，中原名师工作室培育了大批优秀学员，他们中已有880人成为了河南省名师，有将近2000人成为了河南省骨干教师。目前，还有500余名省级名师培育对象继续在工作室跟岗研修。中原名师工作室培育学员工作卓有成效，在实践中积累了经验，并发挥了引领辐射作用，名师工作室建设和发展工作稳步推进，不断突破和提升，达到了预期成效。

【经典案例】

案例1 中原名师弯丽君幼儿教育工作室

中原名师弯丽君幼儿教育工作室，现有成员21名。工作室秉承"走在前沿，行在路上"的理念，以专业引领、同伴互助、立足实践、崇尚学术、专题探究、技能提升、共同成长为宗旨，在观察、体验、学习思考、参与研究、实践总结的过程中，把先进的教育理念、独特的教学风格、精妙的教学技巧、灵活的教学方法，渗透和辐射到工作室全体成员的教学中，让名师工作室成为"研究的平台、成长的阶梯、辐射的中心、师生的益友"。6年多来，名师工作室充分发挥名师的专业示范、引领、辐射、带动作用，加速教师专业化发展，力争通过名师工作室开展的学术交流、教育教学研讨、实践研修等活动，在课程改革、专业引领、前瞻性课题研究等方面科学有效推进，使更多优秀教师脱颖而出。几年来，共出版著作6部，发表研究文章20余篇，完成河南省重点课题、中原名师专项课题、漯河市教育科研课题20多项，培育的学员有60人成为了省级名师和骨干教师，1人成为了正高级教师，1人被评为河南省高层次人才中原领军人才、中原教学名师，2人成为河南省教师教育专家，2人成为河南省文明教师，3人成为河南省优秀教师，1人成为河南省优秀教育管理人才，10多人获得了河南省优质课一等奖。工作室评出了优秀学员，见表3-8。

表3-8 中原名师弯丽君幼儿教育工作室优秀学员

姓名	培育对象年限	成长收获
张抗抗	2015级省名师学员	河南省名师、河南省优质课一等奖
马 林	2015级省名师学员	河南省名师、河南省优质课一等奖
郑 娟	2015级省名师学员	河南省名师、河南省优质课二等奖
路雪萍	2015级省名师学员	河南省名师、河南省优质课一等奖
龚晓莹	2015级省名师学员	河南省名师、河南省骨干教师、河南省优秀普通话水平测试员
徐 南	2015级省名师学员	河南省名师、河南省"李芳式好老师"
刘 娟	2015级省名师学员	河南省名师、河南省优质课二等奖
秦小兵	2015级省名师学员	河南省优质课二等奖
赵海霞	2017级省名师学员	河南省游戏案例一等奖
刘晓庆	2016级省名师学员	河南省骨干教师、河南省玩教具评比二等奖

续表

姓名	培育对象年限	成长收获
赵丽敏	2016级省名师学员	河南省骨干教师、河南省透视分析评比一等奖
王伟琴	2017级省名师学员	河南省骨干教师、河南省优质课二等奖
赵 霜	2017级省名师学员	河南省教具大赛二等奖
李 哲	2017级省名师学员	河南省幼儿绘画辅导一等奖
孟 乐	2019级省名师学员	河南省名师、河南省游戏课一等奖

案例2　中原名师马娜小学语文工作室

中原名师马娜小学语文工作室，现有成员36名，其中核心成员11人。本着对语文学科最本质的思考，引领学员通过课堂研究、名师讲堂、青蓝工程、送教下乡、网络教研、跨省联盟等研修方式，促进学员的专业成长。5年来，培育的学员有40人成为省级名师和骨干教师，1人被评为特级教师，3人被评为河南省模范教师、文明教师、学术技术带头人，35人被评为市级优秀教师、学术技术带头人、教学标兵，22人获得河南省小学语文优质课一等奖，15人主持省级课题并结项，3人获河南省基础教育教学成果奖。工作室评出了优秀学员，见表3-9。

表3-9　中原名师马娜小学语文工作室优秀学员

姓名	培育对象年限	成长收获
陈晓菊	2017级省名师学员	河南省特级教师、河南省模范教师、河南省课题一等奖
王 璐	2017级省名师学员	河南省优质课一等奖、河南省基础教育教学成果一等奖
任轶新	2017级省名师学员	河南省课题一等奖、河南省基础教育教学成果一等奖
许会娜	2017级省骨干学员	河南省文明教师、河南省学术技术带头人
孔 涵	2018级省名师学员	河南省文明教师、河南省课题一等奖

续表

姓名	培育对象年限	成长收获
许 虹	2018级省名师学员	河南省优质课一等奖、河南省课题一等奖
邓玉霞	2018级省名师学员	河南省优质课一等奖、河南省课题一等奖
荆伏苗	2018级省骨干学员	河南省学术技术带头人、教育部"一师一优课"优课
朱利红	2018级省骨干学员	河南省优质课一等奖、河南省基础教育教学成果二等奖
吴 燕	2018级省骨干学员	河南省优质课一等奖
吴凯歌	2019级省骨干学员	河南省中小学德育先进个人
符海红	2019级省骨干学员	教育部"一师一优课"优课
贾崇华	2019级省骨干学员	河南省优质课一等奖
孙丽丹	2020级省名师学员	河南省优质课一等奖
黄 曼	2020级省名师学员	河南省优质课一等奖
吴 静	2020级省名师学员	教育部"一师一优课"优课、河南省课程建设优秀成果二等奖
郑选玉	2020级省名师学员	河南省优质课一等奖、河南省课题一等奖
王志美	2021级省名师学员	河南省课题一等奖、河南省综合实践活动成果一等奖

案例3 中原名师宋学利小学语文工作室

中原名师宋学利小学语文工作室，现有成员62名，其中核心成员12人。工作室本着"在学习中反思，在反思中升华"的原则，倡导"让教育充满思想，让教学蕴含智慧"的理念，通过任务驱动自主研修、集中研修和网络研修，促进了学员的专业成长。6年来，培育的学员已有60人成为了省级名师和骨干教师，1人被评为全国优秀教师，6人成为了河南省优秀教师，2人成为了中原名师培育对象，获得河南省小学语文优质课一等奖和二等奖的共有9人。工作室评出了优秀学员，见表3-10。

表 3-10 中原名师宋学利小学语文工作室优秀学员

姓名	培育对象年限	成长收获
孙爱珍	2020 级省名师学员	全国优秀教师、河南省名师、河南省优秀教师
祝英歌	2020 级省名师学员	河南省名师
宋留娜	2020 级省名师学员	河南省名师
王巧会	2017 级省名师学员	河南省优质课一等奖、河南省名师
王林英	2018 级省骨干学员	河南省名师、河南省优质课二等奖
尚淑丽	2019 级省骨干学员	河南省名师、河南省优质课一等奖

案例 4 中原名师宋歆初中数学工作室

中原名师宋歆初中数学工作室，现有成员 86 名，其中核心成员 12 人。工作室以"将工作室建成区域教科研的基地，教学展示的舞台，引领辐射的窗口，科研助教的引擎，自我成长的平台，教学改革的论坛"为发展目标，通过任务驱动自主研修、集中研修和网络研修，促进了学员的专业成长。6 年来，培育的学员已有 65 人成为了省级名师和骨干教师，4 人成为了河南省学术技术带头人，2 人成为了河南省优秀教师，多人获得了省、市级优质课一等奖。工作室评出了优秀学员，见表 3-11。

表 3-11 中原名师宋歆初中数学工作室优秀学员

姓名	培育对象年限	成长收获
邱 亮	2018 级省名师学员	全国优质课一等奖、河南省学术技术带头人、河南省高层次人才、河南省名师
刘 菲	2018 级省名师学员	全国优质课二等奖、市长教育教学质量奖先进个人、河南省优质课一等奖
江景涛	2018 级省名师学员	河南省优质课一等奖
付 帅	2018 级省名师学员	全国优质课一等奖、河南省中考命题专家组成员
张召厂	2018 级省名师学员	河南省学术技术带头人、河南省基础教育教学成果二等奖
李渊文	2018 级省自荐学员	河南省名师、河南省学术技术带头人、河南省重点课题一等奖

案例5 中原名师聂智初中语文工作室

中原名师聂智初中语文工作室，现有成员67名，其中核心成员15人。用"青春、生命、爱"构建语文课堂的三原色，坚持"人文语文"的教学理念，通过以名师带动，协同教研为抓手，课题研究、集中研修和网络研修为载体，促进了学员的专业成长。6年来，培育的学员已有65人成为了省级名师和骨干教师，2人成为了特级教师，6人成为了河南省优秀教师，2人成为了中原名师培育对象，12人获得河南省语文优质课一等奖，40多人获得市级优质课一等奖。工作室评出了优秀学员，见表3-12。

表3-12 中原名师聂智初中语文工作室优秀学员

姓名	培育对象年限	成长收获
李艳丽	2018级省名师学员	高级教师、中原名师培育对象
苏玮	2018级省名师学员	高级教师、河南省优质课一等奖
董海龙	2018级省名师学员	高级教师、河南省课题一等奖
魏玉茹	2018级省骨干学员	高级教师、洛阳市优质课一等奖
张满鸿	2018级省名师学员	高级教师、全国基本功优秀课例展评一等奖
杨福建	2019级省名师学员	高级教师、名班主任工作室主持人

案例6 中原名师程黎高中地理工作室

中原名师程黎高中地理工作室现有成员92名，其中地理核心成员12人，骨干成员16人。在"德能同铸，致远发展"下，通过任务驱动自主研修、集中研修和网络研修，促进了学员的专业成长。6年来，培育的学员已有60人成为了省级名师和骨干教师，5人评为了正高级教师，2人评为了特级教师，2人成为了河南省优秀教师，2人成为了中原名师培育对象，8人获得了全国地理优质课一等奖，32人获得了河南省地理优质课一等奖。工作室评出了优秀学员，见表3-13。

表 3-13　中原名师程黎高中地理工作室优秀学员

姓名	培育对象年限	成长收获
杨刚玲	2017 级省名师学员	正高级教师、河南省教育厅学术技术带头人、河南省地理优质课一等奖
徐黎姗	2020 级省名师学员	正高级教师、全国地理优质课特等奖、河南省基础教育教学成果一等奖、河南省五一劳动奖章
宋海学	2018 级省名师学员	正高级教师、市专业技术拔尖人才、河南省地理优质课一等奖
沈永民	2019 级省名师学员	正高级教师、河南省地理优质课一等奖
张艺峰	2017 级省名师学员	特级教师、河南省地理优质课一等奖
张云枝	2018 级省名师学员	中原名师培育对象、全国地理优质课一等奖
单莉霞	2018 级省名师学员	中原名师培育对象、全国地理优质课特等奖、河南省基础教育教学成果特等奖
王金源	2019 级省名师学员	河南省优秀教师、河南省地理优质课一等奖
王秀梅	2017 级省名师学员	河南省名师、河南省教育厅学术技术带头人、河南省高中学业水平考试命题组成员、河南省地理优质课一等奖
程润霞	2018 级省名师学员	平顶山市领雁人才、河南省地理优质课一等奖
郭金花	2018 级省名师学员	商丘市优秀教师、河南省地理优质课一等奖
尹清选	2018 级省名师学员	河南省名师、全国地理优质课一等奖
王 阳	2020 级省名师学员	全国优秀地理教育工作者、河南省地理优质课一等奖
李秀刚	2020 级省名师学员	河南省学术技术带头人、河南省地理优质课一等奖
陈 哲	2014 级省名师学员	河南省名师、河南省教育厅学术技术带头人、河南省地理优质课一等奖
马西超	2015 级核心成员	河南省骨干教师、河南省高中学业水平考试命题组成员、河南省地理优质课一等奖
陈红方	2018 级核心成员	正高级教师、特级教师、河南省地理优质课一等奖

案例7 中原名师宋爱芹高中语文工作室

中原名师宋爱芹高中语文工作室,现有成员86名,其中语文骨干成员15人。坚持"青年教师的成长就是工作室的头等大事",通过线上线下的研修形式提高学员教学能力,借助共读书目和推荐书目的读书交流活动,提高学员综合素质,引领区域青年教师成长。6年来,培育25名省级名师,60名省级骨干,30多名市级名师和骨干教师。其中1人成为第二批中原名师培育对象,2人被评为特级教师。15人获得河南省优质课一等奖。还有部分教师被提拔为业务副校长、教务主任、办公室主任等。工作室评出了优秀学员,见表3-14。

表3-14 中原名师宋爱芹高中语文工作室优秀学员

姓名	培育对象年限	成长收获
胡玲霞	2017级省名师学员	中原名师培育对象、河南省优质课一等奖
赵永娥	2017级省名师学员	河南省名师、河南省师德先进个人
张云佳	2019级省名师学员	河南省优质课一等奖、河南省教科院优秀成果一等奖
范国伟	2016级市名师学员	河南省课题一等奖、河南省骨干教师、现任教学校长
杨增勋	2019级省骨干学员	河南省课题成果一等奖
王占士	2018级省骨干学员	河南省成果一等奖、郑州市优质课一等奖
张华伟	2018级省骨干学员	河南省课题一等奖、三门峡市优质课一等奖
刘小苗	2018级省骨干学员	河南省骨干教师、河南省课题一等奖、焦作市优质课一等奖
屈海生	2018级省名师学员	河南省名师、河南省优质课一等奖、河南省课题成果一等奖

案例8　中原名师侯继军高中体育工作室

中原名师侯继军高中体育工作室，现有成员312名，涉及11个省的体育教师，其中博士、硕士、研究员、教研员、正高级教师将近100人，在"立德树人""健康第一"的精神指导下，通过线上、线下的优质课探究、课题探究、微型课探究等众多活动，促进了学员的专业成长。5年来，培育的学员中有28位学员成为了省级名师和骨干教师，14位学员成为了市级名师和骨干教师，授课并指导200多位教师成为各级骨干教师，多次专业的专题讲座受益人次达到2000多，促进了众多学员的快速成长，使他们成为河南省各地市以及外省市的各级骨干教师和学习榜样。工作室评出了优秀学员，见表3-15。

表3-15　中原名师侯继军高中体育工作室优秀学员

姓名	培育对象年限	成长收获
耿爱英	2019级省名师学员	正高级教师、特级教师、全国优质课一等奖
张随军	2019级省名师学员	全国优质课一等奖
李吉敬	2019级市骨干学员	河南省优质课一等奖
黄宗伟	2019级市骨干学员	河南省优质课一等奖
李阿辉	2019级市骨干学员	河南省优质课一等奖
娄石磊	2019级市骨干学员	河南省优质课一等奖
秦紫瑞	2019级市骨干学员	河南省优质课一等奖
杨光	2019级省骨干学员	新乡市优质课一等奖

案例9　中原名师竟霞高中语文工作室

中原名师竟霞高中语文工作室，现有成员80名，其中核心成员18名。工作室由名师领衔，以成为名师为奋斗目标，以个人兴趣和专长为发展方向，以成为通过"名师引领、团队合作、全员提高、资源共享、均衡互补"的教师专业发展战略创新型教师群体为发展目标，通过自主研修、集中研修和网络研修等学习方式，促进了学员的专业成长。3年来，培育的学员有20人成为了省级名师和骨干教师，其中5人成为河南省学术技术带头人，1人成为了河南省优秀教师，7人获得河南省优质课一等奖。工作室评出了优秀学员，见表3-16。

表3-16 中原名师竟霞高中语文工作室优秀学员

姓名	培育对象年限	成长收获
胡效锋	2019级省名师学员	河南省学术技术带头人、河南省名师、周口市第八批专业技术拔尖人才
丁艳青	2019级省名师学员	河南省优秀教师、河南省名师、河南省中小学优秀班主任、邓州市最美教师
王伟	2019级省骨干学员	全国高中语文教师基本功大赛一等奖、河南省优质课一等奖、河南省"基础教育精品课"一等奖，执教案例入选教育部"基础教育精品课"部级精品课
李芳芳	2019级省骨干学员	河南省学术技术带头人、河南省优质课一等奖，主持完成河南省课题1项
王蕊	2020级省名师学员	河南省学术技术带头人、河南省名师、河南省教学技术标兵、河南省教学技能大赛一等奖
崔军明	2020级省名师学员	河南省名师、河南省优质课一等奖，主持完成河南省课题1项

【透视分析】

行稳致远是名师工作室建设的目标之一。从2016年河南省教育厅启动"依托中原名师工作室培育省级名师和省级骨干教师"开始，6年来，中原名师工作室在培育省级名师和省级骨干教师的实践探索中，取得了令人瞩目的成绩。可以说，依托中原名师工作室培育省级名师和骨干教师的预期目标得到了很好的实现，中原名师工作室的建设和发展是成功的、令人满意的。

学员进入工作室后,在中原名师工作室主持人的引领和传帮带下,通过集中研修、网络研修、自主研修等形式,积极参与"专家讲座、读书学习、听课评课、课题研究、反思总结"等活动,坚持学习、实践、反思和总结,相互学习,相互帮助,相互鼓励,不断地补短板、提素质、练本领、增技能、强能力,提高了师德师风修养,更新了教育理念,增强了对教育工作和学生的热爱,尤其是教育教学能力、教育科研能力和班级管理能力得到了显著提高,硕果累累,实现了专业成长,增强了专业成就感。

总之,名师工作室培育学员是一项长期系统的工作,只有采取适当的措施和科学的策略,才能确保名师工作室高效运作;只有通过形式多样、内容丰富、扎实有效的研修活动,才能促进学员形成自己的教育主张,形成自己独特的教学风格,研究出自己的课题成果,取得较好的教育教学效果,才能让他们真正体验到学习的快乐、研究的幸福,促使他们主动向学习型、探索型和智慧型教师转变。

参考文献

[1] 龚春燕，王君，卞小娟，等．中小学教师如何成长为名师[M]．北京：北京师范大学出版社，2012．

[2] 赵国忠．优秀教师最重要的标准[M]．南京：南京大学出版社，2009．

[3] 赵国忠．优秀是教出来的[M]．南京：南京大学出版社，2014．

[4] 张贵勇．读书成就名师：12位杰出教师的故事[M]．北京：教育科学出版社，2013．

[5] 孙向阳．教师教育科研最需要什么[M]．南京：南京大学出版社，2010．

[6] 钟启泉．课堂研究[M]．上海：华东师范大学出版社，2016．

[7] 赵国忠．评课最需要什么：中外优秀教师给教师最有价值的建议[M]．南京：南京大学出版社，2010．

[8] 段玉山，陈胜庆．地理课程的核心素养与育人价值[M]．长沙：湖南教育出版社，2016．

[9] 沈思．课堂的革命：师生平等对话录[M]．南京：江苏人民出版社，2014．

[10] 蒲大勇．修炼专业反思力：教育叙事80例[M]．上海：华东师范

大学出版社，2013.

[11] 斯特娜. 斯特娜的自然教育法 [M]. 胡敏，译. 武汉：武汉大学出版社，2014.

[12] 郑伟大. 问道名师：郑伟大名师工作室的教学实践与研究 [M]. 宁波：宁波出版社，2012.

[13] 中华人民共和国教育部. 普通高中地理课程标准：2017 年版 [M]. 北京：人民教育出版社，2018.

[14] 布列钦卡. 教育科学的基本概念：分析、批判和建议 [M]. 胡劲松，译. 上海：华东师范大学出版社，2003.

[15] 郭思乐. 经典科学对教育的影响及其与教育生命机制的冲突 [J]. 教育研究，2003（2）：15-21.

[16] 张廷凯. 我国课程论研究的历史回顾：1922—1997（下）[J]. 课程·教材·教法，1998（2）：10-15.

[17] 郭思乐. 课程本体：从符号研究回归符号实践 [J]. 教育研究，2003（7）：72-78.

[18] 方华. 做有温度的教育 [M]. 北京：中国人民大学出版社，2017.

[19] 怀特海. 教育的目的 [M]. 徐汝舟，译. 北京：北京师范大学出版社，2018.

[20] 何海光. 探讨优质课与新课标的《体育与健康》课：上优质课后的反思：怎样上好新课标的《体育与健康》课 [J]. 运动，2012（14）：120-121.

[21] 黄茗. 从 2010 年广西初中体育优质课透视当下广西初中体育与健康课程的课堂教学 [D]. 南宁：广西民族大学，2011.

[22] 刘爱霞. 新课改下如何提高中学体育与健康课课堂教学效果 [J]. 体育科技文献通报，2009（4）：47-49.

[23] 谭刚，矫志庆，赵春盛. 中小学生体育与健康课倦怠现象解析：基于对青岛市部分中小学体育与健康课调研分析 [J]. 泰安教育学院学报岱宗学刊，2011（3）：98-103.

[24] 刘焱. 幼儿园游戏与指导 [M]. 北京：高等教育出版社，2012.

[25] 刘焱. 幼儿园游戏教学论 [M]. 北京：中国社会出版社，1999.

[26] 童志斌.关于"古代诗文阅读"评价测试的思考[J].中学语文教学,2008（6）：57-59.

[27] 丁海东.幼儿园游戏与指导[M].北京：高等教育出版社,2013.

[28] 芦德芹.幼儿园创意游戏教学：废旧材料玩起来[M].北京：中国轻工业出版社,2015.

[29] 教育部基础教育司.《幼儿园教育指导纲要（试行）》解读[M].南京：江苏教育出版社,2002.

[30] 戴小红.幼儿园教师观察能力现状及其提升策略[J].学前教育研究,2018（6）：64-66.

[31] 瞿蜕园,周紫宜.文言浅说[M].北京：当代中国出版社,2015.

[32] 王荣生.文言文教学教什么[M].上海：华东师范大学出版社,2014.

[33] 西武,张毅.极简管理[M].沈阳：辽宁人民出版社,2018.

[34] 童志斌.由语言走进文本,由语言深入内心：《雷雨》教学实录[J].中学语文教学,2005（3）：15-18.

[35] 黄利伟."分层教学 学案引领"阅读教学模式初探[D].石家庄：河北师范大学,2008.

[36] 扈华唯,陈新忠,崔秀玲,等.分层教学的开展与实施[J].英语学习,2016（04）：17-21.

[37] 褚月媛.高三文言文分层教学模式的积极探索：以2015年浙江省高考文言文《太平州学记》为例 [J].新课程研究（下旬）,2016（01）：80-81.

[38] 崔敬.分层教学法在高中语文教学中的实施策略分析[J].新课程学习（中旬）,2013（11）：53.

后记

　　河南省教育厅2013年启动并实施了中原名师培育工程,通过多形式、全方位的专家讲座、名师论坛、实践研修、课题研究等系统研修,到2020年有108位名师成长为了中原名师。

　　2015年至2020年,我们由"中原名师培育对象"成长为了"中原名师"。五年间,在河南省中原名师项目办的引领下,在浙江师范大学专家的培养和指导下,我们更新了教育理念,提出了自己的教学主张,提升了教育写作能力、教育科研能力和语言表达能力,提高了课堂教学效果。中原名师团队中有很多成员成为了"正高级教师""特级教师""河南省优秀教师""河南省高层次人才""国家教育领航人才"等,很多中原名师都参与了到新疆送教活动,参与了赴贵州、青海等地教育学术交流活动,在知与行的路上,实现了让中原名师的影响力更大、更广的目标。

　　2016年以来,中原名师工作室承担了培育省级名师和骨干教师的任务。几年的时间里,中原名师工作室主持人相互学习、相互切磋、不断实践,增强了团队合作精神,提升了组织管理能力,探索出了名师工作室培育学员的创新方式:联盟(区域联盟、学科联盟)集中研修、跨时空网络研修、任务驱动自主研修。在中原名师工作室接受培育并成长起来的学员中,有很多老师也成为了"正高级教师""特级教师""最美教师""中原名师培育对象"和"优质课教师"……

　　我们是中原名师培育工程的受益者,也是中原名师工作室培育学员的践行者、前行者。撰写这本书,目的在于分享中原名师工作室培育学员的有效途径和方法,使更多的名师工作室主持人在培育学员成长的道路上走得更顺畅、更理想,也给教师专业成长展示了一条路径。

　　本书是我们承担的中原名师专项课题"名师工作室培养学员的实践案例研究"的成果。一路走来,我们在河南省教育厅教师教育处领导的关怀下,在中原名师项目办丁武营主任、戢明主任的引领下,在浙江师范大学林一刚教授、杨光伟教授和河南省基础教育教学研究室杨伟东主任等专家的指导下,扎实地开展研究和实践。在团队成员的共同努力下,我们对9个中原名师工作室的552名学员开展了问卷调查,了解了影响名师成长的因素,搜集整理了从幼儿园到高中四个学段的名师工作室建设资料和160名学员的成长感悟,通过对资料进行反复筛选、分析、提炼,撰写了《名师的加油站——名师工作室案例透析》这本书。

　　最后,再次衷心感谢为我们搭建成长平台的各级领导!感谢悉心培育、教导我们的浙江师范大学的专家教授!感谢鼓励、支持我们参加培训学习和开展各项工作的学校领导、同事和家人们!感谢团结合作、积极配合的课题组伙伴和工作室成员们!感谢所有关心、帮助我们的朋友们!

编者